1·2·4.

데탕트

신자유주의의 부상,

세계화

1·2·4.

데탕트

신자유주의의 부상,

세계화

교양으로 읽는

용선생 세계사

글 차윤석
서울대학교 독어독문학과를 졸업하고 같은 학교 대학원에서 석·박사
과정을 거친 뒤 독일 뮌헨대학교에서 중세문학 박사 과정을 마쳤습니다.
2013년 대산문화재단 외국문학번역 독어권 지원 대상에 선정되었으며,
중세와 관련된 번역과 프로젝트에 참여해 왔습니다.

글 김선빈
고려대학교 국어국문학과를 졸업하고 웹진 〈거울〉 등에서 소설을
썼습니다. 어린이 교육과 관련된 일을 시작하여 국어, 사회, 세계사와
관련된 다양한 교재와 콘텐츠를 개발했습니다. 어린이는 물론
어른들도 낯선 역사를 쉽게 이해할 수 있도록 도와주는 글을 쓰는 것이
목표입니다.

글 김선혜
고려대학교 사학과를 졸업하고 여러 회사에서 콘텐츠 매니저, 기획
업무를 담당했습니다. 누구나 쉽고 재밌게 읽을 수 있는 역사책을 쓰는
것이 꿈입니다.

구성 장유영
서울대학교에서 지리교육과 언론정보학을 공부했습니다. 졸업 후
학교에서 학생들을 가르치다 지금은 어린이책을 만들고 있습니다. 학교
시험과 상관없이 아이들이 스스로 찾아 읽으며 재미있게 공부할 수 있는
책을 만들고 싶습니다.

구성 정지윤
서울대학교 국어교육과를 졸업하고 문화예술, 교육 분야 기관에서 기획
업무를 담당했습니다. 아이들의 세계관을 넓히고, 다채로운 시각 자료로
구성된 역사책을 만들고 싶습니다.

그림 이우일
홍익대학교에서 시각디자인을 공부한 만화가입니다. '노빈손'
시리즈의 모든 일러스트레이션을 그렸으며 지은 책으로는 《우일우화》,
《옥수수빵파랑》, 《좋은 여행》, 《고양이 카프카의 고백》 등이 있습니다.
그림책 작가인 아내 선현경, 딸 은서, 고양이 카프카와 함께 그림을
그리고 글을 쓰며 살고 있습니다.

지도 김경진
'매핑'이란 지도 회사에서 일하면서 어린이, 청소년 책에 지도를
그리고 있습니다. 얼마 전까지 중학교 교과서 만드는 일도 했습니다.
참여한 책으로는 《아틀라스 중국사》, 《아틀라스 일본사》, 《아틀라스
중앙유라시아사》, 《미래를 여는 한국의 역사》 등이 있습니다.

설명삽화 박기종
단국대학교 동양화과와 홍익대학교 대학원을 나와 지금은 아이들의
신나는 책 읽기를 위해 어린이 책 일러스트 작가로 활동하고 있습니다.
발간된 책으로는 《늦둥이 이른둥이》, 《말 잘 듣는 약》, 《천재를 뛰어넘은
77인의 연습벌레들》, 《수학 대소동》, 《과학 탐정 브라운》, 《북극곰의
내일》 등이 있습니다.

자문 및 감수 박상수
고려대학교 사학과를 졸업하고 같은 학교 대학원에서 석사학위와
박사과정 수료를, 프랑스 국립 사회과학고등연구원에서 박사 학위를
받았습니다. 현재 고려대학교 사학과 교수로 재직하고 있습니다.
지은 책으로 《중국혁명과 비밀결사》 등이 있고, 함께 지은 책으로는
《동아시아, 인식과 역사적 실재: 전시기(戰時期)에 대한 조명》 등이
있습니다. 《중국현대사 – 공산당, 국가, 사회의 격동》을 우리말로
옮겼습니다.

자문 및 감수 박수철
서울대학교 역사교육과를 졸업하고 같은 대학 대학원 동양사학과에서
석사를, 일본 교토대에서 박사 학위를 받았습니다. 현재는 서울대학교
동양사학과 교수로 재직 중입니다. 지은 책으로는 《오다·도요토미
정권의 사사지배와 천황》이 있으며, 함께 지은 책으로는 《아틀라스
일본사》, 《사료로 보는 아시아사》, 《일본사의 변혁기를 본다》 등이
있습니다.

자문 및 감수 최재인
서울대학교 서양사학과를 졸업하고 같은 학교 대학원에서 석사·박사
학위를 받았습니다. 현재 서울대학교 강사로 일하고 있습니다. 함께
지은 책으로 《서양여성들 근대를 달리다》, 《여성의 삶과 문화》, 《다민족
다인종 국가의 역사인식》, 《동서양 역사 속의 다문화적 전개양상》 등이
있고, 《가부장제와 자본주의》, 《유럽의 자본주의》, 《세계사 공부의 기초》
등을 우리말로 옮겼습니다.

기획자문 세계로
1991년부터 역사 전공자들이 모여 함께 고민하고 연구하며 한국사와
세계사를 가르치고 있습니다. 《용선생의 시끌벅적 한국사》 기획에
참여했고, 지은 책으로는 역사동화 '이선비' 시리즈가 있습니다.

교양으로 읽는
용선생 세계사

현대 세계 질서의 수립
데탕트, 사회주의의 몰락, 아시아의 부상, 세계화 시대

15

글 차윤석 김선빈 김선혜
구성 장유영 정지윤
그림 이우일 박기종

사회평론

차례

출발,
용선생 세계사반!

여러분, 안녕~! 용선생 세계사반을 맡은 용선생이야.

신나고 즐겁고 깊이 있는 용선생 역사반의 명성은 익히 들어 봤겠지? 역사반 못지않게 세계사반도 신나고 즐겁고 깊이 있는 수업이 되도록 할 테니 너희들은 이 용선생만 꽉 믿어.

세계사반이 만들어진 건 순전히 중학생이 된 역사반 아이들 때문이었어. 중학생이 된 왕수재와 장하다, 나선애가 어느 날 다짜고짜 몰려와 막 따지는 거야.

왜 역사반에서 한국사만 가르쳐 주고 세계사는 안 가르쳐 줬느냐, 중학교에 올라가면 세계사를 공부하게 된다고 왜 진작 말씀해 주시지 않았느냐, 형들 배우는 세계사 교과서를 미리 들춰 봤더니 사람 이름이며 지명이 너무 낯설어 아예 책이 읽히지가 않더라, 지도를 봐도 도대체 어디가 어딘지 감이 안 잡힌다, 중학교는 공부해야 할 과목도 많은데 언제 세계사까지 공부하느냐, 초등학교 때는 역사반 덕분에 역사 천재 소리 들었는데, 중학교 가서 역사 바보가 되게 생겼다…….

한참 원망을 늘어놓더니 마지막엔 세계사반을 만들어 달라고 조르더군. 너희들은 중학생이어서 세계사반 만들어도 들어올 수가 없다고 했지. 그랬더니 벌써 교장 선생님한테 허락을 받았다는 거야. 아닌 게 아니라 다음 날 교장 선생님께서 나를 부르더니 이러시더군. "용선생, 어차피 역사반 맡으셨으니 이참에 영심이, 두기까지 포함해서 세계사반을 만드시지요. 방과 후 시간을 이용하면 중학생이 참여해도 문제없을 겁니다." 결국 역사반 아이들이 다시 세계사반으로 뭉친 거지.

피할 수 없으면 즐겨라. 기왕 시작했으니 용선생의 명성에 걸맞은 세계사반을 만들어야 하지 않겠어? 그래서 중학교 세계사 교과서들은 물론이고 서점에 나와 있는 세계사 책들, 심지어 미국과 독일을 비롯한 다른 나라 세계사 교과서까지 몽땅 긁어모은 뒤 철저히 조사를 했어. 뭘 어떻게 가르칠지 결정하기 위해서였지. 그런 뒤 몇 가지 원칙을 정했어.

첫째, 지도를 최대한 활용하자. 서점에 나와 있는 책들은 대부분 지도가 불충분하더군. 안 그래도 어려운데 어디서 일어난 사건인지도 모른다는 게 말이 돼? 또 지도는 가급적 자연환경을 파악하는 데 유리한 지형도를 쓰기로 했어. 인간은 자연환경에 따라 살아가는 방식이 크게 달라. 그래서 지형도만 보아도 그곳 사람들의 생활 모습을 짐작할 수 있는 경우가 많지.

둘째, 사건보다 사람들이 살아가는 모습을 꼼꼼히 들여다볼 거야. 세계사 공부를 할 때 정말 중요한 것은 몇 년에 어떤 일이 일어났는지가 아니라, 그때 사람들은 어떻게 살았느냐 하는 거야. 그 모습을 보면 그들이 왜 그렇게 살았는지,

우리와 어떻게 다르고 어떻게 같은지 알 수 있게 될 것이기 때문이지.

셋째, 사진과 그림을 최대한 많이 보여 주자. 사진 한 장이 백 마디 말보다 사건이나 시대 분위기를 훨씬 더 효과적으로 전달할 때가 많아. 특히 세계사를 처음 배울 때는 이런 시각 자료들이 큰 도움이 되지. 그리고 아이들은 여기서 얻은 인상을 더 오래 기억하기 마련이야.

넷째, 다른 역사책에서 잘 다루지 않는 지역의 역사도 공평하게 다루자. 인류 문명은 어떤 특정한 집단이나 나라가 만든 것이 아니라 지구상에 살았던 모든 집단과 나라들이 빚어낸 합작품이야. 아프리카, 아메리카 원주민, 유목민도 유럽과 아시아 못지않게 인류 문명의 발전에 기여했다는 말이지. 이 사실을 알면 아마 여러분도 세상 모든 인류에 대해 존경심을 갖게 될 거라고 믿어.

다섯째, 과거와 현재를 연결하자. 앞으로 여러분은 수업 시작하기 전에 그 시간에 배울 사건들이 일어났던 나라나 도시의 현재 모습을 보게 될 거야. 그렇게 하는 까닭은 그 장소가 과거뿐 아니라 지금도 사람들의 삶의 현장임을 보여 주기 위해서야. 예를 들면 메소포타미아 하면 사람들은 메소포타미아 문명이 일어난 곳으로만 생각할 뿐 지금 그곳에 이라크라는 나라가 있다는 사실은 모르고 넘어가는 경우가 많아. 더욱이 이라크 사람들은 메소포타미아 문명을 일구었던 사람들의 후손이기도 하지.

한 가지 아쉬운 점은 세계사 수업이다 보니 역사반처럼 현장 학습을 하기가 어렵다는 점이야. 하지만 교장 선생님께서 지원해 주신 대형 스크린과 이 용선생의 실감 나는 설명은 모든 세계사 수업을 현장 수업 못지않게 생생하게 만들어 줄 것이라고 장담해. 자, 애들아. 그럼, 이제 슬슬 세계사 여행을 시작해 볼까?

'용쓴다 용써' 용선생

역사를 가르칠 때만큼은 매력남.
어쩌다 맡게 된 역사반에, 이제는
세계사반까지 떠맡았다.
하지만 기왕에 맡았으니 용선생의
명예를 욕되게 할 수는 없지.
제멋대로 자란 머리카락을
휘날리며 오늘도 용쓴다.

'장하다 장해' 장하다

'튼튼하게만 자라 다오.'라는
아빠 말씀대로 튼튼하게 자랐다.
세계적인 축구 스타가 꿈.
그러려면 세계사 지식도 필수라는
생각에 세계사반에 지원했다.
영웅 이야기를 좋아해서
역사 인물들에 관심이 많다.

'오늘도 나선다' 나선애

역사 마스터를 꿈꾸는 우등생.
공부도 잘하고 아는 게 많아서
잘 나선다. 글로벌 인재가 되려면
기초 교양이 튼튼해야 한다는
생각으로 용선생을 찾아가
세계사반을 만들게 한다.
어려운 역사 용어들을 똑소리 나게
정리해 준다.

'잘난 척 대장' 왕수재

시도 때도 없이 잘난 척을 해서
얄밉지만 천재적인 기억력
하나만큼은 인정. 또 하나
천재적인 데가 있으니 바로
깐족거림이다. 세계를 무대로
한 사업가를 꿈꾸다 보니 지리에
관심이 많다.

'자기애 뿜뿜' 허영심

자신을 너무나도 사랑해서
하루 종일 거울만 보고 있다.
남다른 공감 능력이 있어서
사람들이 고통을 겪을 때면
눈물을 참지 못한다.
예술과 문화에 관심이 많고,
그 방면에서는 뛰어난 상식을
자랑한다.

'역사반 귀염둥이' 곽두기

애교가 넘치는 역사반의 막내.
훈장 할아버지 덕분에 뛰어난
한자 실력을 갖추고 있으며,
어휘력만큼은 형과 누나들을
능가한다. 그래서 새로운 단어가
등장할 때마다 한자 풀이를 해 주는
것이 곽두기의 몫.

냉전으로 얼어붙은
세계가 녹아내리다

미국과 소련의 갈등은 세계를 얼어붙게 만들었어. 하지만 세계
곳곳에서 미국과 소련 두 나라로부터 벗어나려는 움직임이
끊임없이 이어졌지. 한편으로는 전쟁의 공포와 무한 대결에서
벗어나 자유와 평화를 바라는 시민들의 목소리도 점점
커졌단다. 이번 시간에는 단단했던 냉전 체제에 조금씩 금이
가는 과정을 살펴보자.

프랑스 스트라스부르크에 위치한 유럽 의회 회의장. 유럽 의회는 전 유럽의 평화와 화합을 위해 공동의 일을 꾸준히 논의해.

브뤼셀 벨기에의 수도. 유럽 연합 본부 등 유럽 연합의 주요 기관이 모인 '유럽의 수도'이기도 하지.

우드스톡 1969년, 약 40만 명의 관중이 모여 4일간 음악 축제를 펼친 곳이야. 이들이 외친 평화와 자유의 메시지는 전 세계로 퍼져 나갔어.

캐나다

북 해

서독 동독

브뤼셀
파리
베오그라드

미국

우드스톡
워싱턴D.C.

지중해

알제리

리비

30°N

대 서 양

파리 1968년 5월, '전쟁 반대'와 '과거 청산'을 외치는 대규모 학생 시위가 일어났어.

0°

페르시아만 1973년, 페르시아만 인근의 주요 산유국들은 석유 수출량을 줄이고 가격도 대폭 올렸어.

30°S

1955년 · 반둥 회의 개최

1967년 · 유럽 공동체(EC) 탄생

1968년 · 68운동

1971년 · 전략 무기 제한 협상 체결

1972년 · 닉슨 대통령, 중국 방문

1973년 · 제4차 중동 전쟁, 제1차 석유 파동

1979년 · 이란 혁명, 제2차 석유 파동

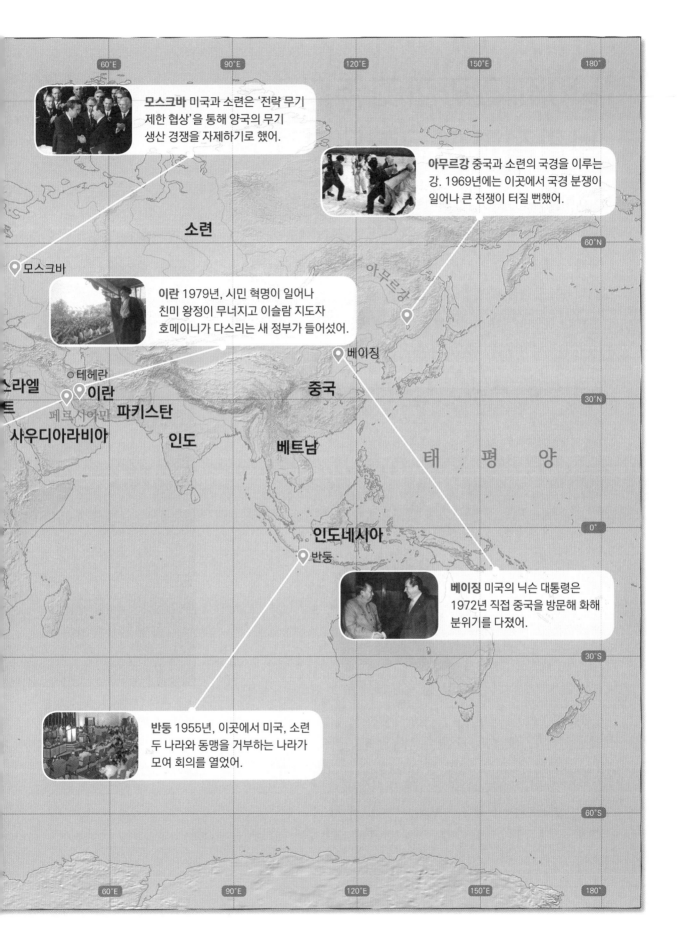

모스크바 미국과 소련은 '전략 무기 제한 협상'을 통해 양국의 무기 생산 경쟁을 자제하기로 했어.

아무르강 중국과 소련의 국경을 이루는 강. 1969년에는 이곳에서 국경 분쟁이 일어나 큰 전쟁이 터질 뻔했어.

소련

○모스크바

이란 1979년, 시민 혁명이 일어나 친미 왕정이 무너지고 이슬람 지도자 호메이니가 다스리는 새 정부가 들어섰어.

아무르강

○베이징

라엘

○테헤란

페르시아만

이란

파키스탄

사우디아라비아

인도

중국

베트남

태　평　양

인도네시아

○반둥

베이징 미국의 닉슨 대통령은 1972년 직접 중국을 방문해 화해 분위기를 다졌어.

반둥 1955년, 이곳에서 미국, 소련 두 나라와 동맹을 거부하는 나라가 모여 회의를 열었어.

남아메리카의 자존심 브라질과 아르헨티나

브라질과 아르헨티나는 남아메리카를 대표하는 강국이야.
풍부한 지하자원과 농축산물을 수출해 남아메리카에서 아주 부유한
나라가 됐지. 두 나라는 냉전이 한창이던 시기에 미국과 소련
어디와도 동맹을 맺지 않고 독자적인 길을 걸었어. 최근 여러 정치적
혼란을 겪으며 경제가 어려워졌지만, 풍부한 자원 덕분에 여전히
성장 잠재력이 높은 국가로 손꼽혀.

▲ **리우데자네이루** 브라질 남동부 대서양 연안에 자리한 아름다운 항구 도시. 1763년부터 1960년까지 브라질의 수도였어. 상파울루와 더불어 브라질의 2대 경제 도시이기도 해.

아마존을 품은 거대한 자원 강국, 브라질

면적은 한반도의 39배로 남아메리카에서 가장 크고, 세계에서 다섯 번째로
큰 나라야. 적도가 지나가는 북부에는 세계에서 가장 수량이 많은 아마존강과
세계에서 가장 큰 아마존 정글이 자리 잡고 있지. 인구는 2억 명가량인데,
백인이 전체 인구의 절반이고 혼혈이 약 40퍼센트 정도 돼. 포르투갈 식민
지배의 영향으로 포르투갈어가 공용어고, 국민 대부분은 가톨릭을 믿어.

▲ **그리스도상** 브라질 독립 100
주년을 기념해 세웠어. 높이 38미터,
양팔의 길이는 28미터나 돼.

▲ **브라질리아** 브라질 정부는 1956년부터 내륙의 브라질고원에 수도를 짓
기 시작해, 1960년 리우데자네이루에서 이곳으로 수도를 옮겼어. 대서양 연안
에 치우쳤던 수도를 내륙으로 옮겨 국토를 고르게 발전시키려는 목적이었지.

풍부한 자원으로 세계 10대 경제 대국이 되다

브라질은 국내 총생산(GDP)이 세계 10위권 안에 드는 경제 대국이야. 세계적인 자원 수출국으로 금, 철광석, 석유, 목재가 풍부하지. 또 커피, 옥수수, 사탕수수 등 각종 농축산물로도 잘 알려져 있어. 그뿐만 아니라, 자동차, 항공기 산업 등 각종 제조업이 발달한 나라이기도 해.

▲ 커피 플랜테이션 농장 브라질은 커피 생산량 세계 1위 국가야. 상파울루 근교 지역에서 브라질 전체 생산량의 절반 정도가 생산돼.

▲ 목재의 보고 아마존 매년 아마존에서 벌목된 수십만 톤의 목재가 전 세계로 수출돼. 이 밖에도 석유 등 각종 천연자원이 아주 많지만 전 세계 환경 단체의 반발로 개발이 쉽진 않아.

◀ 엠브라에르 브라질의 세계적인 항공기 제조 회사야. 한때 미국의 보잉, 프랑스의 에어버스에 이어 세계 3위의 생산 규모를 자랑했어.

▲ 남아메리카 최대 도시 상파울루 브라질은 국토 대부분이 덥고 습한 열대 기후야. 하지만 상파울루는 고원에 자리해 1년 내내 살기 좋은 기후이지. 인근 지역이 커피 재배의 중심지로, 커피 무역을 통해 발전했어.

다양한 문화를 꽃피운 브라질

브라질의 문화는 원주민과 각 지역에서 온 사람들의 문화가 뒤섞여 탄생했어. 대표적으로 브라질의 국민 춤인 '삼바'는 노예로 끌려온 아프리카 흑인들이 추던 춤에서 유래해 전 세계로 퍼졌지. 일본 이주민이 전해 준 일본 전통 무술 유도도 브라질 전통 격투기와 결합된 '브라질리언 주짓수'로 재탄생해 전 세계에서 인기몰이 중이야.

▶ 브라질의 축구 팬
브라질은 월드컵 최다 우승 국가야.
브라질 사람들은 모두 축구 팬이지.

▲ 2018년 브라질 축구팀 유니폼 유니폼의 별 다섯 개는 다섯 번의 월드컵 우승을 의미해.

▶ 브라질리언 주짓수
2018년부터 아시안 게임 정식 종목으로 채택됐어.

◀ 화려한 퍼레이드 축제 '리우 카니발'
리우 카니발이 열리는 2월은 한여름이야. 그래서 퍼레이드는 뜨거운 낮을 피해 오후 5시부터 아침 7시까지 밤새도록 진행돼.

남아메리카의 유럽 아르헨티나

아르헨티나는 남아메리카 대륙 제일 남쪽에 자리한 나라야. 면적은
한반도의 12배로 세계에서 여덟 번째로 큰 나라지. 에스파냐 식민 지배의
영향으로 에스파냐어가 공용어고 국민 대부분은 가톨릭을 믿어. 인구는
약 4500만 명으로 대부분 백인인데, 1800년대부터 목축업과 농업이 크게
발전하면서 유럽에서 이민자가 많이 몰려왔기 때문이야. 지금은 경제가
어렵지만 과거 풍요로웠던 시절의 흔적은 여전히 남아 있어.

부에노스아이레스 건설 400주년을
기념해 1936년에 세운 탑

▲ **국회 의사당** 커다란 돔과 길쭉한 지붕을
보면 마치 이탈리아에 온 것 같은 기분이 들어.

▲ **수도 부에노스아이레스** 원래 소와 밀을 수출하는 항구 도시로 성장했어.
유럽풍 건물이 많아 '남반구의 파리'라 불려.

문화 예술을 즐기는 아르헨티나 사람들

아르헨티나가 풍요로웠던 시절, 전통 춤 '탱고'를 비롯해 온갖 예술
문화가 꽃피었어. 특히 부에노스아이레스는 많은 지식인과 예술인이
즐겨 찾은 문화의 중심지였지.

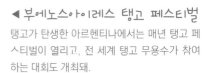

◀ **반도네온** 독일 출신 이주민이 전파한 악기
야. 거의 모든 탱고 음악에 쓰이지.

▲ **콜론 극장** 1857년에 지어진 오페라 극
장이야. 지금도 오페라, 발레, 오케스트라 등 다
양한 공연이 열려.

◀ **부에노스아이레스 탱고 페스티벌**
탱고가 탄생한 아르헨티나에서는 매년 탱고 페
스티벌이 열리고, 전 세계 탱고 무용수가 참여
하는 대회도 개최돼.

열대 우림과 빙하가 공존하는 땅

아르헨티나는 국토가 남북으로 길고 넓기 때문에 기후와 자연환경이 다채로워. 북부에는 푸른 열대 숲이 우거져 있고, 따뜻한 중부에는 비옥한 초원인 팜파스가 펼쳐져 있지. 이와 달리 남부 지역은 빙하가 있을 정도로 춥단다. 이처럼 다양한 자연 경관은 아르헨티나의 관광 산업에 큰 도움이 되고 있어.

▶ **이구아수 폭포** 브라질과 아르헨티나 국경에 걸쳐 있는 폭포야. 세계에서 가장 거대한 폭포로, 아르헨티나가 전체 폭포 면적의 80퍼센트, 브라질이 20퍼센트를 차지해.

▶ **로스 글라시아레스 국립 공원** 아르헨티나 남쪽 끝 파타고니아 지방에 있어. 수많은 빙하 호수와 빙하를 볼 수 있지.

▼ **팜파스의 소 떼** 넓은 초원에서 수백만 마리의 소를 방목해. 드넓은 팜파스에서 키운 소와 밀은 아르헨티나의 주요 수출 품목이야.

유럽의 향기가 짙게 밴 브라질과 아르헨티나의 음식

브라질과 아르헨티나는 세계적인 식량 수출국답게 각종 식재료가 풍부해. 오랜 식민 지배의 영향으로 두 나라 모두 유럽식 요리법이 발달했지.

▶ **엠파나다** 에스파냐에서 전해진 고기 만두. 오늘날 아르헨티나의 국민 음식일 정도로 자주 먹어.

◀ **페이조아다** 포르투갈에서 유래한 음식. 검은콩과 고기를 함께 끓인 음식으로 대표적인 브라질 요리야.

제3세계가
등장하다

"그러니까 미국, 소련에 모두 반대하는 나라도 있었다는 말씀이
시죠?"

"대체 어떤 나라가 그럴 수 있어요? 이젠 프랑스나 영국 같은 나라
도 미국, 소련 앞에선 꼼짝을 못 하는데."

나선애가 고개를 갸웃거리며 묻자 용선생이 입을 열었다.

"주로 제2차 세계 대전 이후 새롭게 독립을 얻은 서아시아와 동남
아시아, 아프리카의 신생국이었단다. 이들은 이미 백 년 가까이 식민
지 시절을 보내며 영국, 프랑스 같은 강대국의 입맛에 맞게 이용당해
왔지. 그래서 더는 미국, 소련 같은 소수의 강대국이 주도하는 세계
질서에 힘을 보탤 마음이 없었어. 이렇게 두 나라와 모두 동맹을 거

부한 나라를 '비동맹 국가'라고 불러."

"그렇게 동맹을 거부해도 괜찮아요?"

"물론 그만큼 어려움이 뒤따르지. 동맹을 거부하면 미국, 소련의 도움 없이 험난한 국제 사회에서 살아남아야 한다는 말이 되거든. 실제로 아시아와 아프리카의 신생국은 독립을 이룬 이후로도 숱한 시련을 겪었다고 했지? 인도네시아는 네덜란드와, 알제리와 베트남은 프랑스와 전쟁을 벌였잖아. 서아시아에는 수많은 아랍인의 반대에도 불구하고 끝끝내 이스라엘이 세워졌지."

▲ 저우언라이(오른쪽)와 만난 네루(왼쪽) 두 사람은 1954년 정상 회담을 가진 뒤 다섯 가지 평화 원칙을 발표했어.

"흠, 전부 지난 시간에 말씀하신 내용들이네요."

"그래. 비동맹 국가들은 점차 '우리도 하나로 뭉쳐야 살아남을 수 있다.'는 생각을 갖게 되었단다. 그래서 미국 편과 소련 편 말고 제3의 길을 걷는 '제3세계'를 만들기로 했지. 여러 비동맹 국가 가운데에도 가장 덩치가 크고 인구도 많은 인도가 제3세계 만들기에 앞장섰어. 인도는 일단 중국과 손을 잡았단다."

"중국? 중국은 사회주의 국가니까 소련 편 아닌가요?"

"1953년에 스탈린이 세상을 떠난 이후 소련과 중국 사이가 나빠졌다고 했잖니. 소련과 손을 놓은 중국은 소련 대신 제3세계에서 돌파구를 마련하려 했어. 그래서 인도와 손을 잡았지. 그리하여 1954년, 인도의 총리 네루와 중국의 총리 저우언라이는 다섯 가지 원칙을 발표했단다. 이걸 '평화 5원칙'이라고도 불러."

 용선생의 세계사 돋보기

프랑스 대혁명 당시 혁명을 주도한 평민 계급인 '제3신분'에 빗대어 만든 말이야. 실제로 제3세계 국가들은 세계 인구의 대다수를 차지하지만 경제력이나 국력이 약했어.

 장하다의 인물 사전

저우언라이 (1898년~1976년)1949년부터 1976년까지 중국의 총리를 지냈어. 중국의 2인자로, 마오쩌둥이 주로 국내 정치를 맡아 보았다면 저우언라이는 외교와 교육을 담당했지.

용선생은 스크린에 다섯 가지 문구를 띄웠다.

첫째, 세계 모든 나라의 주권과 영토를 존중한다.

둘째, 서로의 영토를 침략하지 않는다.

셋째, 서로의 정치에 간섭하지 않는다.

넷째, 외교 관계는 서로 평등하고 우호적으로 접근한다.

다섯째, 서로 평화롭게 공존한다.

"모두 당연한 이야기네요? 그냥 서로 영토와 주권을 보장하고 침략하지 말자는 거잖아요."

다섯 가지 문구를 뚫어지게 보던 나선애가 말하자 용선생은 고개를 끄덕였다.

잠깐! 대서양 헌장의 내용에 대해서는 14권 3교시를 참고하렴!

"그래. 사실 제2차 세계 대전 도중 발표된 대서양 헌장도 비슷한 내용이지. 국제 연합도 비슷한 원칙을 내세웠어. 하지만 베트남이나 알제리의 상황을 보면 실제로는 이 당연한 이야기가 좀처럼 지켜지지 않았단다."

"하긴 그런 것 같네요."

왕수재의 지리 사전

반둥 인도네시아 자와섬에 위치한 도시. 인도네시아에서 세 번째로 큰 도시야.

"그래서 평화 5원칙은 수많은 아시아와 아프리카 국가의 공감을 얻었어. 그 결과 이듬해인 1955년에 인도네시아의 반둥에서 아시아, 아프리카의 29개국 대표가 모였지. 이들은 평화 5원칙을 다시 확인했고, 앞으로 힘을 합치기로 했어. 사실 반둥 회의에 참여한 29개 국가 하나하나는 대부분 경제력이나 군사력이 보잘것없었어. 하지만 29개 국가의 인구를 모두 합치면 세계 인구의 절반이 넘었고, 국제 연합에

▲ 반둥 회의 1955년, 인도네시아의 반둥에서 미국, 소련 두 나라와 동맹을 거부하는 29개 나라가 모여 회의를 열었어.

▲ 반둥 회의에 참석한 주요 대표 왼쪽부터 인도의 네루, 가나의 은크루마, 이집트의 나세르, 인도네시아의 수카르노, 유고슬라비아의 티토야.

서도 4분의 1이 넘는 자리를 차지했지.”

“그 정도면 미국이나 소련도 함부로 볼 수는 없었겠군요?”

“물론이지. 그래서 반둥 회의 이후 제3세계 운동에 본격적으로 시동이 걸렸어. 처음 평화 5원칙을 제시한 인도의 네루가 앞장섰지. 여기에 인도네시아의 첫 대통령 수카르노, 이집트의 나세르가 힘을 합쳤어. 특히 나세르는 수에즈 운하 국유화를 추진하면서 영국과 강력하게 맞섰고, 이를 계기로 아랍인 전체의 지도자로 떠오르는 인물이었단다.”

“이집트의 나세르! 예전에 수업에서 말씀하셨던 기억이 나요.”

“그래. 여기에 또 빼먹을 수 없는 인물이 바로 유고슬라비아의 지도자인 티토야. 당시 유고슬라비아는 사회주의 국가였어. 티토는 제2차 세계 대전 당시 유고슬라비아 공산당을 이끌며 나치 독일과 치열하게 맞서

▲ 아시아 아프리카 회의 박물관 반둥 회의가 열렸던 회의장이야. 지금은 반둥 회의 관련 기념물을 전시하고 있어.

▶반둥 회의에 참가한 나라들

싸운 인물이지."

"공산당 지도자인데, 왜 소련 편이 아니었어요?"

"티토는 사회주의자였지만 소련에 휘둘리기는 싫었던 거야. 하지만 그러다 보니 동유럽의 다른 사회주의 국가와도 사이가 멀어졌고, 결국 사회주의 진영을 벗어나 다른 나라와 교류할 수밖에 없었어. 그래서 미국과도 친밀한 관계를 유지하고, 제3세계 운동에도 적극적으로 나선 거란다."

▲ 미국 닉슨 대통령(오른쪽)을 만난 요시프 브로즈 티토 비동맹국 회의의 의장 티토는 공산당 지도자이지만 미국과도 친밀한 관계를 유지했어.

"살기 위해서 제3세계와 힘을 합친 거군요."

"티토의 제안에 따라 1961년 유고슬라비아의 수도인 베오그라드에서 또다시 회의가 열렸어. 이걸 제1차 비동맹국 회의라고 불러. 이때부터 제3세계 국가들은 주기적으로 '비동맹국 회의'를 열어서 미국, 소련이 주도하는 국제 질서에 적극적으로 맞서기로 했단다. 이후 비동맹국 회의는 대략 3년에 한 번씩 꾸준히 열렸고, 지금은 세계

120여 개국이 참석하는 국제기구가 됐지.”

“제3세계가 그 정도로 크면 냉전이 시작됐다고 해서 세계가 완전히 반으로 갈라진 것도 아니네요?”

곽두기가 묻자 용선생은 어깨를 으쓱해 보였다.

“물론 수만 놓고 보면 꽤 많은 건 맞아. 하지만 제3세계는 좀처럼 끈끈하게 뭉쳐서 한목소리를 내지 못했어. 아무래도 소련이나 미국처럼 확실한 리더가 없는 데다가, 서로 협력해야 할 이유도 뚜렷하지 않았거든. 그냥 소수의 강대국이 주도하는 세계 질서에 반대한다는 걸 제외하고는 별다른 공통점이 없었어.”

 용선생의 세계사 돋보기

미국의 동맹인 우리나라는 참석 자격이 없단다. 하지만 북한은 냉전 질서가 무너지기 시작한 1976년부터 참석하고 있어.

▶ 2012년 제16회 비동맹국 회의 이란의 테헤란에서 열린 제16회 비동맹국 회의의 모습이야. 이 회의에는 세계 120여 개 나라가 참여했어.

베오그라드○

◀ 오늘날 비동맹국 회의 회원국

잠깐! 인도와 파키스탄의 관계에 대해서는 14권 4교시에 나와 있어!

"흠, 듣고 보니 그것도 맞는 말씀 같아요."

"사실 공통점이 없는 정도가 아니라, 같은 제3세계라 해도 인도와 파키스탄은 서로 사이가 극도로 좋지 않았어. 중국은 자기들 필요에 따라서 제3세계에 발을 반쯤만 걸치고 있었지. 그러니 여전히 미국과 소련의 입김이 가장 중요했단다. 물론 시간이 갈수록 세계 모든 일을 미국과 소련 마음대로 처리하기는 어려워졌지만 말이야."

"쩝. 그렇군요."

"그런데 제3세계와는 달리 꼭 하나의 나라처럼 끈끈하게 뭉쳐 하나의 목소리를 내게 된 세계도 있어. 바로 유럽이지."

용선생의 핵심 정리

미국, 소련과 동맹을 거부한 나라들이 모여 '제3세계'를 이룸. 인도와 중국이 평화 5원칙을 발표한 이후 1955년에는 반둥 회의, 1961년에는 비동맹국 회의가 열림.

유럽이 하나로 뭉쳐 새로운 도약을 꿈꾸다

"어머, 유럽이 하나로 뭉친다고요? 지금까지는 그렇게 죽어라 싸우더니."

영심이가 대단하다는 듯 눈을 동그랗게 뜨자 용선생은 빙그레 미소를 지었다.

"영심이 말처럼 유럽엔 전쟁이 참 많았지. 그래서 제2차 세계 대전이 한창일 때 유럽의 지식인들은 끊임없이 토론을 벌였단다. 왜 유럽에서는 전쟁이 끊이지 않는지, 전쟁을 막고 영원한 평화를 가져올 방법은 없는지 고민했지. 물론 여러 가지 원인이 있지만, 가장 큰 원인은 자원이라는 결론이 나왔어."

"자원요?"

▲ 로베르 쉬망 (1886년 ~1963년) 프랑스의 정치가. 외무장관으로 일하면서 프랑스와 서독 사이의 석탄과 철광석 자원을 공동 관리하고, 다른 나라가 참여할 수 있도록 문을 열어 놓자고 제안했어.

"기름진 땅이나 광산을 서로 차지하려다 보니 침략과 전쟁이 반복됐다는 거야. 그래서 전쟁을 막으려면 '유럽의 모든 자원과 산업을 공동으로 관리해야 한다.'는 생각이 서서히 싹을 틔웠단다. 전쟁이 끝난 이후 본격적으로 복구가 시작되면서 이런 생각은 더욱 커졌어. 철광석이나 석탄처럼 경제 회복에 꼭 필요한 자원을 함께 관리하면 여러 나라가 함께 이득을 볼 수 있었거든. 예를 들어 이 당시 프랑스에는 철광석이 풍부한데 석탄은 부족하고, 서독에는 석탄은 풍부한데 철광석이 부족했어."

"함께 관리하면 서로 부족한 부분을 채울 수 있으니 좋겠네요!"

"그래서 1950년, 프랑스의 외무 장관은 프랑스와 서독이 중심이 되어 '서유럽의 석탄과 철강 산업을 하나로 통합해서 관리하자.'고 제

▲ 1951년 파리 조약 유럽 석탄 철강 공동체 결성을 합의하는 현장이야. 가운데에 서 있는 사람이 공동체 결성을 제안한 로베르 쉬망이란다.

안했단다. 이 제안에 따라 1951년에 '유럽 석탄 철강 공동체'가 만들어졌어. 프랑스와 서독을 중심으로 네덜란드, 벨기에, 룩셈부르크, 이탈리아까지 총 여섯 나라가 가입했지."

"그래서 이득을 좀 봤나요?"

"물론이지. 이 여섯 나라는 통합의 효과를 톡톡히 봤어. 그러자 석탄과 철광석을 넘어서서 더 큰 통합을 이야기하는 사람이 점점 늘어났지. 자원을 함께 관리하는 수준을 넘어서, 아예 서로 국경을 없애자는 계획도 세웠어."

"국경을 없앤다고요?"

"그게 경제 발전에 훨씬 더 도움이 될 거라는 이유 때문이었어. 유럽에는 정말 나라가 많잖아. 당연히 국경도 엄청 복잡하지. 이 복

▲ 유럽 석탄 철강 공동체에 참여한 여섯 나라

▲ 1957년 로마 회담 '유럽 석탄 철강 공동체'에 참여한 여섯 나라의 대표단이 참석해서 '유럽 경제 공동체' 결성을 결정하고 로마 조약을 체결했어.

▲ 로마 회담 60주년 기념행사

잡한 국경을 넘을 때마다 어떤 물건이 오가는지 검사하고, 품목에 따라 관세를 매기는 절차가 너무나 번거로웠던 거야. 관세 때문에 물건 값이 오르는 것도 문제였지. 게다가 사람도 국경을 넘을 때마다 검문과 검색을 거쳐야 하고, 바로 옆 나라에 가서 일자리를 잡거나 사업을 하고 싶어도 행정 절차가 까다로웠기 때문에 그게 쉽지 않았어. 그런데 국경을 없애면 이 모든 게 한결 쉬워지잖니?"

"에이, 국경을 어떻게 없애요?"

"물론 하루아침에 이루어질 일은 아니야. 그래도 차근차근 해 나가면 되지. 1957년, 유럽 석탄 철강 공동체를 이룬 여섯 나라는 '유럽 원자력 공동체'와 '유럽 경제 공동체'를 만들어서 다른 산업 분야에서도 국경을 없애기로 했단다. 물자는 물론, 사람도 국경을 자유롭게 넘나들며 어디서든 일자리를 구하고, 투자도 쉽게 할 수 있도록 장벽을 낮췄지. 여섯 나라 중에서도 특히 프랑스와 서독이 '국경 없애기'에 가장 적극적이었어."

▲ 서독 총리를 만난 장 모네(왼쪽) 장 모네는 프랑스의 경제학자이자 외교관으로 물밑에서 유럽 통합 계획의 밑그림을 그렸어. 그래서 '유럽 통합의 아버지'라고 불리지.

"우아, 엄청난 변화네요. 프랑스가 독일이 넘어오지 못하게 마지노 선을 만든 게 엊그제 같은데……."

"그러고 보니 여섯 나라 중에 영국은 없네요? 영국은 빠진 건가요?"

용선생의 이야기를 듣고 있던 나선애가 물었다.

"예리한데? 그럴 만한 게, 유럽 통합이 첫 발을 내디던 1950년대만 해도 영국은 별 아쉬울 게 없었어. 영국은 미국의 가장 든든한 동맹 으로서 세계 질서를 주도했고, 영국 연방을 통해 세계 곳곳의 옛 식 민지 국가와도 협력 관계를 유지했거든. 그래서 굳이 프랑스나 서독 과 힘을 합칠 필요를 느끼지 못했지. 하지만 프랑스와 서독은 힘을 합칠 이유가 충분했어.”

“무슨 이유가 있었는데요?”

“우선 서독은 전쟁에 진 국가인 데다가 빨리 전후 복구를 하고 싶어 했어. 또 전쟁을 일으킨 국가라는 오명도 벗고 싶어 했지.”

“그럼 프랑스는 전쟁에서 이긴 나라인데 왜 적극적이었어요?”

“프랑스는 제2차 세계 대전 초기에 허무하게 무너졌어. 그래서 승전국이긴 하지만, 전쟁이 끝난 이후 줄곧 미국과 영국에 질질 끌려다니는 신세였지. 실제로 프랑스는 베트남과 알제리를 다시 식민지로 삼겠다고 전쟁을 벌였지만 국제 사회에서 비난만 받았고, 영국과 손을 잡고 이집트를 공격했지만 소련의 핵공격 위협에 빈손으로 물러나는 수모까지 겪었지.”

“핏, 전부 억지로 욕심만 부린 거면서.”

“흐흐. 어쨌든 자존심이 많이 상한 프랑스는 국력을 키우기 위해 핵무기 개발에 앞장섰단다. 그러자 미국은 프랑스의 핵무기 개발을 반대하며 철저히 방해했지.”

“핵전쟁이 날까 봐 그런 건가요?”

“그런 점도 있지만, 이런 식으로 핵무기를 가진 나라가 하나둘 늘어나면 미국의 영향력이 줄어든다고 생각했거든. 사실 미국은 가장 든든한 동맹인 영국의 핵무기 개발도 막으려 한 적이 있어.”

“그러니까 미국만 핵무기를 가지겠다는 심보군요.”

“맞아. 그건 소련도 마찬가지였어. 미국과 소련은 국제 연합을 통해 프랑스를 압박했지만 프랑스는 꿈쩍도 안 했지. 1959년에 프랑스의 새 대통령이 된 샤를 드골은 '프랑스를 다시 위대한 나라로 만들

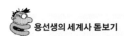

잠깐! 제2차 세계 대전 이후 프랑스의 행동은 14권 4교시에 나와 있어.

용선생의 세계사 돋보기
영국은 미국의 맨해튼 계획에 참여했기 때문에 원자 폭탄 제작에 필요한 지식과 기술을 이미 가지고 있었어. 영국은 1952년 핵실험에 성공한 뒤 미국, 소련에 이어 세 번째 핵보유국이 되었지.

▲ 프랑스의 핵실험 모습과 첫 번째 핵무기
핵개발 성공으로 프랑스는 미국, 소련, 영국에 이어 네 번째 핵보유국이 됐지. 프랑스의 성공 이후 다른 나라도 국제 사회의 반대를 무릅쓰고 핵개발에 나서게 됐어.

겠다.'며 핵개발을 밀어붙였단다."

"그래서 성공했어요?"

"응, 1960년에 프랑스는 독자적으로 핵무기 개발에 성공했어. 게다가 더 이상 미국에 질질 끌려다니지 않겠다며 1966년에는 미국이 주도하는 북대서양 조약 기구에서도 탈퇴했지."

"프랑스가 미국 도움 없이 혼자 서겠다는 거네요?"

나선애의 말에 용선생이 미소를 지으며 말했다.

"그래서 프랑스는 서독과의 관계를 더욱 돈독하게 다졌단다. 1963년에는 두 나라 정상이 만나서 앞으로 경제뿐 아니라 과학 기술, 문화와 교육, 국방을 비롯해 사회의 모든 분야에서 협력을 강화하기로 했어. 지금까지의 두 나라 관계를 생각하면 정말 뜻깊은 일이야. 독일이 통일된 1871년부터 프랑스와 독일은 거의 백 년 가까이 원수처럼 지내 온 데다가, 두 차례의 세계 대전도 사실상 프랑스와 독일의 충돌 때문에 터진 거나 다름없었으니까 말이야."

"그러고 보니 그러네요? 정말 다행이에요."

"서유럽 한복판에 자리 잡은 두 나라가 가까워지자 유럽 통합에도 자연스레 속도가 붙었어. 유럽 공통의 일을 의논하는 '유럽 의회'가 만들어졌고, 1967년에는 '유럽 공동체(EC)'가 탄생했단다. 유럽 공동체는 경제 협력을 넘어 사회 전 분야에서 하나의 유럽을 추구했어. 마치 북아메리카의 여러 주가 합쳐 미국이라는 큰 나라를 이루듯, 유럽도

용선생의 세계사 돋보기

독일은 1870년 프로이센-프랑스 전쟁을 벌인 이후 통일을 이루었고, 이 전쟁 이후 두 나라는 줄곧 사이가 좋지 않았어. 자세한 내용은 10권 1교시를 다시 읽어 보렴!

유럽 공동체 하나로 뭉치려 한 거지."

"그래도 아직 여섯 나라가 전부인 거죠? 그 정도로는 전 유럽이 하나가 되었다고 하기엔 좀 모자란데요."

"그건 그렇지. 그런데 1960년대에 이르러 유럽 공동체는 정말 빠른 속도로 경제 성장을 거듭했어. 유럽 공동체에 속한 여섯 나라의 철강 생산량은 어느새 미국에 버금가는 수준까지 커졌지. 이쯤 되자 지금까지 유럽 통합에 미적지근했던 이웃 나라들도 슬금슬금 유럽 공동체에 손을 내밀기 시작했단다."

"그럼 영국도 유럽 공동체에 들어왔나요?"

"응. 영국은 1973년에 유럽 공동체에 가입했어. 1970년대에 이르면 영국도 경제 사정이 많이 안 좋아졌거든. 그래서 다른 유럽 국가와 힘을 합쳐 보려 했지. 뒤를 이어 유럽의 여러 국가가 속속 유럽 공동체에 가입했단다. 그 결과 1994년에 유럽 공동체는 유럽 연합(EU)이라는 이름으로 거듭났어. 현재 유럽 연합에 가입한 나라는 모두 28개국이고, 인구는 약 5억 명이나 돼. 경제 규모는 거의 미국과 맞먹는 수준이지. 그뿐만 아니라 유럽 연합에 가입한 나라는 모두 똑같은 돈을 사용하고, 각국 국민은 국경을 아무런 제약 없이 자유롭게 넘나들 수 있게 되었어."

"와, 유럽이 하나로 똘똘 뭉치면 미국도 함부로 할 수 없을 거 같은데요?"

드골 대통령   아데나워 총리

▲ 프랑스-서독 정상 회담 1963년 정상 회담을 가진 프랑스의 드골 대통령과 아데나워 총리의 모습이야. 프랑스와 서독이 화해하며 유럽은 평화와 통합에 한층 더 가까워졌어.

▲ 프랑스-서독 정상 회담 50주년 기념주화

잠깐! 이 내용은 2교시에 배울 거야!

▲ 브뤼셀의 유럽 연합 본부 벨기에 브뤼셀에 위치한 유럽 연합 본부야. 이 외에도 브뤼셀에는 유럽 연합의 주요 기구가 몰려 있지.

"응. 물론 유럽은 기본적으로 미국과 동맹 관계를 유지했지만, 아무래도 예전처럼 미국이 세상 모든 일을 맘대로 처리하기는 점점 어려워졌어. 더구나 영국, 프랑스, 독일은 오랫동안 세계 질서를 좌우한 강국이니 무슨 일을 하든 유럽 연합 눈치가 보일 수밖에. 그래서 냉전 질서는 차츰 흔들리게 된단다. 그리고 이런 것 말고도 냉전이 무너지게 된 중요한 이유가 하나 더 있어."

"앗, 그게 뭔데요?"

아이들이 눈을 빛내자 용선생은 가만히 미소를 지었다.

유럽이 유럽 연합을 통해 하나로 뭉쳤구나!

▶ 유럽 연합의 확장
(*2020년, 영국 유럽 연합 탈퇴)

■	유럽 공동체(1967년)
■	유럽 연합(2018년)

핀란드
스웨덴 에스토니아
라트비아
북 해 덴마크 리투아니아
아일랜드 영국
네덜란드 폴란드
벨기에 독일
룩셈부르크 체코 슬로바키아
오스트리아 헝가리 루마니아
프랑스 크로아티아 흑 해
슬로베니아 불가리아
대 서 양
에스파냐 이탈리아 그리스
포르투갈 키프로스
지중 해
몰타

"이번에는 어떤 나라에 관한 이야기가 아니라 바로 우리의 일상생활과 관련된 이야기를 할 거란다. 전쟁 이후 새로운 세대가 성장하면서 사람들의 삶이 크게 변하고 있었거든."

▲ 프랑스와 독일 사이의 국경 표지판 유럽 연합 회원국 사이의 국경은 자유롭게 오갈 수 있어. 그래서 이렇게 국경임을 알리는 표지판 말고는 어떤 시설도 없지.

 용선생의 핵심 정리

유럽은 평화와 경제 성장을 위해 '유럽 석탄 철강 공동체'를 시작으로 통합을 강화해 나감. 특히 프랑스와 독일이 미국의 영향력에서 벗어나기 위해 통합에 앞장섰음. 1967년에 '유럽 공동체'가 등장했으며 이는 오늘날 '유럽 연합'으로 이어짐.

새로운 세대가 성장하며 얼어붙은 세상을 뒤흔들다

"우리의 일상생활과 관련된 이야기라니, 그건 또 무슨 말씀이에요?"

"1950년대는 냉전이 시작된 시기이지만, 경제적으로 보면 미국과 유럽에서 엄청난 호황이 시작된 시기이기도 해. 예전에 유럽이 어떻게 기적적인 경제 성장을 이뤘는지 이야기했지?"

"네. 미국이 경제 지원도 열심히 해 주고 국가가 산업 발전 계획을 잘 짠 덕택에 경제 기적을 이루었다고 하셨어요."

잠깐! 이 내용은 14권 5교시를 다시 살펴보자.

"그래. 그 결과 미국과 유럽은 1970년대까지 약 20년 동안 놀라운 속도로 경제 성장을 이어 갔단다. 이 시기 동안 세계 곳곳에서 새로운 기업이 속속 들어섰고, 실업자는 빠르게 줄어들었어."

"그럼 사람들이 그만큼 살 만해졌다는 말씀이군요."

"맞아. 이렇게 호황이 계속되면서 출산율이 크게 늘어났어. 전쟁이 끝났고, 먹고살 만해지니 새로 아이를 낳아 키우는 사람이 자연스레 늘어났지. 아이를 낳고 직장에 다니며 안정된 가정생활을 누리는 사람도 늘었어. 아침이면 아이들은 학교로, 부모는 직장으로 나가고, 저녁이면 다들 집으로 돌아와서 함께 웃으며 저녁 식사를 하고……."

"그야말로 평화가 찾아온 거군요."

"맞아. 대부분의 가정은 당장 필요한 물건은 얼마든지 사서 쓸 정도로 소득이 늘었지. 또 생산 기술이 발전하면서 텔레비전, 라디오, 냉장고 같은 가전제품을 훨씬 싸게 구할 수 있었어. 먹을거리도, 즐길 거리도 예전보다 훨씬 풍성해졌지."

1945년 전쟁이 끝난 이후 출산율이 크게 증가했어.

30 (명)
25
20
15
10
5

인구 1,000명당 신생아 수

제2차 세계 대전 종전

1920 1930 1940 1950 1960 1970 1980 1990 2000 (년)

▲미국의 출산율 변화

"냉전이 한창이니 다들 벌벌 떨고만 있을 줄 알았는데, 의외네요?"

"그렇지? 텔레비전과 라디오가 충분히 보급되자, 평범한 시민을 대상으로 하는 드라마와 쇼 프로그램이 본격적으로 제작됐어. 1930년대부터 시작된 영화 산업도 전성기를 맞이했지. 그러자 보다 많은 사람들이 즐기는 대중문화의 시대가 시작됐단다. 전 국민이 한눈에 알아보는 '스타'가 등장하고, 전 국민이 즐기는 히트곡과 인기 영화가 등장했어."

"그럼 이전에는 스타가 없었어요?"

▲ 엘비스 프레슬리의 공연 모습 1955년 데뷔한 미국의 인기 가수 엘비스 프레슬리는 '로큰롤'이라는 새로운 음악 장르를 개척해 선풍적인 인기를 끌었어. 앨범을 무려 2억 5천만 장 넘게 판매해 기네스북에도 올랐지.

▲ 메릴린 먼로 미국의 영화배우로, 세계적인 인기를 누렸어. 한국 전쟁 당시 미군 위문 공연을 위해 우리나라를 방문한 적도 있지.

잠깐! 세계로 퍼져 나간 미국의 대중문화에 대해서는 용선생 세계사 카페에서 자세히 다루고있어!

"있긴 있었지. 하지만 1950년대 이후 등장한 스타들은 전 세계적인 유명세를 누렸어. 교통과 통신이 발달하면서 미국과 유럽의 대중문화가 다른 나라에도 빠른 속도로 퍼졌거든. '로큰롤의 황제'로 불리는 엘비스 프레슬리나 세계의 연인이었던 메릴린 먼로, 오드리 헵번, 제임스 딘 같은 사람이 대표적이지."

"그럼 이때부터 세계적인 스타가 등장한 거군요!"

"근데 선생님, 냉전이 무너지게 된 거랑 지금 말씀하시는 대중문화의 시대랑 무슨 상관이 있어요?"

"매우 밀접한 관련이 있단다. 사람들이 세상을 바라보는 눈이 완전히 달라졌으니까. 1950년대에 태어난 아이들은 부모 세대와는 전혀 다른 어린 시절을 보냈어. 부모 세대는 끔찍한 전쟁을 겪었고 가난에 시달렸지. 제대로 된 교육을 받지 못한 사람도 허다했어. 하지만 자식들은 뭐든지 풍족한 세상에서 살아가며 제대로 된 교육을 받고 영화나 음악 같은 문화생활도 훨씬 풍성하게 누렸지. 당연히 부모들과는 생각이 완전히 다를 수밖에 없었어."

▲ 영화 〈로마의 휴일〉의 한 장면 1953년 개봉한 미국의 흑백 영화로, 미국 내에서만 제작비의 3배가 넘는 수익을 거두며 흥행에 성공했어.

"하긴 그렇네요. 그런데 서로 생각이 어떻게 달라요?"

"일단 부모 세대는 국가 사이의 전쟁과 대결에 익숙했어. 평화와 번영은 저절로 찾아온 게 아니라, 피땀을 흘려 얻어 낸 결과물이었지. 그러니까 필요하다면 언제라도 국가를 위해 또다시 자신의 권리를 희생하거나, 전쟁터에 나가 싸울 수도 있다고 생각했단다."

"흠, 자식 세대는 그렇지 않았다는 건가요?"

"응. 자식 세대는 평화와 번영에 익숙했지. 그래서 평화와 번영은 세상 모든 사람이 당연히 누려야 할 권리라고 여겼어. 이 권리를 지키기 위해서라면 국가의 명령을 거부하는 건 물론이고, 사회의 불합리한 구조와 제도도 모두 뜯어고쳐야 한다고 생각했단다."

"우아, 정말 생각하는 게 완전히 다르네요."

"1960년대에 접어들면 전쟁 이후에 탄생한 자식 세대가 대략 10대 후반에서 20대 초반의 나이가 되었어. 그래서 이들은 지금껏 사회를 지배하는 낡은 사고방식에 저항하고, 자신의 생각을 점차 행동으로 옮겼지. 가장 대표적인 게 반전 운동이야."

"무슨 전쟁에 반대하는데요?"

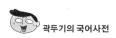 곽두기의 국어사전

반전 반대할 반(反) 전쟁 전(戰). 전쟁을 반대한다는 뜻이야.

잠깐! 베트남 전쟁의 진행 과정은 14권 5교시에 설명돼있어.

"지난 시간에 이야기한 것 기억하니? 1960년대 미국은 베트남 전쟁을 벌이느라 진땀을 뺐어. 젊은이들이 보기에 베트남 전쟁만큼 바보 같은 짓은 없었어. 정작 베트남 국민은 별로 바라지도 않는데 오직 사회주의 세력 확장을 막겠다는 이유로 엄청난 돈을 쏟아붓고, 수많은 생명을 희생했으니 말이야."

"그래서 베트남 전쟁에 반대한 거군요."

"맞아. 시작은 전쟁 반대였지만, 젊은이들의 요구는 시간이 갈수록 걷잡을 수 없이 커졌어. 반전 운동이 나중에는 낡은 사회를 모조리 뜯어고치자는 운동으로 바뀌었지. 이런 움직임은 1968년도에 가장 활발했기 때문에, 이 무렵 청년들이 주도한 시위를 대표하는 말로 '68운동'을 많이 써. 68운동은 미국과 유럽뿐 아니라 세계 전역에서 일어났단다."

"68운동에서는 구체적으로 뭘 요구했는데요?"

▲ 반전 운동 시위대 1968년 5월 프랑스의 시위대는 베트남 전쟁의 중단뿐 아니라 노동자의 처우 개선을 요구했어. 하지만 경찰의 강경 진압에 부딪치고 말았지.

"엄청나게 다양했어. 청년들은 전쟁과 핵무기 개발에 반대하고 시민의 인권 보장과 언론의 공정한 보도를 요구했어. 서독에서는 냉전을 빌미로 민주주의를 축소시키지 말라는 시위도 일어났고, 프랑스에서는 천만 명이 넘게 총파업에 참여해 임금 인상과 노동 시간 단축을 요구했어. 체코슬로바키아 시민들이 시민의 권리를 보장하고 정치적 자유를 확대하라고 요구한 것도 이때였지. 특히 미국에서는 여전히 남아 있던 흑인 차별에 저항하는 흑인 민권 운동과 여성에게 평등한 권리를 달라는 여성 운동이 활발해졌어. 또 성 소수자의 권리를 보호해 달라는 요구, 지나치게 비싼 대학 등록금을 낮추자는 요구…… 심지어 결혼 제도를 없애라, 마약을 허용하라는 요구도 있었단다."

"헐, 그건 좀 심한데요?"

마약이라는 말에 아이들이 고개를 갸우뚱했다.

"요구가 너무나 다양하다 보니 68운동은 이런 구호로 요약되기도 해 '금지하는 것을 금지하라!'"

"한마디로 완전한 자유를 보장하라, 이거군요?"

"말하자면 그래. 전쟁 이후 태어난 젊은 세대의 요구가 봇물 터지듯 한꺼번에 터져 나온 셈이야. 68운동의 결과 세상은 많이 달라졌

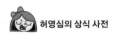

▲ 〈리베라시옹〉 68운동의 사회 비판 정신을 이어받아 창간되었어. 오늘날 르몽드와 더불어 프랑스를 대표하는 일간지야.

▲ 단식 시위를 하는 독일 대학생 1968년 5월, 독일 정부가 비상시 국민의 권리를 제한하는 법을 통과시키자 독일 곳곳에서 폐지를 주장하는 시위가 벌어졌어.

▲ 우드스톡 페스티벌 미국 뉴욕주 북부의 외딴 농장에서 열린 음악 축제야. 4일 동안 무려 40만 명에 이르는 젊은이가 모여들어 축제를 즐겼고, '자유'와 '평화'를 목청껏 외쳤지.

어. 프랑스와 캐나다에서는 정부가 바뀌었고, 서독에서도 나치 독일의 과거를 반성하려는 노력이 본격적으로 시작됐어. 다른 나라에서도 낡은 사회를 바꾸려는 분위기가 상당히 자리 잡았지. 그래서 68운동을 '68혁명'이라고 부르기도 해."

"청년들이 정말 많은 걸 바꾸었군요."

"맞아, 그리고 68운동의 에너지는 꼭 시위와 파업이 아니더라도 다양한 모습으로 터져 나왔어. 1969년 미국에서는 외딴 농촌에 콘서트 무대를 차리고 40만 명이 넘는 젊은이들이 모여 음악 축제를 열었지. 이들은 자유를 즐기며 목청껏 '자유'와 '평화'를 외쳤고, 이 모습은 텔레비전과 라디오를 타고 세계 곳곳으로 전해졌어."

"우아! 콘서트에서 자유와 평화를 외치다니, 정말 멋져요."

"하지만 청년들의 요구는 너무 많고, 모호했어. 이런 요구들을 하나로 묶을 지도자도 없었지. 그래서 68운동에서 쏟아진 요구가 모두

흑인과 여성이 평등한 권리를 주장하다

▲ 연설하는 마틴 루서 킹 목사 마틴 루서 킹은 흑인 인권 운동을 위해 평생을 바쳤어. 그 공으로 노벨 평화상도 받았지.

미국은 1960년대까지만 해도 인종 차별이 매우 극심한 나라였어. 특히 노예 제도를 마지막까지 유지했던 남부에서는 흑인에게 투표권도 주지 않았고, 학교나 식당, 공원, 심지어 버스와 화장실에서도 흑인과 백인을 분리하며 노골적으로 흑인을 차별했지.

1955년에는 한 흑인 여성이 버스의 백인 자리에 앉았다는 이유로 체포되는 사건이 터졌어. 이후 미국 전역에 걸쳐 흑인 인권 운동이 활발하게 펼쳐졌지. 이때 마틴 루서 킹이라는 흑인 목사는 철저한 비폭력 시위를 주도해 세계적인 유명 인사가 되었단다. 1963년에는 마틴 루서 킹의 주도 아래 워싱턴에서 25만 명에 이르는 인파가 시위를 벌이기도 했지. 이후 1964년, 미국 전역에서 인종에 따른 차별을 없애는 '민권법'이 통과되며 흑인 인권 운동은 결실을 보았어.

여성 차별도 심각하긴 마찬가지였어. 여성의 사회 진출은 제법 활발했지만, 여성은 같은 일을 해도 남성보다 적은 임금을 받는 데다가 승진도 어려웠거든. 특히 이 당시 사람들은 여성은 아이를 낳고 가정을 잘 꾸미는 과정에서 진정한 행복을 느낀다고 생각했어. 사회에서 일을 하며 성취감을 느끼는 남성과는 타고난 사고방식이 다르다고 여겼지. 그래서 아이를 낳은 여성은 주변의 시선을 견디지 못하고 대부분 일을 그만두었단다.

미국의 베티 프리단이라는 인물이 이 고정 관념을 깼어. 베티 프리단은 실제 출산과 함께 일을 그만두고 가정주부가 된 여성들을 조사했고, 이들이 전혀 행복감을 느끼지 못한다는 사실을 《여성의 신비》라는 책을 통해 폭로했지. 《여성의 신비》는 미국에서만 300만 부 넘게 팔려 나갔고, 세계 각국에서 출판되며 여성 운동에 불씨를 지폈단다. 이후 베티 프리단은 특히 여성의 취업과 출산에 관련한 운동을 활발히 펼쳐 나갔어. 그 결과 직장에 아이를 키우는 탁아소가 설치되고, 여성의 일할 권리를 평등하게 보장하는 각종 법률이 통과되기도 했지.

▲ 강연하는 베티 프리단 베티 프리단은 여성의 평등한 권리를 주장하는 강연을 수차례 진행했어.

받아들여지지는 않았단다. 하지만 이념으로 갈라져 무의미한 대결을 펼치는 세계를 뒤흔들기에는 충분했어."

"그럼 냉전도 이제 끝나는 거예요?"

"그래. 68운동 1년 후인 1969년부터 세계의 분위기는 급속도로 바뀌기 시작했단다."

 용선생의 핵심 정리

전쟁 이후 미국과 유럽에서는 안정된 생활을 누리는 가정이 많아지고 대중문화가 성장함. 젊은 세대는 평화와 번영을 중요한 권리로 여기며 전쟁과 대결에 반대함. 이들은 베트남 전쟁 반대 운동을 계기로 자신들의 요구를 폭발시킴.

평화와 공존을 위한 시도가 이어지다

"아니, 몇 년 사이에 분위기가 그렇게 바뀐다고요?"

곽두기가 고개를 갸웃거리며 말했다.

"사실 1960년대 말에는 미국이나 소련 모두 한계를 느꼈어. 냉전으로 낭비하는 비용이 너무 많았거든. 소련은 경제 성장이 지지부진한 탓에 미국을 좇아 무기 생산에 매달리다 가랑이가 찢어질 것 같았고, 미국도 베트남 전쟁과 우주 개발 같은 계획에 막대한 돈을 쏟아붓느라 나라 살림이 휘청거렸지."

"거봐요, 쓸데없는 경쟁을 하니까 어려울 수밖에 없죠."

영심이는 그럴 줄 알았다는 표정이었다.

"이러던 차에 1969년, 미국에 닉슨 대통령이 등장했어. 닉슨은 미

리처드 닉슨

▲ 리처드 닉슨 대통령 취임식 리처드 닉슨은 1969년부터 5년 동안 미국의 대통령을 지낸 인물이야. 냉전 분위기를 변화시키는 데 큰 역할을 했지. 하지만 미국 역사상 최초로 스스로 대통령 자리에서 물러나며 불명예스러운 기록을 남긴 정치인이기도 해.

국이 사회주의 세력의 확대를 막기 위해 세계 곳곳을 휘젓고 다닐 필요가 없다고 생각하는 사람이었어. 철저히 미국의 이익에 도움이 되는 일에만 충실하려고 했지."

"그럼 소련과 경쟁을 그만두겠다는 건가요?"

"응. 닉슨은 취임한 지 6개월 만에 폭탄 선언을 했단다. 미국은 더 이상 아시아에서 소련과 불필요한 경쟁을 하지 않겠다고 말이야. 다시 말해서, 베트남 전쟁을 비롯한 아시아 문제에서 손을 떼겠다는 의미였지."

"어머? 그럼 미국은 더 이상 아시아에 무슨 일이 생기더라도 돕지 않겠다는 거예요?"

"아시아 각국과의 동맹 관계는 유지하지만, 앞으로 핵전쟁이 터질 정도의 위협이 아니라면 군사적인 개입은 하지 않겠다는 거였어. 미국이 이렇게 입장을 바꾼 이유는 역시 베트남 전쟁 때문이었지. 베트남 전쟁에 막대한 돈을 쏟아붓는 바람에 미국의 손해가 막심했고, 국민의 비판도 컸으니까. 닉슨의 선언에 따라 미국은 베트남에서 군대를 철수하고, 한국에서도 미군을 줄이기로 했지."

"그러다 소련과 중국이 아시아를 완전히 집어삼키면 어떻게 해요?"

아이들이 불안한 얼굴로 묻자 용선생은 씩 웃음을 지었다.

"실제로 그런 염려도 있었지. 하지만 이 무렵 아시아의 상황은 한

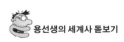
용선생의 세계사 돋보기

박정희 대통령은 미군 철수에 강하게 반대했어. 그런데도 닉슨이 한국에 주둔한 미군을 줄이자, 우리 힘으로 살아남아야 한다며 핵 개발을 진행하고 '유신 헌법'을 통과시켜 독재자 자리를 굳혔지.

국 전쟁이 터졌던 1950년과는 많이 달랐어. 무엇보다 소련과 중국 사이가 너무 많이 나빠졌거든.”

“왜요? 스탈린이 죽은 다음에 사이가 나빠진 게 계속 이어진 건가요?”

“응. 마오쩌둥은 중국식 사회주의를 내세우면서 사사건건 소련과 대립했어. 두 나라는 모든 분야에서 협력을 중단한 채 동맹이 아니라 경쟁 관계로 돌아섰지. 그리고 닉슨 대통령이 당선된 1969년에는 무력 충돌까지 일어났어.”

“대체 왜 싸운 거예요?”

“시작은 사소한 문제였어. 중국과 소련 사이의 국경을 이루는 아무르강의 지류에 작은 섬이 하나 있는데, 이 섬이 어느 나라 땅이냐를 두고 다툼이 일어난 거야. 처음에는 두 나라 국경 수비대 사이에서 일어난 주먹다짐 정도였는데, 주먹다짐이 총격전으로 번지더니 급기

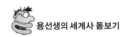

용선생의 세계사 돋보기
1860년 베이징 조약으로 아무르강의 지류인 우수리강이 중국과 러시아의 국경이 되었어. 하지만 전바오섬과 같이 강 한가운데 있는 섬은 어느 나라 땅인지 정확히 규정하지 않았기 때문에 국경분쟁의 불씨가 되었어.

▲ 아무르강 지류의 전바오섬 1969년 3월, 이 섬이 어느 나라 땅인지를 두고 중국과 소련 사이에 군사 충돌이 발생했어. 갈등은 6개월 동안 계속됐지.

▲ 국경 분쟁이 발생한 전바오섬

허영심의 상식 사전

방공호 공습을 피해서 대피하기 위한 군사 시설. 핵방공호는 원자 폭탄과 방사능의 피해를 막기 위해 지하 깊숙이 요새처럼 튼튼하게 만들어.

▲ 몸싸움을 벌이는 중국군과 소련군 처음에는 주먹다짐 정도였으나, 중국군이 긴 막대를 들고 나오자 소련군은 무기라고 판단해 총으로 반격했어. 이후 150만 명이 넘는 군대가 대치하는 큰 위기 상황으로 발전했지.

야 장갑차와 헬기가 출동해 전투가 벌어졌지. 이 과정에서 모두 100여 명의 병사가 죽거나 다쳤단다.”

“어휴, 일이 엄청 커졌네요.”

“두 나라는 수십만 명이 넘는 군대를 국경에 배치해 힘겨루기에 나섰단다. 소련은 핵 공격을 포함해 대대적인 군사 작전을 준비했어. 중국도 핵 방공호를 짓고 수도를 옮길 계획까지 세우며 소련과 끝까지 맞서려 했지. 중국은 군사력이 소련보다 훨씬 약했지만 1964년 핵 실험에 성공해 핵무기를 가지고 있었기 때문에 둘 사이에 핵전쟁이 일어날 수도 있었어.”

“그러다 정말 큰일 나는 거 아니에요?”

영심이가 걱정스러운 목소리를 내었다.

“그때 미국이 끼어들었단다. 미국은 만일 두 나라 사이에 전쟁이 터질 경우 중국 편을 들겠다며 소련을 압박했어. 결국 소련은 꼬리를 내리고 중국과 국경 문제를 대화로 풀기로 했지.”

“어라? 미국은 갑자기 왜 끼어든 건가요?”

“미국은 이 기회에 중국과 사이를 개선하면 아시아 전체의 긴장을 풀 수 있으리라고 생각했어. 그럼 아시아에 들어가는 군사비를 대폭 줄일 수도 있고, 소련을 압박하는 효과까지 볼 수 있지. 그야말로 손 안 대고 코 푸는 격이야. 중국 입장에서도 미국과 손을 잡으면 국제적 왕따 신세를 벗어나는 거니까 나쁘지 않은 기회였지."

"그러니까 소련하고 중국 사이가 나빠진 틈을 노린 거네요. 이야, 눈치 한번 빠르다."

왕수재가 감탄하자 용선생은 씩 웃어 보였다.

"미국의 노림수는 제대로 들어맞았어. 소련과의 전쟁 위기가 정리되자 중국이 미국 쪽으로 급속히 기울기 시작했거든. 마침내 1971년, 중국은 베이징으로 미국 탁구 선수를 초청해 탁구 대회를 열었단다."

"탁구요? 웬 탁구?"

▲ 헨리 키신저
(1923년~) 미국의 정치인이자 외교관. 중국과 소련을 오가며 화해 분위기를 만드는 데 많은 역할을 했어. 하지만 남아메리카에서는 미국의 이익을 위해 독재 정권 수립을 지원한 인물이기도 해.

▲ 중국과 미국의 탁구 친선 시합 탁구 시합을 계기로 미국과 중국의 관계는 급속도로 가까워졌어.

▲ 링링과 싱싱 중국을 방문한 닉슨 대통령이 선물받은 판다 한 쌍이야. 중국과 미국 화해의 상징으로 많은 미국인의 사랑을 받았지.

허영심의 상식 사전

핑퐁 영어로 탁구를 의미하는 단어야. 탁구공이 테이블에 부딪치는 소리를 따다 붙였지.

"사실 미국은 한국 전쟁 이후 줄곧 중국을 국가로 인정하지 않았어. 중국의 정통 정부는 타이완의 국민당 정부고, 중국은 불법적으로 대륙을 점령한 단체라고 보았지. 이런 상황에서는 아무래도 갑자기 외교 관계를 맺기가 어려워. 그래서 중국인이 사랑하는 스포츠인 탁구를 화제 삼아 딱딱한 분위기를 풀어 가기로 했단다. 이 사건을 '핑퐁 외교'라고 불러."

"히히, 이름이 재밌네요."

"그렇지? 탁구 대회 이후 중국과 미국 관계는 급속도로 가까워졌어. 닉슨 대통령은 한국 전쟁 이후 계속 막혀 있던 중국과의 무역을 다시 시작했고, 1년 뒤인 1972년에는 아예 직접 중국을 방문해서 마오쩌둥과 손을 잡았지. 그리고 '타이완은 중국의 일부분이며, 중화인민공화국이 중국의 정통 정부'라고 인정했단다."

"우아, 중국이 미국이랑 손을 잡았으니, 이제 소련이 훨씬 불리해진 거잖아요?"

곽두기의 말에 용선생은 어깨를 으쓱해 보였다.

"그렇게 생각할 수도 있겠지. 하지만 미국의 의도는 소련을 무너뜨리는 게 아니었어. 불필요한 대결과 간섭을 줄여 나가는 게 목적이었지. 그래서 닉슨 대통령은 소련의 서기장과도 테이블에 마주 앉았단다. 두 나라가 평화롭게 공존할 수 있는 방법은 없는지 찾아본 거야."

"방법을 찾았어요?"

"응, 두 나라는 먼저 무기, 그중에서도 핵무기와 미사일 생산을 줄

▲ 마오쩌둥을 만난 닉슨 닉슨은 1972년 중국을 방문해 마오쩌둥을 만났어. 둘의 만남은 냉전 질서의 붕괴를 보여 주는 상징적인 사건이 되었지.

▲ 모스크바를 방문한 닉슨 닉슨 대통령은 브레즈네프 서기장과 만나 서로 핵무기를 줄여 나가기로 처음 합의를 보았어. 이후 미국과 소련 관계는 많이 좋아졌고, 브레즈네프가 미국을 방문하기도 했지.

이는 문제를 논의했단다. 이미 두 나라는 지구를 멸망시키고도 남을 만큼 많은 핵미사일을 갖고 있었어. 그런데도 그저 상대방을 이기겠다는 생각으로 경쟁적으로 미사일을 생산했지. 만일 평화를 바란다면 군이 그럴 필요가 없잖니? 이미 만들어 놓은 미사일도 줄일 필요가 있었어. 그럼 두 나라 사이의 긴장도 줄고, 군사비도 절약되니까. 단, 혼자서 줄일 수는 없으니 서로 합의가 필요했지."

"그래서 소련도 동의했나요?"

"응. 소련도 동의했어. 그리하여 1969년부터 군축 협상이 본격적으로 진행되었고, 1971년에 '전략 무기 제한 협상'을 맺었어. 이 협상에서 미국과 소련 두 나라는 서로가 가진 핵미사일 수를 2,000발 안팎으로 조정하기로 합의했지."

"2,000발? 그것도 엄청 많은 거 아닌가요?"

곽두기가 고개를 갸웃거렸다.

 곽두기의 국어사전

군축 군사 군(軍) 줄일 축(縮). 군비 축소를 줄인 말. 평화를 유지하고 국가의 부담을 덜기 위하여 군사비를 줄이는 것을 가리켜.

닉슨 대통령을 몰락시킨 워터게이트 사건

미국의 닉슨 대통령은 냉전 질서를 깨고 평화로운 분위기를 만드는 데에 많은 공을 세웠어. 하지만 승승장구하던 닉슨을 단번에 몰락시킨 사건이 있단다. 이른바 '워터게이트 사건'이야.

1972년, 리처드 닉슨 대통령의 첫 번째 임기가 끝나 가고 있었어. 닉슨은 공화당의 대통령 후보로 재선을 준비했지. 이때 상대 당인 민주당이 대통령 후보를 뽑는 전당 대회를 워싱턴 D.C.의 워터게이트 호텔에서 진행했는데, 워터게이트 호텔에 있는 민주당 사무실에 괴한이 도청 장치를 설치하려다가 체포되는 사건이 터졌단다.

그런데 알고 보니 이들은 닉슨 대통령의 측근과 아주 밀접한 관계가 있는 사람들이었어. 미국 검찰은 이 도청 사건의 배후에 닉슨이 있는 건 아닌지 밝히기 위해 본격적인 수사에 들어갔지. 수사 결과 닉슨이 도청에 관여했다는 증거는 나오지 않았어. 그런데 그에 못지않은 충격적인 증언이 나왔지. 닉슨이 직접 명령을 내려 검찰 수사를 방해하려 했다는 거야.

닉슨은 그런 적이 없다고 부인했어. 하지만 닉슨의 목소리가 담긴 녹음 테이프가 등장하는 바람에 닉슨이 새빨간 거짓말을 했다는 게 들통 나고 말았지. 당연하게도 닉슨의 지지율은 바닥을 쳤고, 미국 의회는 대통령 탄핵을 준비했어. 닉슨은 탄핵안이 의회에서 통과되기 직전 스스로 자리에서 물러났단다.

나중에 닉슨은 거짓말을 인정했어. 하지만 끝까지 '나는 도청을 명령한 적이 없다.'고 주장했단다. 하지만 이미 도청 사건은 중요하지 않았어. 문제는 닉슨의 거짓말이었지. 미국인들은 대통령이 정당한 수사를 방해하고, 그걸로도 모자라 뻔뻔하게 거짓말까지 했다는 사실을 견딜 수 없었단다.

워터게이트 사건 이후 미국에서 닉슨은 부패 정치인의 대표격이 되었어. 또 굵직한 정치적 비리 사건에는 '~게이트'라는 이름이 붙곤 한단다. 냉전 분위기를 완화시킨 인물치고는 의외의 평가지?

▲ 워싱턴 D.C.의 워터게이트 호텔

▲ 사임 연설을 하는 닉슨 탄핵 위기에 놓인 닉슨은 스스로 자리에서 물러났어.

"그야 그렇지만, 두 나라가 경쟁적인 무기 생산을 멈췄다는 사실만으로도 역사적인 의미가 있어. 그 뒤로도 두 나라는 군축 협상을 꾸준히 진행했어. 그 결과 세계를 휘감았던 핵전쟁의 공포는 꽤 줄어들었지."

▲ 동독 수상과 만난 빌리 브란트 정상 회담 이후 두 나라는 정식 외교 관계를 맺고 동서독 주민의 교류를 허용하는 등 통일을 위한 작업을 진행해 나갔지.

"이야, 정말 몇 년 사이에 엄청난 일들이 계속 일어났군요."

"아직 끝이 아니야. 1969년에는 유럽에서도 냉전의 분위기를 녹이는 역사적인 시도가 시작됐단다. 68운동 이후 등장한 서독의 빌리 브란트 총리가 '동방 정책'을 폈거든."

"동방 정책? 그게 뭔데요?"

"동유럽의 사회주의 국가들과 교류를 넓히는 정책을 말해. 지금까지 서독은 동독을 국가로 인정하지 않았어. 또 동유럽의 다른 사회주의 국가와도 외교 관계를 맺지 않았단다. 그런데 빌리 브란트는 앞으로 동유럽의 국가들과 정식 외교 관계를 맺고 동독 역시 서독과 다른 별개의 국가로 인정하기로 했지. 그리고 동유럽 여러 나라를 방문해 정상 회담을 개최하며 적극적으로 화해와 교류의 물꼬를 텄어. 그래서 이걸 두고 빌리 브란트의 '동방 정책'이라고 하는 거야."

▲ 빌리 브란트의 노벨 평화상 수상 증서 빌리 브란트는 동유럽 국가와 관계를 개선하여 세계 평화에 기여한 공로를 인정받아 1971년 노벨 평화상을 수상했어.

"한마디로 대결을 그만두자는 거군요!"

"맞아. 동방 정책은 냉전 질서를 허무는 데에도 큰 역할을 했지만, 독일을 향한 동유럽의 해묵은 원한을 푸는 계기가 되었다는 점에서도 중요해. 사실 동유럽 나라들은 제2차 세계 대전 당시 나치 독일의

▲ 바르샤바 광장의 기념비 폴란드의 유대인 위령비 앞에서 무릎 꿇은 빌리 브란트의 모습을 기념해 세운 기념비야.

침략으로 엄청난 피해를 입었거든. 특히 폴란드는 수도 바르샤바가 완전히 파괴되고 수백만에 이르는 민간인이 학살당하기도 했지. 빌리 브란트는 1970년 12월, 직접 폴란드를 방문해서 나치 독일이 저지른 죄를 사과하고, 바르샤바의 유대인 위령비 앞에 무릎을 꿇었어. 이 모습은 독일의 과거사 청산을 상징하는 장면이 되었지."

"우아, 폴란드 사람들이 크게 감동했겠어요."

"당연하지. 게다가 단순히 무릎을 꿇고 사과한 데에서 그치지 않았어. 그뒤로도 서독은 나치 독일의 죄를 끊임없이 반성하며 동유럽 여러 국가들과 소통을 넓혀 나갔지."

"그런데 왜 그런 정책을 쓴 거예요? 진짜 미안해서?"

"하하, 물론 잘못된 과거를 진심으로 반성하려는 마음이 우선이었겠지. 그런데 동방 정책은 전쟁의 위험을 낮추는 동시에 독일의 통일을 앞당기기 위한 방법이기도 했어. 동방 정책을 통해 동유럽에서 서독의 영향력을 넓히면 동독이 설 자리는 점점 줄어들 테고, 그럼 굳이 전쟁을 벌이거나 대결에 열을 올리지 않더라도 통일에 속도가 붙을 거라고 본 거지. 우리나라의 김대중 대통령이 시도한 '햇볕정책'도 바로 이 동방 정책에서 영감을 얻은 거야."

"아하, 그렇군요!"

장하다가 손바닥을 치며 고개를 끄덕였다.

"자, 이렇게 여러 노력이 진행된 결과 1969년부터 약 10년 동안 세

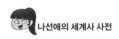

나선애의 세계사 사전

햇볕정책 1990년대 후반 우리나라가 펼친 대북 정책이야. 얼어붙은 남북 관계를 녹이려면 북한을 찬 바람이 아닌 따뜻한 햇볕으로 대해야 한다는 의미를 담고 있지.

계의 냉전 분위기는 한층 누그러졌단다. 이 시기를 '데탕트'라고 불러. 오랜 먹구름이 걷히고 드디어 진짜 평화가 찾아오는 것 같은 시기였지."

 나선애의 세계사 사전

데탕트 '긴장 완화', '휴식'을 뜻하는 프랑스어야. 20년에 걸친 냉전이 잠잠해지기 시작한 시기를 의미하지.

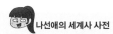 **용선생의 핵심 정리**

1969년부터 본격적으로 냉전 질서에 변화가 일어남. 미국의 닉슨 대통령은 아시아에 간섭을 줄이는 한편 중국과 손을 잡았고, 소련과는 전략 무기 제한 협상을 벌임. 한편 독일에서는 빌리 브란트 총리가 동방 정책을 실시함.

석유 파동, 세계를 뒤흔들다

"그런데 왜 10년이에요? 그 후에는 다시 냉전이 시작됐나요?"

뜻밖의 이야기에 곽두기가 어리둥절한 표정을 지었다.

"미국과 소련의 대결은 많이 완화됐지만 서아시아에서 다른 문제가 터졌어. 이스라엘이 1973년에 이웃 아랍 국가와 또 전쟁을 시작한 거야. 네 번째 중동 전쟁이었지."

"어휴, 진짜 이스라엘은 완전 골칫거리네요. 그런데 이번에도 이스라엘이 이기는 거 아니에요? 예전에 네 번 다 이스라엘이 이겼다고 하셨잖아요."

"결과적으론 그렇지. 하지만 네 번째 중동 전쟁은 양상이 조금 달랐단다. 이번에 전쟁을 시작한 건 이집트였어. 이집트는 세 번째 중동 전쟁에서 이스라엘에 빼앗긴 시나이반도와 수에즈 운하를 되찾

나선애의 세계사 사전

중동 전쟁 1948년 이스라엘 건국 이후 이스라엘과 아랍 국가 사이에 벌어진 네 차례의 전쟁을 말해. 14권 4교시에 자세히 설명되어 있어!

▲ 파괴된 이스라엘 탱크 제4차 중동 전쟁 초기 이스라엘은 고작 며칠 사이 탱크 수백 대와 수많은 전투기를 잃으며 궁지에 몰렸지.

▲ 수에즈 운하를 건너는 이집트군 이집트군은 이스라엘과의 임시 국경이었던 수에즈 운하를 건너 이스라엘로 진군했어.

기 위해 시리아를 끌어들였지. 그리고 소련
제 무기를 잔뜩 구해 전쟁을 철저하게 준비
했어. 반면 이미 세 차례나 전쟁에 승리한 이
스라엘은 기고만장해 있었지. 하지만 1973년
10월, 이집트의 기습 공격이 시작되자 이스
라엘은 단 며칠 사이 궁지에 몰렸단다."

"그럼 어떡해요? 이번에도 미국이 도와주
나요?"

왕수재가 영심이의 말에 고개를 가로저
었다.

"아닐걸, 닉슨 대통령은 여기저기 참견하는 걸 싫어했잖아."

"처음에 닉슨 대통령은 이스라엘의 일에 끼어들지 않으려 했어. 그
런데 이스라엘 총리가 워싱턴으로 직접 날아가서 닉슨 대통령을 1시
간 가까이 붙잡고 도와 달라고 설득했단다. 여기에 미국에 사는 유
대인도 합세했지. 결국 미국은 이스라엘을 돕기로 했어. 군대를 직접
파견한 건 아니지만, 미국은 이스라엘에 최신 무기를 지원하고 정찰
기를 띄워서 이집트군의 움직임을 훤히 알려 주었어. 그 덕분에 이스
라엘은 최악의 위기를 면하고 전쟁을 잘 마무리할 수 있었지."

"이집트는 미국 때문에 다 이긴 전쟁을 놓친 거네요."

"맞아. 이집트뿐 아니라 다른 아랍 국가들도 화가 머리끝까지 치솟
았어. 다들 미국에 본때를 보여 줄 방법을 궁리했지. 그 결과 아랍 국
가들은 석유를 무기로 삼기로 했단다."

"석유가 무기가 돼요?"

▲ 이스라엘에 지원된 미국 탱크 수송기를 타고 이스
라엘에 지원된 미국 탱크야. 바닷길과 육로가 모두 막힌 탓에 미
국은 이렇게 수송기를 이용해 수천 톤에 이르는 전쟁 물자를 지원
했어.

▲ 골다 메이어 (1898년
~1978년) 이스라엘을 건국한
정치인. 제4차 중동 전쟁 때
는 이스라엘의 총리로, 미국
을 움직여 궁지에 빠진 이스
라엘을 구하는 데 큰 역할을
했지.

 용선생의 세계사 돋보기

큰 문제는 이스라엘에 핵무
기가 있다는 점이었어. 그대
로 두었다가는 최후의 수단
으로 핵무기를 사용할 수도
있었지.

▲ 2013년 아랍 석유 수출국 기구 모임 요즘도 아랍 석유 수출국 기구는 석유 생산량과 가격을 통제해 이득을 보려 하지.

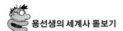
용선생의 세계사 돋보기

이 기구를 'OAPEC'이라고 해. 비슷한 성격을 가진 석유 수출국 기구(OPEC)도 있는데, 여기에는 OAPEC 회원국을 비롯해 아프리카와 남아메리카, 아시아의 산유국들도 가입되어 있어.

"응. 석유는 이미 세계 경제에 꼭 필요한 자원이 되었다고 했잖니? 하지만 석유가 집중적으로 생산되는 곳은 서아시아의 몇몇 나라에 불과했어. 이들 나라는 이미 1968년에 '아랍 석유 수출국 기구'라는 모임을 만들고 자신들의 이익을 위해 석유를 무기로 삼을 준비를 했단다. 1973년 제4차 중동 전쟁이 끝나자, 아랍 석유 수출국 기구 회의를 주도했던 나라들은 석유 가격을 대폭 올리고, 생산은 왕창 줄여 버렸어. 그 결과 석유 가격이 고작 한 달 사이에 네 배 가까이 폭등했단다. 이 사건을 '석유 파동'이라고 해."

"아니, 겨우 몇 나라가 손을 잡았다고 석유 가격이 그렇게 올라요?"

나선애가 고개를 갸웃거렸다.

"석유 생산이 서아시아의 몇몇 나라에 집중돼 있었기 때문이야. 그리고 유럽이나 미국에서도 아랍 국가들을 비난하기가 어려웠던 게, 그동안은 서아시아의 석유 가격이 너무 싼 게 사실이었거든."

쿠웨이트 바레인
튀니지 지중해 시리아
이라크 이란
알제리 리비아 이집트 카타르
사우디아라비아
홍해
아랍에미리트
페르시아만

▲ 오늘날 아랍 석유 수출국 기구 가입국

"헐, 그럼 이제 어떻게 되는 건가요?"

"유럽과 미국의 경제는 엄청난 타격을 입었단다. 석유 가격이 오르자 모든 물가가 덩달아 올랐고, 아예 돈을 주고도 석유를 구할 수가 없는 사태까지 벌어졌어. 그 결과 1950년대 이후 계속됐던 호황은 완전히 끝장이 나 버렸지. 전쟁의 상처를 씻고 막 경제 성장을 이루던 우리나라와 일본도 적지 않게 타격을 입었어. 반면 석유를 수출하는 아랍 국가들은 큰 돈을 벌었단다."

"정말 본때를 제대로 보여 줬네요."

"그렇지? 석유 파동은 2년 후에야 겨우 마무리됐어. 하지만 서아시아의 아랍인이 힘을 합쳐 '석유'만 꽉 틀어쥔다면 세계를 뒤흔들 수 있다는 게 증명됐지. 이때부터 서아시아 각국에서는 석유를 무기 삼

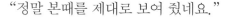

(달러/배럴)

- 석유 가격
- 세계 경제 성장률(%)
- 세계 물가상승률(%)

▲ 제1차 석유 파동의 영향

1차 석유 파동 이후 물가는 치솟았고, 경제 성장은 바닥을 기었어.

▲ 석유 파동 당시 미국의 주유소 석유가 부족해서 판매량을 제한한다는 안내문이 붙어 있어.

▲ 이탈리아의 석유 쿠폰
석유 사용을 제한하기 위해 쿠폰을 발행해 쿠폰이 있는 사람만 차에 기름을 넣을 수 있도록 하기도 했어.

▲ **말을 타고 도로를 달리는 사람들** 1973년 네덜란드에서 찍은 사진이야. 기름값이 너무 올라서 자동차 대신 이렇게 말을 타고 다니는 사람들도 있었지.

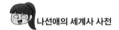

아 미국과 유럽 세력을 완전히 몰아내려는 민족주의 운동이 거세게 일어났어. 이런 경향을 '자원 민족주의'라고 부른단다."

"그럼 석유 파동 같은 사건이 또 일어날 수도 있다는 건가요?"

"응. 실제로 제1차 석유 파동이 마무리된 지 얼마 지나지 않은 1979년, 이란에서 커다란 사건이 터졌어. 시민들이 혁명을 일으켜서 왕을 내쫓고 새 정부를 세운 거야. 새 정부의 지도자인 호메이니는 철저한 반미주의자였어. 그런데 사실 호메이니는 미국에만 반대한 게 아니라 소련에도 반대했고, 이웃한 다른 이슬람 국가와도 대체로 사이가 좋지 않았단다."

"엥? 대체 어떤 사람인데 사이가 다들 안 좋아요?"

장하다가 어리둥절한 표정을 지었다.

"호메이니는 원래 정치인이 아니라 종교 지도자였어. 호메이니의 목표는 '순수한 이슬람'의 정신으로 돌아가서 이란 사회 전체를 이슬람 율법으로 지배하는 것이었지. 그러다 보니 미국은 물론 소련도,

▲ 이란 시민의 환호를 받는 호메이니 호메이니는 이란을 철저한 반미 국가로 만들었고, 이슬람의 정신에 충실한 나라로 다시 탄생시켰지.

▲ 이란의 이슬람 혁명 기념행사 매년 테헤란에서 혁명을 기념하는 대규모 행사가 열려. 여전히 반미주의 구호가 가득하지.

그동안 이슬람을 멀리하고 세속주의를 내세운 다른 아랍 국가와도 사이가 좋지 않았어. 호메이니는 이란과 비슷하게 순수한 이슬람 정신을 강조하는 사우디아라비아와도 사이가 나빴어. 사우디아라비아는 수니파 국가인데, 이란은 시아파 국가였거든.”

“그런데 이란이라면 예전에 미국이 쿠데타를 꾸몄던 나라 맞죠?”

나선애의 말에 용선생은 무릎을 쳤다.

“오호라, 잘 기억하고 있구나? 맞아. 혁명 이전의 이란 왕가는 미국이 쿠데타를 계획해 세워 준 친미 정부였어. 그래서 미국은 이란에서 석유를 헐값으로 가져갈 수 있었지. 이란 시민들은 이걸 달갑게 여기지 않았지. 혁명이 한창 진행될 때, 이란의 석유 사업자들은 미국에 본때를 보이겠다며 단체로 파업에 들어갔어. 그 영향으로 제2차 석유 파동이 일어났지. 이때도 세계 경제는 큰 타격을 입었단다. 우리나라는 한국 전쟁 이후 최초로 마이너스 경제 성장을 기록했어.”

“어휴. 서아시아에 무슨 일이 터질 때마다 세계 경제가 휘청거리

나선애의 세계사 사전

세속주의 '세상의 일반적인 풍속'을 중시해 종교와 정치를 분리하는 사상을 말해. 이슬람 세계에서는 튀르키예를 시작으로 대부분의 국가가 세속주의를 받아들였지.

잠깐! 수니파와 시아파의 차이에 대해서는 4권 5교시를 읽어 봐.

오늘날까지 휘몰아치는 이란 혁명의 후폭풍

▲ 여성의 복장을 단속하는 경찰 현대 이란에서는 히잡을 쓰지 않거나, 화려한 히잡을 쓰는 여성을 단속하고 있어.

호메이니는 이란을 이슬람 율법인 '샤리아'와 《쿠란》의 내용을 충실하게 지키는 국가로 만들려고 했어. 그동안 미국과 친하게 지내며 서양 문물을 많이 받아들였던 이란은 완전히 과거로 되돌아가고 말았단다. 여성들은 온몸을 가리는 옷을 입은 채 집 밖으로 제대로 나가기 어려워졌어. 또 호메이니는 자신의 뜻에 반대하는 사람에게는 잔인한 고문과 사형도 서슴지 않았지.

이란 혁명 이후 이란과 미국 관계는 완전히 악화됐고, 여기에 몇 년 후 이란이 핵무기 개발까지 시도한 탓에 두 나라 관계는 아직까지도 험악해. 이란은 미국을 비롯한 세계 주요 국가와의 교류가 끊긴 탓에 좀처럼 경제적 어려움을 벗어나지 못하고 있지.

또 이란 혁명은 이슬람 원리주의의 확산에도 큰 영향을 미쳤어. 튀르키예가 탄생한 이후 종교와 정치를 분리하는 세속주의가 이슬람 세계의 대세였지만, 이란 혁명을 계기로 세계 각지의 이슬람 원리주의자들이 이에 맞서기 시작했거든. 이라크에서는 시아파 원리주의자들이 수니파 정권에 맞서 싸우려 했고, 아프가니스탄에서는 '무자헤딘'이라는 무장 조직이 탄생해 소련에 맞서 전쟁과 테러를 벌였지. 이슬람 원리주의의 확산은 최근 이슬람 국가(IS)의 등장과 시리아 내전 등 서아시아를 뒤흔드는 다양한 사건에도 영향을 미쳤어.

▲ 무자헤딘 아프가니스탄에서 등장한 이슬람 원리주의 무장 조직이야. 원래는 '성스러운 전쟁에서 싸우는 전사'를 뜻하는 아랍어이지. 무자헤딘은 훗날 탈레반과 IS 등 다양한 테러 조직의 뿌리가 되었어.

네요."

"그래. 세계는 두 차례의 석유 파동을 겪으며 많이 달라졌어. 호황과 풍요에만 익숙했던 젊은 세대는 비로소 불황을 알게 됐고, 세계를 호령하던 미국도 경제적인 어려움을 겪으며 비틀거렸지."

▲ 제2차 석유 파동 당시 서울 석유를 사기 위해 길
게 줄을 서야 했어. 우리나라의 경제는 제1차 석유 파동보다
는 제2차 석유 파동 때 더 큰 피해를 입었어.

▲ 러시아의 유전 풍경 석유 파동 이후 러시아의 석유 생산은
꾸준히 늘었어. 오늘날 러시아의 전체 수출에서 석유가 차지하는 비
중은 거의 70퍼센트에 이르지.

"그럼 소련은요? 소련은 원래 경제가 어려웠으니 훨씬 더 큰 피해
를 봤겠네요."

"그건 아니야. 실은 소련에서도 석유가 엄청 많이 생산되거든. 석
유값이 오르는 바람에 소련은 오히려 짭짤하게 이득을 봤지. 그런데
길게 보면 이것도 소련 경제에 좋지 않은 영향을 미쳤어. 석유 가격
이 오르면서 소련 경제는 석유 수출에 지나치게 의존하게 됐거든. 만
일 석유값이 떨어진다면 경제가 크게 흔들릴 수도 있게 된 거지."

"결국, 두 나라 모두 예전보다 훨씬 여유가 없겠군요."

"맞아. 경제가 이렇게 위태로우니 자연스레 냉전도 계속되기는 어
려웠어. 이제 세계는 냉전보다 더 풀기 어려운 문제를 마주하게 된
거야."

"그 정도였어요? 경제 위기라면 이전에도 여러 번 있었잖아요. 세
계 대공황도 있었고."

곽두기가 이상하다는 듯 말하자 용선생은 고개를 끄덕였다.

"그거야 맞는 이야기인데, 석유 파동 이후 찾아온 경제 위기는 이전까지와는 양상이 매우 달랐단다. 그래서 지금까지의 경제학 지식으로는 해결하기가 몹시 어려웠어."

"어라, 양상이 왜 달라요?"

"그건 꽤 복잡한 이야기니까 다음 시간에 계속 배우도록 하자꾸나. 오늘은 여기까지 하자. 모두들 고생 많았어!"

 용선생의 핵심 정리

제4차 중동 전쟁 이후 서아시아의 주요 아랍 국가들이 석유 생산을 줄이며 세계의 석유 가격이 뛰는 석유 파동이 일어남. 석유 파동 때문에 세계 경제는 큰 타격을 입었고, 세계 질서도 많이 변화하게 됨.

나선애의 정리노트

1. 제3세계의 등장

- 미국, 소련과 손잡지 않은 비동맹 국가들이 모여 제3세계가 등장함.
  - → 인도가 앞장서 중국과 손잡고 평화 5원칙을 발표함.
- 제3세계는 반둥 회의와 비동맹국 회의를 개최했으나, 여러 한계를 보임.

2. 하나로 뭉친 유럽

- 프랑스, 독일을 중심으로 여섯 나라가 모여 유럽 석탄 철강 공동체를 만듦.
  - → 다양한 분야에서 협력하는 유럽 공동체(1967년)로 발전함.
  - → 참여국이 늘어나며 협력이 강화되고 유럽 연합(1994년)이 탄생함.

3. 데탕트와 끝이 보이는 냉전

- 젊은 세대가 성장해 반전 운동과 인권 운동을 벌이며 냉전 체제를 뒤흔듦.
- 1969년 닉슨이 미국 대통령으로 당선됨.
  - → 미국이 중국과 손잡고 소련과는 군축 협상을 진행하며 데탕트가 시작됨.
- 서독의 브란트 총리는 동방 정책을 펼쳐 냉전을 완화하고 통일을 앞당김.

4. 석유 파동으로 흔들리는 세계 경제

- 미국이 제4차 중동 전쟁에 끼어들어 이스라엘의 승리를 도움.
  - → 주요 아랍국이 석유 가격을 크게 올리는 석유 파동을 일으켜 세계 경제를 흔듦.
- 이란 혁명과 함께 제2차 석유 파동이 일어나며 세계 경제에 위기가 찾아옴.

세계사 퀴즈 달인을 찾아라!

01 빈칸에 들어갈 알맞은 용어를 써 보자.

미국, 소련과의 동맹을 거부한 29개 나라가 모여 1955년에 개최한 회의. 회의가 열린 지역의 이름을 따서 '○○ 회의'라고 해.

(   )

02 제2차 세계 대전 후 국제 정세에 대한 설명으로 옳은 것은?　(　　)

① 유고슬라비아는 미국과 동맹을 맺고 소련과 대립했어.
② 인도의 네루는 평화 5원칙을 제시하며 중국과 손을 잡았어.
③ 알제리와 인도네시아, 베트남은 평화롭게 독립을 얻었어.
④ 동독은 유럽 석탄 철강 공동체를 만들어 유럽 경제 성장을 주도했어.

03 다음 지도를 보고 추론한 내용으로 옳은 것은?　(　　)

① 독일과 프랑스는 유럽 통합에 반대하다 뒤늦게 협력했어.
② 유럽 각국은 오직 경제 분야에서만 협력을 강화하기로 했어.
③ 오늘날 유럽의 수많은 나라가 유럽 연합으로 힘을 합치고 있어.
④ 영국은 유럽 공동체를 만들어 오늘날 유럽 연합의 기초를 닦았어.

04 68운동에 대해 옳지 않은 설명을 한 아이는? ( )

① 68운동은 기존 사회를 전혀 바꿔 놓지 못했지.

② 흑인과 여성, 성소수자의 인권 운동도 활발히 이루어졌어.

③ 전후 경제 호황을 겪으며 성장한 젊은 세대가 68운동을 주도했어.

④ 1968년에 세계 곳곳에서 연이어 벌어진 사회 개혁 운동을 68운동이라고 해.

05 다음 삽화를 보고 설명한 내용으로 옳지 않은 것은? ( )

① 서독의 동방 정책은 독일 통일을 앞당겼어.

② 닉슨 대통령은 냉전을 완화시킨 공로로 재선에 성공했어.

③ 1969년부터 미국이 적극 나서 중국, 소련과 교류하기 시작했어.

④ 냉전이 서서히 풀리며 평화가 찾아온 이 시기를 가리켜 데탕트라고 해.

06 다음 중 사건이 원인과 결과 순으로 옳게 연결된 것은? ( )

① 제2차 석유 파동 – 이란 혁명

② 세계 경제 위기 – 제1차 석유 파동

③ 이란 혁명 – 팔레비 왕조 집권

④ 미국의 제4차 중동 전쟁 개입 – 제1차 석유 파동

달인 트로피

• 정답은 298쪽에서 확인하세요!

냉전 시기에 일어난 또 다른 전쟁, 스파이 전쟁

냉전이 한창이었던 시기, 세계 각국은 서로의 약점을 찾고자 은밀하고 치열한 경쟁을 벌였어. 각 진영의 우두머리였던 미국과 소련은 물론, 영국과 이스라엘 같은 나라도 정보 기관을 두고 온갖 정보를 수집했지. 자, 그럼 용선생과 함께 세계를 뒤흔들었던 정보 기관에 대해 살펴보도록 할까?

세계에서 가장 유명한 정보 기관 CIA

CIA는 미국의 정보 기관으로, 정확한 명칭은 '미국 중앙 정보국'(Central Intelligence Agency)이야. 미국 할리우드 영화나 드라마의 배경으로 자주 등장해서 우리에게도 굉장히 익숙하지. 그 덕분에 많은 사람들이 CIA를 비밀 공작을 벌이거나 감시 활동을 벌이는 기관으로 알고 있어. 물론 그런 업무를 수행하긴 하지만, 사실 미국 안보와 관련된 정보를 수집하고 분석하는 게 CIA의 주요 업무란다.

냉전 시기 CIA는 그야말로 전성기를 누렸어. 세계 각지에 사회주의 정권이 생기면서 강한 위기를 느낀 미국 정부가 CIA에 많은 권한을 주었거든. 사회주의 국가를 정부가 직접 공격하면 국제 사회의 비난을 받을 수 있으니, CIA에 자금과 권한을 주고 정치 공작을 벌이도록 한 것이지.

먼저 CIA는 라틴 아메리카에서 사회주의의 뿌리를 뽑고자 반대 세력에 막대한 자금을 지원하고 쿠데타를 부추겼어. 그 결과 과테말라와 니카라과, 칠레에서는 사회주의 정권이 몰락하고 친미 정권이 들어섰지.

▲ 미국 CIA 본부 수도 워싱턴 D.C.에서 가까운 버지니아주 랭글리 인근에 있어.

이들은 적국인 소련에서도 활발히 공작 활동을 벌였어. 소련군의 정보를 있는 대로 수집하고, 시베리아를 관통하는 가스 파이프라인을 폭파해 소련을 경제적으로 고립시키기도 했지. 우리나라 역시 CIA의 주요 무대였어. 미국은 CIA를 통해 북한을 감시하고 북한 정부를 무너트릴 정보를 수집했지. 냉전이 끝난 지금도 CIA는 미국의 이익을 위해 세계 각지에 정보망을 뻗쳐 각국의 주요 정보를 수집하고 있단다.

▲ 추모의 벽 세계 각국에서 활약하다 목숨을 잃은 CIA 요원들을 기리기 위해 세운 벽이야. 요원들이 숨질 때마다 검은 별을 하나씩 새기는데, 현재 이 벽에 125개의 별이 새겨져 있대.

세계 최초의 정보 기관 MI6

MI6는 영국 정보 기관이야. MI6는 '군 정보부 제6호'의 준말로, 과거 영국의 여러 정보 기관이 한 군데에 모여 있을 때 붙은 이름이래. 정식 명칭은 '영국 정보국 비밀 정보부'이지. MI6는 서양 정보 기관 중 역사가 가장 오래된 곳으로, 냉전 시기 사회주의 진영에 대해 가장 많은 정보를 가지고 있었어. 한때 이곳에 소련 스파이가 잠입해 각종 정보를 유출하는 사건도 일어났지만, 곧 뒤를 밟아 런던에 있는 소련 정보 조직을 박살 내는 성과를 올렸지. MI6는 냉전이 끝난 오늘날까지도 러시아와 동유럽에 관해서는 최고의 정보 기관으로 인정받는단다.

SECRET INTELLIGENCE SERVICE MI6

MI6는 영화와 소설 속 배경으로 자주 등장해 우리에게도 익숙해. 영화 '007 시리즈', 영국 드라마 '셜록'에 등장하는 정보 기관이 바로 MI6거든. 거기에 MI6 출신 소설가도 많대. 스파이 문학의 거장으로 손꼽히는 이언 플레밍과 존 르 카레, 《달과 6펜스》로 유명한 서머싯 몸 등이 대표적이야.

▲ 영화 〈스카이폴〉 2012년에 제작된 007 시리즈 영화야. 007 시리즈는 MI6 소속 비밀 요원 제임스 본드가 세계 각지에서 활약하는 이야기이지. 현재까지 총 24편이 제작되어 많은 인기를 끌었어.

소련의 정보 기관 KGB

소련에도 CIA나 MI6와 어깨를 나란히 한 정보 기관이 있었어. 흔히 KGB(국가 보안 위원회)로 알려진 정보 조직이지.

KGB는 레닌 시절에 만들어진 비밀경찰 조직에서 출발했고, 스탈린의 대숙청을 주도하기도 했지. 소련에서 가장 강력한 권력을 가진 기관으로, 치안 유지와 범죄 수사, 정보 수집 등 다양한 업무를 도맡았단다. KGB는 1991년 소련이 무너지기 전까지 전 세계에서 활동하며 세계 각국의 사회주의 정부 활동을 적극적으로 지원했어. 그리고 자본주의 진영의 정보 기관에 침투해 온갖 정보를 빼돌리는 첩보 활동도 벌였지. 대표적인 예가 바로 영국 MI6에서 일어난 '케임브리지 5인조' 사건이야. KGB의 맹활약 덕에 유럽과 미국에서는 자신들 사이에 소련이 보낸 스파이가 있는 건 아닌가 늘 경계해야만 했지.

▲ KGB 본부가 있던 루뱐카 청사

세계를 충격으로 몰아넣은 케임브리지 5인조

냉전이 한창이던 1960년대, MI6가 발칵 뒤집히는 사건이 일어났어. MI6에서 근무하던 한 직원이 그동안 소련으로 정보를 빼돌렸단 사실이 밝혀졌거든. 이 직원은 킴 필비란 사람으로 네 명의 친구와 함께 국가 요직에 앉아 소련의 스파이 노릇을 해 왔지. 다섯 명이 모두 케임브리지 대학 출신이었기에, 이들을 가리켜 '케임브리지 5인조'라고 불러.

영국 상류층 출신의 남 부러울 것 없는 사람들이 왜 소련 편에 섰던 걸까? 사실 이들은 케임브리지 대학에 다니며 '부의 공평한 분배'를 강조한 사회주의에 몹시 심취해 있었어. 소련은 이들에게 접근해 갖은 유혹을 펼쳐 스파이로 만들었어. 케임브리지 5인조는 소련의 지시대로 영국 내외의 중요 정보와 외교 문서, 암호 해독문을 착실히 빼돌렸어. 그래서 MI6는 벌이는 작전마다 족족 실패를 거듭했단다.

하지만 다섯 명 중 넷은 금세 꼬리가 잡혔어. 유일하게 킴 필비만이 정체를 들키지 않은 채 MI6를 드나들며 정보를 빼냈지. 1963년, 미국에 망명한 전직 소련 정보 요원이 킴 필비의 정체를 폭로하면서 케임브리지 5인조의 정체가 모두 밝혀졌단다. 그렇지만 킴 필비는 유유히 MI6의 추격을 따돌리고 소련에 망명했어. 이후 킴 필비는 냉전 시기 가장 뛰어난 활약을 펼친 스파이로 입에 오르내리며 소설의 단골 소재가 되었단다.

▲ 킴 필비

킴 필비는 소련의 스파이로 영국 MI6에서 일하며 온갖 정보를 빼돌렸어.

KGB는 소련이 무너지면서 역사 속으로 사라졌지만 여전히 러시아와 그 인접 국가에서 강력한 영향력을 행사하고 있어. 오늘날 러시아 대통령인 블라디미르 푸틴과 국가 중요 자리에 있는 인물들이 대부분 KGB 출신이거든. 또 러시아에서는 여전히 KGB와 거의 성격이 비슷한 정보 기관을 운영하며 나라에 위협이 되는 인물을 감시하고, 세계 각지에 비밀 요원을 파견해 중요한 정보를 활발히 수집한단다.

놀라운 정보 수집 능력을 가진 이스라엘의 모사드

중동 전쟁으로 혼란이 가시지 않았던 서아시아에도 뛰어난 정보 수집 능력을 가진 정보 기관이 있었어. 바로 이스라엘의 모사드야. 모사드는 히브리어로 '기관'이란 뜻으로, 정식 명칭은 '중앙 공안 정보 기관'이란 다. 모사드는 해외 정보 수집과 공작 활동을 전담하며 필요한 경우 나라 를 위협하는 인물을 암살하기도 해.

다른 나라의 정보 기관이 냉전 시기 이름을 떨친 것과 달리, 1980년까지 모사드의 존재는 베일에 가려져 있었어. 나중에야 그동안 이스라엘과 관련된 사건에 모사드가 개입했단 사실이 밝혀졌지. 모사드는 뮌헨 참 사를 일으킨 팔레스타인의 '검은 9월단' 단원을 살해하고, 팔레스타인의 중요 인물을 납치하고 살해하기도 했지. 또 핵실험을 시도한 이란, 이라 크의 핵 전문가를 납치하기도 했어. 유대인 학살의 주 범 아돌프 아이히만을 15년간 추적해 끝내 잡아들인 것도 모사드였지.

모사드는 이처럼 뛰어난 능력을 자랑하지만, 이 과정 에서 여권을 위조하는 등 온갖 국제법을 무시하고, 때로는 외국에 인명 피해와 경제적 피해를 일으키기 에 국제 사회의 비난도 만만치 않단다.

▲ 영화 〈뮌헨〉 모사드는 1972년 뮌헨 참사 이후 주 범으로 지목된 팔레스타인의 테러리스트들을 암살하는 '신의 분노' 작전을 벌였어. 영화 〈뮌헨〉은 이 작전을 영화 화해서 많은 화제를 불러일으켰지.

유럽 연합(EU)의 이모저모

유럽 연합(European Union)은 유럽의 정치와 경제 통합을 위해 설립된 기구야. 오늘날 유럽 연합은 27개국이 가입한 거대 연합체로 발전했지. 지금부터 유럽 연합이 어떤 곳인지 용선생과 함께 하나씩 알아보자.

유럽 연합 소속으로 살기

▲ 유럽 연합의 상징

유럽 연합에 속한 유럽인에게는 무척이나 많은 혜택이 주어져. 먼저 회원국 국민은 유럽 연합 어디에서나 자유롭게 대학을 다닐 수 있고, 취직도 자유로워. 또 회원국 국민은 신분증만 있으면 어디든지 자유롭게 여행할 수 있지. 1985년 이후 유럽 연합 안에서는 복잡한 입국 심사 절차를 거치지 않기로 했거든.

마지막으로, 유럽 연합 회원국 중 19개 국가는 2002년부터 유로를 단일 화폐로 사용해. 이렇게 유로를 사용하는 19개의 국가를 한데 묶어 유로존이라고 불러. 유로존에 속한 국가의 사람들은 여행할 때 일일이 돈을 바꾸어야 하는 불편함이 전혀 없지.

▲ 다양한 도안을 가진 유로화 유로 동전 뒷면에는 유럽 각 회원국을 상징하는 도안이 들어가. 이 동전 도안은 국가별로 매우 다양해서, 동전만 따로 수집하는 사람들도 많대.

유럽 연합의 위기와 미래

놀랍게도 유럽 연합이 만들어진 뒤, 언제나 전쟁이 끊이지 않았던 유럽에는 단 한 차례도 전쟁이 일어나지 않았단다. 그 덕분에 유럽 연합은 그동안 유럽의 안정과 평화에 기여한 공을 인정받아 2012년 노벨 평화상을 수상했어.

하지만 유럽 연합은 아직 여러 문제를 안고 있어. 회원국 간 경제력의 격차가 너무 크고, 2008년 이후 계속된 경제 위기를 제대로 해결하지 못하면서 연합의

▲ 유럽 연합 회원국 입국 심사 풍경 공항의 입국 심사 풍경이야. 유럽 연합에 소속된 국민끼리는 이렇게 간단한 검색대만 통과하면 입국 심사를 마칠 수 있어.

성과에 회의적인 반응을 보이는 사람들이 늘어났거든. 게다가 최근 유럽에 유입되는 난민이 늘어나자 회원국들은 난민 수용 문제를 둘러싸고 여러 갈등을 겪었어. 급기야 2016년에는 영국이 국민 투표를 거쳐 연합 탈퇴를 결정했지. 또한 유럽 곳곳에 연합 탈퇴를 추진하는 정치 세력이 등장하면서 유럽 연합의 안정은 점차 흔들리고 있단다.

유럽 연합의 여러 조직들

유럽 연합은 유럽 이사회, 유럽 의회 등 여러 조직으로 이루어져 있어. 각 조직이 어떤 역할을 하는지 알아보자.

- 유럽 이사회
각국 정상이 정기적으로 모여 정상 회담을 갖는 기구야. 1년에 네 번 브뤼셀에서 모여 유럽 연합이 나아갈 길을 논의하지.

- 유럽 연합 각료 이사회
각국의 장관들이 모인 기구야. 법안을 내놓고 예산을 심의해.

- 유럽 의회
유럽 연합의 입법 기관이야. 법안 및 국제 조약과 관련한 표결을 진행하고, 예산을 최종 승인하는 역할을 맡았어.

- 유럽 연합 집행 위원회
유럽 연합의 행정부 같은 곳이야. 예산을 각 부서에 적절하게 분배하고 무역 협정이나 국제 조약을 맺는 일을 해.

- 유럽 연합 사법 재판소
유럽 연합에서 제정한 법률에 따라 회원국 간 분쟁을 재판하는 기관이야.

- 유럽 중앙은행
유럽 연합의 공용 화폐인 유로화를 발행하고 통화량을 조절하는 금융 기관이야.

▲ 유럽 중앙은행 유럽 중앙은행은 유로화를 발행하고 통화량을 조절하는 기관이야. 독일 프랑크푸르트에 있어.

세계를 지배한 미국 대중문화

세계 최강국 미국은 정치와 외교, 경제를 비롯해 다양한 분야에서 세계에 막대한 영향력을 끼쳤단다. 또, 영화와 음악, 음식 등 미국의 다양한 문화도 세계로 퍼졌지.

▲ 맥도널드에 길게 줄을 선 소련 사람들 미국과 소련의 관계가 크게 개선되면서, 소련에 미국 패스트푸드인 맥도널드가 들어섰어. 개장 첫날부터 사람들이 몇 시간이고 길게 줄을 서서 기다릴 정도로 인기가 좋았지.

소련도 사랑한 햄버거와 콜라

햄버거는 간편하고 든든하게 한 끼를 채울 수 있는 패스트푸드로 회사나 공장에서 일하는 노동자들에게 인기가 많았어. 대표적인 패스트푸드 회사인 맥도널드는 다양한 햄버거 메뉴와 식사의 간편함을 적극 홍보해 전 세계를 점령했단다. 심지어 1980년대 말에는 소련의 심장부 모스크바에 매장을 냈어. 이때 모스크바의 맥도널드 매장에는 수많은 사람이 매일 줄을 서는 진풍경이 펼쳐졌대.

전 세계인의 입맛을 사로잡은 미국의 대표 음료도 있어. 바로 콜라야. 콜라는 1900년대 초중반 펩시와 코카콜라의 공격적인 마케팅에 힘입어 세계 시장에 진출했어. 사람들은 콜라의 달콤하지만 시원하고 톡 쏘는 맛에 사로잡혔지. 심지어 히틀러도 콜라를 좋아했고, 소련에서도 콜라를 즐겨 먹는 사람이 많았어. 냉전으로 좀처럼 콜라를 구하기 힘들어지자, 몰래 콜라를 들여와서 보드카라고 속이고 마시는 사람도 있었대.

▲ 1940년대 코카콜라 광고

할리우드 영화와 드라마의 습격

미국 영화는 할리우드를 중심으로 1910년대부터 전성기를 누렸어. 〈바람과 함께 사라지다〉, 〈오즈의 마법사〉, 〈벤허〉처럼 명작으로 손꼽히는 작품이 만들어지고 수많은 관객이 열광했지. 할리우드 영화는 뛰어난 시각 효과와 각본, 배우를 앞세워 세계를 정복했어. 1950년대 들어 텔레비전과 라디오가 빠르게 보급되면서 드라마 제작도 활발해졌어. 가족의 일상을 가볍게 다룬 드라마부터

▲ ⟨벤허⟩의 한 장면 1959년 제작된 영화야. 1만 명 넘는 엑스트라에 막대한 제작비를 투자해 큰 인기를 끌었지.

경찰이 범죄를 수사하는 수사물, 냉전 시기 비밀 요원의 활약을 다룬 첩보물까지 다양한 드라마가 등장해 세계적인 인기를 끌었지. 1970년대와 1980년대에 제작된 ⟨원더우먼⟩, ⟨타잔⟩, ⟨600만불의 사나이⟩는 우리나라에서도 방영되어 많은 인기를 끌었단다.

프로 스포츠, 사람들의 눈을 사로잡다

텔레비전과 라디오가 보급되며 프로 스포츠도 발전했어. 텔레비전과 라디오 중계만 지켜보면 직접 경기장에 가지 않아도 누구나 쉽게 경기를 접할 수 있게 됐거든. 화려한 실력으로 무장한 미국 스포츠 선수들은 세계적인 스타가 되었지.

특히 미국 프로 농구는 전 세계에서 폭발적인 인기를 누렸어. 심지어 미국과 사이가 좋지 않은 중국, 소련은 물론 서아시아에서도 열기가 뜨거웠단다. 특히 1980년대, 역사상 가장 뛰어난 선수로 손꼽히는 마이클 조던의 등장 이후 미국 프로 농구의 인기는 천정부지로 치솟았어. 조던이 착용한 운동화와 경기복은 물론, 조던의 얼굴이 박힌 상품이 날개 돋친 듯 팔렸지. 마이클 조던을 모델로 고용한 '나이키'는 막대한 이익을 거두어들이며 세계 최고의 스포츠용품 회사로 우뚝 서기도 했어.

▲ 마이클 조던 마이클 조던은 미국 프로 농구에서 가장 위대한 선수로 꼽히는 인물이야.

2교시

신자유주의 바람이 불고
사회주의가 무너지다

:

1970년대에 들어서며 20여 년에 걸친 경제 호황이 막을 내렸어.
미국과 유럽 각국의 지도자들은 위기에 처한 경제를 살리고자
새로운 해결책을 찾아 나섰지. 한편 소련은 잇따른 경제 개혁
실패, 과도한 군사비 지출을 이겨 내지 못하고 서서히 무너져
내렸어. 오늘은 냉전이 끝나고 세계사가 큰 전환을 맞이하는
순간으로 달려가 보자.

미국 디트로이트의 버려진 공장 풍경.
한때 세계를 주름잡았던 미국의 제조업은 신자유주의 정책이 본격화되며 몰락했어.

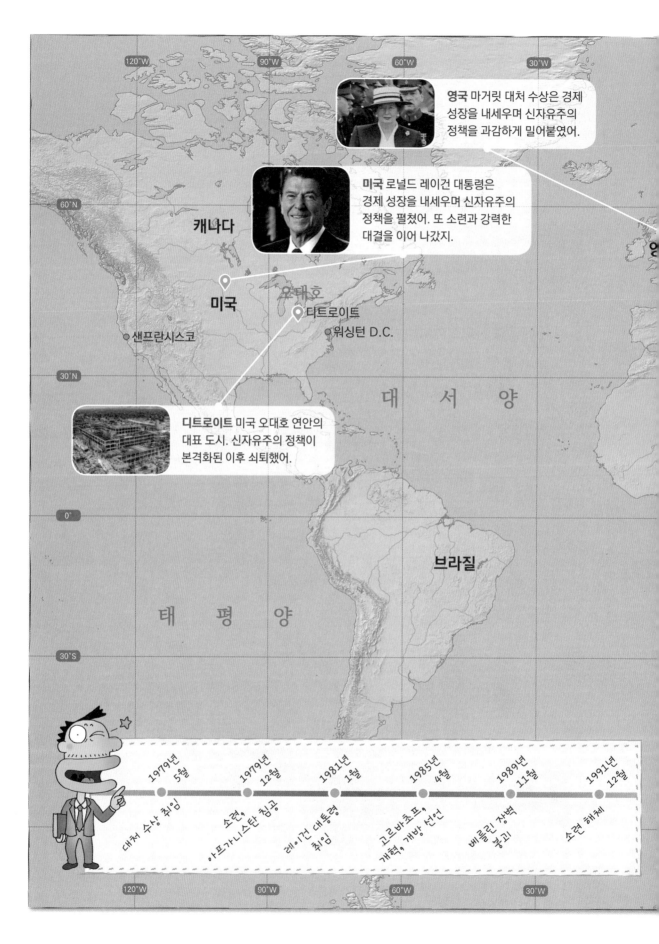

독일 1989년 베를린 장벽이 무너지며 독일은 통일에 한 발자국 가까워졌지. 동독과 서독은 1990년 통일을 이루었어.

벨라루스 1991년, 소비에트 연방 해체를 결정하는 조약이 이곳에서 맺어졌어. 이로써 소련은 사라지고 15개 독립국이 새롭게 세워졌지.

소련 소련의 공산당 서기장 고르바초프는 개혁과 개방을 시도하며 엄청난 변화를 가져왔어.

벨라루스

소련

체코슬로바키아

아프가니스탄

중국

아프가니스탄 소련은 아프가니스탄의 사회주의 정부를 지키려 전쟁을 벌였어. 하지만 이슬람 원리주의 세력에 발목이 잡혀 큰 손해를 보았지.

인 도 양

아프리카공화국

체코슬로바키아 1989년, 시민 혁명으로 동유럽 최초로 공산당 정부가 무너졌어. 다른 동유럽 국가에서도 비슷한 사건이 뒤따랐어.

발트의 호랑이
발트 삼국에 가다

에스토니아, 라트비아, 리투아니아는 발트해 동부 연안에 자리한 나라야. 세 나라를 함께 묶어 발트 삼국이라고 불러. 발트 삼국은 발트해의 관문으로서 중세 시대에 무역으로 크게 발전했어. 세 나라 수도의 구시가지는 그 시절의 모습을 잘 보존해 유네스코 세계 문화유산에 등재됐지. 1991년 발트 삼국은 소련으로부터 독립했고, 그 뒤 무섭게 성장해 '발트의 호랑이'라는 별명을 얻었어. 지금은 세 나라 모두 유럽 연합(EU), 북대서양 조약 기구(NATO), 경제 협력 개발 기구(OECD)의 가입국이야.

▲ 탈린의 신시가지 발트 지역의 정보 통신 산업 중심지야.

▶ 에스토니아에서 탄생한 스카이프 스카이프는 세계인이 즐겨 쓰는 인터넷 전화 서비스를 만든 기업이야.

올레비스테 교회

▲ **탈린** 에스토니아의 수도이자 최대 도시야. 우뚝 솟아 있는 올레비스테 교회의 첨탑은 한때 무역선의 등대 역할을 했어.

디지털 경제 강국 에스토니아

에스토니아는 발트 삼국 중 가장 작은 나라야. 면적은 한반도의 5분의 1, 인구는
약 130만 명이지. 하지만 정보 통신(IT) 산업 강국으로 세 나라 중 경제 수준이
가장 높고 인터넷 문화가 매우 발달했어. 2005년에는 세계 최초로 온라인 선거를
실시했고, 내로라하는 세계적인 IT 기업들도 에스토니아에서 탄생했지.

◀ **전자 영주권** 에스토니아는 2014년 세계 최초로 외국인이 에
스토니아에 직접 살지 않고도 인터넷으로 전자 영주권을 발급받을 수
있게 했어. 전자 영주권이 있으면 유럽 연합의 기업과 쉽게 교역을 할
수 있기 때문에 외국인에게 인기가 매우 좋아.

교통의 중심 라트비아

라트비아는 한반도 면적의 3분의 1 크기의 국토에 약 193만 명이 모여
사는 나라야. 옛날부터 항구가 발달해 발트 지역의 교통 중심지였어. 소련
시절에도 발트해와 러시아 내륙을 잇는 철도와 도로망이 많이 건설됐지. 특히
수도 리가는 발트 삼국을 잇는 무역의 중심지로 다국적 기업의 지사가 많아.

▲ **리가 국제공항** 리가 국제공항은 발트 삼국에서 가장
큰 공항이야. 매년 600만 명이 넘는 승객이 이곳을 거쳐 가
지.

▼ **리가의 검은 머리 전당**

이 건물은 중세 시대 리가에서 활발히 활동했던 한 상인 길드
의 본거지야. 지금은 박물관으로 쓰고 있어.

▲ **리가 항구** 라트비아 제1의 항구야. 발트해를 거쳐 러시아로 들어
가는 해외 화물은 거의 이곳을 거친다고 해도 과언이 아니지.

▼ **발트 삼국 최대의 도시 리가** 발트 삼국의 중앙에 자리한
항구 도시야. 오늘날도 발트 삼국에서 가장 많은 인구가 거주하는 무역
의 중심지란다.

삼성전자는 리가에 발트 삼국을
관할하는 지사를 세웠어.

블록체인 강국으로 떠오르는 리투아니아

리투아니아는 발트 삼국에서 가장 큰 나라야. 한반도 3분의 1 면적에 인구는 약 288만 명이지. 한때 유럽에서 손꼽히는 강국이었지만 오늘날에는 세 나라 중 경제 수준이 가장 낮아. 리투아니아 정부는 최근 신종 정보 처리 기술인 블록체인 사업에 적극 나서며 재도약을 꿈꾸는 중이야.

▲ **빌뉴스** 발트 삼국에서 유일하게 내륙에 자리한 수도야. 동·서 유럽을 잇는 내륙 교통의 요지였지.

▲ **리투아니아 블록체인 센터** 리투아니아는 유럽 최초로 국제 블록체인 센터를 세웠어.

▶ **블록체인 기업 림포** 운동을 하면 가상 화폐 보상을 얻을 수 있는 애플리케이션이야. 블록체인 기업 중 2018년 수익률 세계 1위를 기록했어.

WALK, RUN, EARN

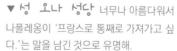

▲ **트라카이성** 수도 빌뉴스에서 조금 떨어진 호수 안 섬 위에 있는 성이야. 강대국으로서 발트해를 호령했던 영광의 시절을 엿볼 수 있어.

▼ **성 오나 성당** 너무나 아름다워서 나폴레옹이 '프랑스로 통째로 가져가고 싶다.'는 말을 남긴 것으로 유명해.

노래로 문화를 지켜 낸 발트 삼국 사람들

에스토니아와 라트비아에서는 5년마다, 리투아니아에서는 4년마다 한 번씩 여름에 대규모 합창제를 벌여. 강대국에 시달리면서도 고유의 언어와 문화를 굳건히 지켜 낸 자부심이 묻어나는 축제야. 수만 명이 단체로 전통 의상을 입고 민요를 부르며 춤을 추는 광경을 보기 위해 전 세계에서 관광객이 몰려와. 세 나라의 음악 축제는 유네스코 인류 무형 문화유산에 선정됐어.

▲ 리투아니아 노래 축제 1924년에 시작됐어.

◀ 라트비아 노래와 춤 축제 1873년에 시작됐어.

▲ 에스토니아 노래 축제 1869년에 맨 먼저 시작됐어. 라트비아와 리투아니아까지 전파되어 발트 삼국을 대표하는 최대 축제로 자리 잡았지. 에스토니아인은 물론 이웃 라트비아와 리투아니아 사람들도 찾아와 1주일간 노래의 향연을 벌여.

발트 삼국에 가면 꼭 먹어 봐야 할 음식

발트 삼국은 겨울이 길고 여름도 서늘한 편이야. 그래서 서늘한 기후에서 잘 자라는 호밀이나 귀리로 만든 흑빵과 감자가 주식이지. 또 오랜 세월 러시아의 지배를 받는 동안 러시아 요리의 영향을 받았어. 하지만 고유의 요리 문화도 발달해 발트 삼국에 가면 다양한 맛을 즐길 수 있단다. 특히 추위를 견디기 위해 즐겨 먹는 고지방 음식이 일품이지.

▼ **에스토니아의 베리보르스트** 돼지의 선지에 잡곡을 섞어 튀기거나 찐 음식이야. 이것만 먹으면 느끼한 편이라 흑빵에 곁들여 먹어.

▲ **솔란카** 러시아에서 유래한 음식으로 올리브, 레몬 등을 넣고 매콤하게 끓여 낸 수프야. 우리의 부대찌개와 맛이 비슷해.

◀ **흑빵** 북유럽에서 많이 나는 호밀로 만든 빵이야. 보통 빵과는 달리 갈색을 띠어서 흑빵이라고 불러.

▲ **라트비아의 스페치스** 돼지비계를 염장해 훈제한 라트비아 음식이야. 주로 빵에 얹어 먹지. 추운 겨울에는 이것 하나만 먹어도 든든해.

◀ **리투아니아의 샬티바르스치에** 비트와 계란을 섞어 차갑게 만든 수프야. 뜨거운 감자를 곁들여 먹지.

새로운 위기가
세계 경제를 덮치다

"그런데 경제 위기가 엄청나게 심각했나 봐요? 새로운 해결책까지 필요한 걸 보면?"

장하다가 고개를 갸웃거리며 질문을 내놓았다.

"경제 위기 자체도 심각했지. 그런데 마땅한 해결책을 내놓기 어려웠다는 게 더 큰 문제였어. 1920년대 말에 경제 대공황이 한바탕 세계를 휩쓴 이후 세계 각국 정부는 케인스의 이론에 따라 경제를 관리해 왔단다. 케인스의 이론이 뭐였는지는 기억하니?"

"음…… 네, 국가가 경제에 적극적으로 끼어들어야 한다는 이론이었어요."

나선애가 조심스레 이야기하자 용선생은 고개를 끄덕였다.

잠깐! 세계 대공황과 케인스의 경제 이론에 관한 이야기는 13권 3교시에 설명돼 있어!

"그래. 예를 들어 경제가 어려워서 기업이 망하고 실업자가 많이 발생할 것 같으면 정부가 돈을 써서 소득을 늘려 주는 거지. 그런데 1970년대 들어 발생한 경제 위기에는 케인스의 이론을 적용할 수 없었어. 지금까지의 경제 위기와는 양상이 좀 달랐거든."

"뭐가 달랐는데요?"

"지금까지 경제학자들은 물가가 상승하면 국민의 소득이 늘고, 그만큼 경제가 성장하고 있다고 생각했단다. 소득이 늘어나면 사람들이 돈을 많이 쓰니까 그에 따라 물건이 많이 팔리고 물가도 자연스레 오르는 거지. 반대로 물가가 떨어지는 건 경제가 성장을 멈추었다는 의미였어. 사람들이 돈을 쓰지 않으니 물건값을 더 받을 수가 없는 거지."

"음, 그런데요?"

"1973년에 석유 파동이 일어나는 바람에 석유 가격이 왕창 올랐잖니? 그래서 경제 성장과는 아무 상관도 없이 물가가 폭등했어. 또 높은 석유 가격을 견디지 못한 기업들이 문을 닫으며 실업자가 늘어났지. 그러니까 경제는 성장을 멈추었는데, 오히려 물가는 오르는 현상이 발생한 거야. 이런 현상을 스태그플레이션이라고 해. 케인스의 이론으로는 스태그플레이션에 적절한 해결책을 내놓을 수가 없었지."

"왜요? 결국 실업자가 늘어난 건 똑같으니까 그냥 정부가 돈을 써서 일자리를 늘려 주면 되잖아요?"

곽두기의 국어사전

양상 모양 양(樣) 형상 상(相). 사물이나 현상의 모양이나 상태를 말해.

허영심의 상식 사전

스태그플레이션 '경기 침체'를 뜻하는 '스태그네이션'과 '물가 인상'을 뜻하는 '인플레이션'을 합친 말이야.

혁, 경제 성장은 멈췄는데, 물가가 더욱 올라가다니!

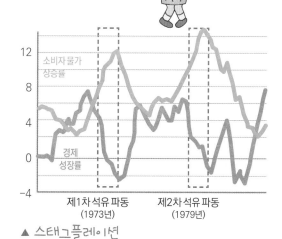

▲ 스태그플레이션

"안 돼. 정부가 돈을 쓰면 당장 일자리는 늘어나겠지. 하지만 결과적으로는 시장에 풀리는 돈이 더 늘어나기 때문에 돈의 가치가 떨어져서 물가가 더 오르는 부작용이 생겨나. 그럼 너무나 높은 물가를 견디지 못해 기업이 더 어려워지고, 결국엔 또 실업자가 늘어나고 말겠지."

"그럼 석유값이 떨어져서 물가가 떨어질 때까지 좀 참으면 되잖아요. 어차피 아랍 국가들이 화가 나서 잠깐 올린 거였으니까요."

"그것도 곤란해. 사실 세계 경제에는 석유 파동 못지않게 큰 문제가 여럿 있었어. 가장 큰 문제는 제2차 세계 대전 이후부터 국제 화폐로 쓰이던 달러의 가치가 흔들렸다는 거야. 미국 정부가 베트남 전쟁에 들어가는 비용을 대려고 달러를 엄청나게 찍어 내면서 달러 가치가 꾸준히 떨어졌거든."

잠깐! 달러를 국제 화폐로 삼은 일에 대해서는 14권 3교시를 다시 읽어 보렴.

"달러를 마구 찍어 냈으면, 미국 물가가 더 올랐겠네요?"

왕수재가 안경을 고쳐 쓰며 말하자 용선생은 고개를 끄덕였다.

"맞아, 미국의 물가가 계속 오른 건 석유 파동 말고도 이런 이유가 있었단다. 근데 달러의 가치가 떨어지면서 미국 정부는 또 다른 고민을 안게 됐어. 예전에 설명했다시피 달러는 미국이 보증한 국제 화폐야. 미국 정부는 다른 나라가 달러를 가져오면 금으로 바꿔 주기로 약속하며 달러의 가치를 보증했지. 그런데 달러의 가치가 계속 떨어지니까, 불

▲ 물가 인상에 항의하는 뉴욕 시민들 임금은 그대로인데, 식료품 가격이 폭등하면서 고통이 늘어나자 시민들이 항의하고 있어. 1970년대 들어 이런 시위가 급증했지.

안해진 다른 나라들이 갖고 있던 달러를 내놓고 금으로 바꿔 가려 했어. 그러다 보니 달러의 가치는 더 떨어졌고, 미국 정부가 바꿔 줄 금도 부족하게 됐지."

"헐, 그럼 어떻게 해요?"

"결국 미국 정부는 1971년에 특단의 대책을 내놓았어. '앞으로 미국 정부가 달러를 보증하지 않겠다.'라고 선언한 거야. 말하자면 앞으로는 달러를 가져와도 금을 주지 않겠다는 거지. 이로써 미국은 숨통이 좀 트였지만, 지금껏 달러의 가치만 믿고 있던 세계 무역은 크게 흔들렸단다."

"에구, 달러의 가치가 흔들리는 것만으로 세계 경제가 휘청거리는 거군요."

"여기에 일본이나 우리나라, 타이완 같은 아시아 각국의 산업이 급격히 성장하면서 미국과 영국 같은 나라는 무역 적자가 늘어났어. 아시아에서 풍부한 노동력을 이용해 질 좋은 물건을 싸게 수출하면서, 미국과 영국의 기업이 경쟁에서 밀려난 거야. 특히 자동차와 철강 산업이 위태로워졌고, 미국의 대표 산업 지대였던 오대호 연안에는 문을 닫는 공장이 점점 늘어났단다. 시카고와 디트로이트 같은 도시도 활력을 잃었지."

잠깐! 아시아의 경제 성장에 대해선 3교시에 다룰 거야.

▲ 해외로 수출되는 일본 자동차 1970년대 일본 자동차가 인기를 누리면서 미국 자동차 산업은 내리막길을 걸었어.

● 디트로이트

▲ 디트로이트의 버려진 공장 디트로이트는 미국 제조업의 중심지였던 오대호 연안의 주요 도시야. 디트로이트의 제조업은 1970년대부터 경쟁에 밀려 내리막길을 걸었어.

곽두기의 국어사전

혁신 가죽 혁(革) 새로울 신(新). 묵은 풍습이나 관습을 완전히 바꾸어서 새롭게 만드는 것을 말해.

용선생의 세계사 돋보기

영국 정부는 제2차 세계 대전 이후 석탄, 철강, 통신, 수송 산업 등 주요 산업 분야를 직접 운영하며 산업 발전을 주도했어. 영국은 자본주의 진영에서는 국영 기업이 가장 많았지.

"쩝. 이제 보니 문제가 한둘이 아니었군요."

"사실 경제가 이렇게 어려워지면 기업 스스로 노력해서 살아날 방법을 찾아야 해. 신기술을 개발하거나, 아니면 임금을 줄여서 생산에 들어가는 비용을 낮춰 보든가. 노동자도 더 높은 임금을 받고 싶으면 더 열심히 일하거나 새로운 기술을 익혀야 하지. 다시 말해 혁신을 이루어야 하는 거야. 하지만 미국이나 유럽의 기업과 노동자들은 혁신을 게을리했어."

"뭘 믿고 노력을 안 한 거예요?"

"그동안 정부가 경제에 개입해서 기업을 도와 이런저런 위기를 해결해 왔으니, 이번에도 정부만 바라본 거지. 이런 현상은 특히 영국에서 심각했어. 영국은 국가 경제를 이끄는 중요한 기업이 대부분 국유화되어 있는 데다가 복지 제도도 잘 갖춰져 있었거든. 경제가 어려워지자 영국 노동자들은 정부를 상대로 임금을 올려 달라며 계속 파업을 벌였어. 한편으로는 잘 갖춰진 복지 제도를 이용해 실업 수당과 연금만 받으며 지내는 사람도 늘어났지. 사람들은 이런 현상을 '영국병'이라고 부르며 비꼬았어. 복지 제도를 악용해 공짜로 먹고살려 한다면서 말이야."

▲ 런던에서 시위를 벌이는 석탄 산업 노동자 영국 석탄 산업 노동자들은 임금을 올려 달라며 시위를 계속했어.

"하지만 어려운 사람을 도우려면 복지는 있어야 하잖아요."

"그거야 그렇지만, 복지에 들어가는 비용이 너무 큰 게 문제였어. 복지는 결국 국민의 세금으로 하는 거거든. 영국의 복지 지출은 계속 늘다가 1970년대 말에는 급기야 나라 재정의 거의 절반에 이르렀단다. 게다가 영국 정부는 복지 이외에도 돈을 엄청나게 썼어. 1975년에는 나랏돈을 들여서 경영이 어려워진 자동차 기업을 사들였고, 가장 파업이 심각했던 석탄 노동자의 임금을 30퍼센트나 올려 주었지. 하지만 아무리 돈을 써도 그만큼 물가만 치솟을 뿐이고 경제는 좀처럼 살아나지 않았단다. 1976년, 영국 정부는 결국 커 가는 부담을 감당하지 못하고 국제 통화 기금(IMF)에서 돈을 빌려야 했어. 1997년에 우리나라가 빌린 것처럼 말이야."

"영국이 우리보다 20년 앞서 경제 위기를 맞이했던 거네요."

"응. 한국사 수업에서도 얘기했지만, 국제 통화 기금은 돈을 공짜로 빌려주지 않아. 영국 정부는 돈을 빌리는 대가로 복지 지출을 대폭 줄여 나가야 했지. 제2차 세계 대전이 끝난 이후 영국이 복지 지출을 줄이는 건 사상 처음 있는 일이었어. 심지어 영국 정부는 공무

▲ **파업으로 멈춰 선 영국** 1978년 겨울, 총파업 시기의 거리 풍경이야. 환경미화원이 모두 파업에 나서는 바람에 이렇게 쓰레기가 산더미처럼 쌓여 버렸어.

원들의 월급까지 줄였지."

"어휴, 그럼 다들 힘들었겠군요."

"당연하지. 영국 전국이 들썩였고, 뒤이어 파업이 일어났어. 파업은 1978년 겨울에 절정에 이르렀어. 이때는 공무원까지 파업에 참여한 탓에 나라 전체가 말 그대로 멈췄지. 환경미화원이 파업에 들어가는 바람에 길거리에는 쓰레기가 즐비했고, 병원과 학교도 문을 닫았어. 심지어 공동묘지까지 파업에 들어가서 장례식조차 치를 수가 없었단다."

"아이고야, 일이 점점 꼬이네요."

영심이가 한숨을 깊게 내쉬었다.

"이쯤 되자 케인스의 이론이 잘못되었다는 주장이 힘을 얻기 시작했어. 애초에 정부가 모든 경제 문제에 끼어들어 위기를 해결해야 한다는 생각이 문제였다는 거지. 정부의 개입이 워낙 많아지다 보니, 결국엔 정부가 일일이 국가 경제를 조정하는 사회주의 국가와 마찬가지로 경제 성장에 문제가 생겼다는 거야. 이런 문제점을 지적하며 등장한 게 바로 '신자유주의'란다."

"신자유주의가 뭔데요?"

"케인스 등장 이전에는 정부가 경제에 손을 대지 않는 '자유방임주의'가 세계적인 대세였다고 했잖니? 신자유주의는 케인스의 주장에 문제가 있다는 것이 드러났으니, 다시 자유주의로 돌아가야 한다는 주장이야. '새롭게 등장한 자유주의'란 뜻에서 신자유주의라고 하지."

"그럼 기업이 망하고 실업자가 늘어나도 정부는 그냥 보고만 있으라는 건가요?"

"신자유주의자들은 정부가 어설픈 대책을 쓰기보다는 기업이 자유롭게 경쟁하는 과정을 심판처럼 지켜보면 된다고 생각했어. 누가 법을 어기는지 감시하고, 불필요하게 발목을 붙잡는 규제를 없애 주는 역할만 하면 된다는 거야. 당장은 실업자가 늘어나서 경제가 어려워지는 것처럼 보여도, 결국 경쟁에서 살아남은 기업이 성장하며 새롭게 노동자를 고용하면 경제는 자연스럽게 안정을 되찾는다는 거지. 노동자도 마찬가지야. 경쟁에서 살아남으려면 남보다 더 열심히 일하고 새로운 기술을 배울 테니, 그만큼 경제 성장에 보탬이 되겠지."

"뭔가 말이 되는 것 같기도 한데……. 그럼 신자유주의를 받아들인

▲ 프리드리히 하이에크
(1899년~1992년) 신자유주의의 이론적인 뿌리를 제공한 영국 경제학자야. 특히 사회주의 사상을 강하게 비판했지.

나라가 있었어요?"

곽두기가 뒷머리를 긁으며 말하자 용선생은 고개를 끄덕였다.

 용선생의 핵심 정리

1970년대 들어 석유 파동 등 여러 문제가 겹쳐 스태그플레이션이 발생했으나, 케인스 경제학에 기초한 세계 각국의 정부는 적절한 해결책을 내놓지 못함. 그러자 또 다른 해결책으로 '신자유주의'가 등장함.

영국과 미국에 신자유주의 바람이 불다

 **허영심의 상식 사전**

공기업 정부가 소유권을 갖거나 운영하는 기업을 말해. 전기나 가스 등 에너지 산업, 통신 산업 등 공공의 이익이 중요한 분야를 운영하는 경우가 많지.

곽두기의 국어사전

민영화 백성 민(民) 경영할 영(營) 될 화(化). 나라에서 운영하던 기업을 민간인이 경영하도록 넘겨주는 것을 말해.

"영국이 대표적이야. 1979년에 등장한 영국의 대처 수상은 '영국병'을 뜯어고치겠다며 신자유주의 정책을 대대적으로 실시했어. 우선 나라 예산의 절반에 이르렀던 복지 지출을 대폭 줄였단다. 그리고 석탄과 철강, 전기, 수도 등 여러 분야에서 나라가 운영하던 각종 공기업을 대대적으로 민영화했지."

"공기업을 민간인에게 넘기면 뭐가 좀 나아지나요?"

"당시 영국의 공기업은 경영 상태가 몹시 나빴단다. 그런데 사기업과 달리 공기업은 아무리 경영 상태가 나빠도 망할 걱정이 없어. 손해를 봐도 세금으로 보충을 해 줬거든. 그러다 보니 공기업은 돈을 허투루 쓴다는 비난을 많이 받았어. 그에 비해 국민에게 제공하는 서비스의 질은 별로 좋지 않았지. 공기업은 대개 경쟁 기업이 없고 나라에서 독점 운영하는 경우가 많아서, 남들보다 좋은 서비스를 하려고 노력할 필요가 없었거든."

"아하, 그럼 민영화를 하면 돈도 아껴 쓰고 서비스도 개선하려고 노력하겠군요."

"맞아. 한마디로 경쟁에서 살아남기 위해 '혁신'을 하려 하겠지. 대처는 영국이 모든 면에서 혁신을 이뤄야 위기를 돌파할 수 있다고 생각했어."

"생각대로 사정이 좀 나아졌나요?"

"아니, 오히려 난리가 났어. 공기업은 대부분 급작스러운 민영화에 당황했어. 단시간에 생산 비용을 낮추려고 많은 노동자를 해고해 인건비부터 줄이려 했지. 그래도 어려우면 아예 회사 문을 닫을 수밖에 없었어."

"그럼 실업자가 늘어나잖아요?"

"맞아. 실업 위기에 처한 노동자들은 파업에 돌입했단다. 특히 그동안 영국 경제를 이끌어 온 석탄 산업 노동자들의 파업은 거의 전쟁을 방불케 할 정도로 치열했어. 하지만 대처는 눈 하나 깜짝하지 않고 파업을 강경하게 진압했단다. 그 결과 영국의 실업자는 불과 몇 년 사이 세 배 가까이 늘어났어. 이 와중

▲ 마거릿 대처 (1925년 ~2013년) 영국 보수당 출신으로 수상을 지내며 강력한 신자유주의 정책을 밀어붙인 사람이야. '철의 여인'이라는 별명으로 유명해.

▼ 롤스로이스 롤스로이스는 영국을 대표하는 자동차 기업이었지만 경쟁력을 잃고 독일의 BMW에 넘어갔어.

▲ 경찰의 진압에 맞서 싸우는 탄광 노동자 대처 집권 초기 경찰과 노동자들의 대립은 전쟁을 방불케 할 정도로 치열했어.

▲ 버려진 영국 철강 회사 공장 영국 정부는 경영 상태가 나쁜 국영 철강 회사 브리티시 스틸을 민영화해 되살리려 했지만, 결국 경쟁에 밀려 문을 닫고 말았어.

에 실업자를 위한 복지까지 줄여 버렸으니 국민의 고통은 더욱 컸지. 근데 말이지, 시간이 지나면서 의외로 영국 경제는 살아나기 시작했어.”

“엥? 실업자가 그렇게 늘어났는데 어떻게 경제가 살아나요?”

“물론 지금까지 영국 경제를 이끌어 온 산업은 쇠퇴했지. 영국의 수많은 탄광과 제철소가 문을 닫았고, 롤스로이스나 벤틀리 같은 영국의 유명 자동차 회사는 전부 독일과 미국, 일본에 팔렸어. 하지만 냉정하게 말해 영국은 이런 산업에서 이미 경쟁력을 잃은 지 오래였어. 석탄 산업은 석유와 천연가스 산업에 밀려났고, 자동차 산업은

값싸고 질도 좋은 일본 자동차와의 경쟁에서 이길 수가 없었거든. 그러니까 신자유주의자들이 보기엔 진작 망해야 하는 산업이 자연스럽게 망했을 뿐이야. 그 대신 영국에서는 국제적으로 경쟁력이 있는 새 산업이 성장했지."

"어떤 산업인데요?"

"금융업이야. 그것도 세계를 무대로 하는 국제 금융업! 영국은 세계 곳곳의 정보를 쉽게 접할 수 있는 선진국이고, 국제 사회에서 영향력이 강한 나라라서 금융업이 발전하기에 안성맞춤이었지. 사실 영국은 예전 제국주의 시대에도 원래 세계 금융업의 중심지였어. 미국이 급성장하며 잠시 세계 1위 자리를 내주었지만, 대처 수상이 등장하며 다시 금융업이 성장하기 시작했지."

"그래도 대처 수상이 등장했다고 갑자기 금융업이 살아난다니 이상해요."

"대처가 영국 금융업의 불필요한 규제를 확 풀어 준 덕이 커. 이 당시 영국 금융업계에는 외국 투자자의 침투를 막고, 일부 부자가 이익을 독점하는 것을 막기 위한 규제가 많았어. 하지만 대처의 개혁으로 영국 금융 시장의 문턱이 한층 낮아졌고, 외국인의 투자도 훨씬 쉬워졌지."

"그래서 정말 외국인의 투자가 늘어났어요?"

"물론이지. 영국의 금융업은 외국인의 투자가 급증하면서 불과 몇 년 사이 급성장했고, 석탄과 철강 산업을 대신해 경제 성장을 이끌게 됐단다. 그 덕에 오늘날 영국의 수도 런던은 미국의 뉴욕과 함께 세계 금융의 중심지로 불려."

허영심의 상식 사전

금융업 돈을 빌려주거나 투자하고, 투자자를 모집하는 등 돈의 흐름을 관리하며 이득을 보는 산업을 말해. 은행, 보험, 증권업 등이 해당돼.

용선생의 세계사 돋보기

대처가 취임한 이후 영국은 물가를 잡기 위해 금리를 엄청나게 올렸어. 그러자 세계의 자본들이 높은 금리를 받기 위해 영국으로 몰렸지. 이것도 영국 금융업 발전에 도움이 됐단다.

▲ 시티 오브 런던 런던의 전통적인 중심지야. 1980년대 이후 이곳에는 고층 빌딩이 줄줄이 들어서며 세계적인 은행과 증권사가 입주했고, 뉴욕의 월스트리트와 더불어 세계적인 금융 중심지로 거듭났지.

"그러니까 국가의 간섭이 줄어드니까 경쟁력이 없는 산업은 자연스레 사라지고, 금융업 같은 새로운 산업이 성장한 거네요."

왕수재가 눈을 빛내며 나섰다.

"그렇지. 바로 그게 신자유주의의 원리야. 대처는 금융 산업뿐 아니라 영국 사회 전반에 걸쳐서 규제를 줄여 나갔어. 한편으로는 기업과 국민에게 걷던 세금도 줄였지. 한마디로 정부가 사회에 미치는 영향을 계속 줄인 거야."

"선생님, 그럼 금융업처럼 새로운 산업이 발전했으니까 결국 실업 문제도 잘 해결된 건가요?"

용선생의 설명을 듣던 영심이가 질문을 던졌다.

"물론 그건 아니야. 평생 탄광에서 석탄을 캐던 사람이 갑자기 금융업에 뛰어들 수는 없잖니. 국가에서 다시 직장을 잡으라고 교육 지원을 해 주는 것도 아니었으니, 실업자들 대부분은 별다른 기술 없이도 할 수 있는 슈퍼마켓 점원, 콜센터 직원, 청소부 같은 단순 직종에 몰릴 수밖에 없었어. 돈을 많이 못 버는 건 물론이고, 오랫동안 일할 수 있는 안정된 직장도 아니었지. 길어야 몇 년 일하다가 어느 날 갑자기 해고 통지를 받기 일쑤였어."

"금융업만 잘나가고, 너무 극과 극인데 괜찮을까요?"

"이때부터 영국의 빈부 격차가 매우 심해졌단다. 경제적으로 여유

▲ **훌리건** 영국에서는 빈부 격차가 심해지며 빈민층이 늘어났고, 그 울분을 축구장에서 폭발시켜 난동을 부리는 일이 잦아졌어. 이들을 지칭하는 용어가 바로 '훌리건'이야.

가 있어서 새로운 교육을 받을 수 있던 사람들은 금융업에 진출해서 승승장구했어. 반면, 가난한 노동자들은 그런 기회조차 얻지 못했지. 그러다 보니 저임금 노동자의 자식은 제대로 교육을 받지 못하고 부모처럼 단순직을 오가는 경우가 많았어. 가난을 대물림하게 된 거야."

"신자유주의의 단점도 엄청 심각한 거 같은데요?"

"하지만 사람들은 대처의 성공에만 주목했어. 대처의 극약처방 덕택에 영국 경제는 스태그플레이션을 극복하고 다시 성장을 시작했거든. 그래서 세계적으로 신자유주의 열풍이 불었단다."

"그럼 영국 말고 다른 나라에서도 신자유주의를 내세운 사람이 있었나요?"

"그럼. 이때 미국도 영국 못지않게 경제적 어려움을 겪었어. 미국은 베트남 전쟁 이후 나라의 씀씀이가 늘어서 쩔쩔매는 와중에, 일본이나 서독 같은 나라에 산업 경쟁력이 밀리면서 무역에서도 적자를 보았지. 물론 석유 파동 때문에 스태그플레이션도 심각했어. 그래서 1981년, 미국에서도 레이건 대통령이 등장해 신자유주의를 내세웠단다."

"그럼 레이건 대통령도 대처 수상처럼 경제 간섭을 줄였어요?"

"맞아. 레이건 정부도 기업이 경쟁력을 높일 수 있도록 각종 규제

용선생의 세계사 돋보기

국가의 씀씀이가 늘어나서 손해를 보는 '재정 적자', 산업 경쟁력이 밀려서 무역에서 손해를 보는 '무역 적자'가 미국의 큰 문제였어. 이 두 가지를 '쌍둥이 적자'라고 불러. 쌍둥이 적자는 오늘날까지도 미국이 해결하지 못한 숙제야.

대처 수상의 인기를 높여 준 포클랜드 전쟁

집권 초기에 대처 수상의 인기는 매우 낮았어. 신자유주의 경제 정책으로 실업률이 급상승했고, 복지 정책은 후퇴했거든. 이런 대처 수상에게 인기를 만회할 찬스가 찾아왔는데, 바로 포클랜드 전쟁이야.

포클랜드는 아르헨티나와 가까운 대서양 남서부에 있는 영국 섬이야. 크기도 작고 이렇다 할 자원도 없었지만, 제2차 세계 대전 이후 해외 식민지를 거의 모두 잃어버린 영국에는 매우 소중한 섬이었지.

그런데 1982년에 아르헨티나가 이 섬을 점령했어. 당시 아르헨티나 역시 석유 파동 이후 찾아온 경제 위기로 어려움을 겪었어. 아르헨티나 독재 정권은 국민들의 불만을 잠재

▲ 포클랜드 제도

우기 위해 이런 짓을 벌였지. 경제 위기에 시달리는 영국이 설마 머나먼 대서양의 외딴섬까지 신경을 쓰지는 않을 거라 여긴 거야.

하지만 영국의 대처 수상은 단호하게 대응했어. 즉각 아르헨티나에 선전 포고를 하고, 미국을 비롯한 세계 각국의 지지를 얻어 냈지. 뒤이어 항공 모함 2대를 비롯한 해군과 공군을 출동시켜 아르헨티나를 향해 공격을 퍼부었단다. 아르헨티나는 영국과 넉 달 동안 맞서 싸웠지만 결국 패배를 인정하고 포클랜드를 돌려줄 수밖에 없었지.

영국은 전쟁에 승리하기 위해 많은 비용을 감당해야 했어. 그렇지 않아도 어려웠던 나라 살림은 더욱 팍팍해졌지. 하지만 뜻밖에도 수많은 영국인이 전쟁을 결정한 대처 수상에 열광했단다. 경제 위기에 시달리며 구겨졌던 영국의 자존심을 다시 세울 수 있었거든. 대처 수상은 전쟁에서 목숨을 잃은 병사의 가족 수백 명에게 일일이 편지를 써서 국민을 감동시켰어. 이렇게 얻은 인기를 바탕으로 대처 수상은 1990년까지 11년 동안이나 수상 자리를 지키며 개혁 정책을 강하게 밀어붙일 수 있었단다.

▲ 런던으로 돌아오는 영국 해군

전쟁을 승리로 이끌고 돌아오는 영국 해군의 모습이야. 런던 시민은 영국의 자존심을 지켜 낸 군대를 열렬히 환영했어.

▲ 로널드 레이건 대통령 (1911년~2004년) 새로운 세금 정책을 설명하는 모습이야. 레이건은 신자유주의 정책을 실시해 경제 위기를 극복하고 미국을 다시 강대국으로 만들려 했어. 오늘날까지도 많은 미국인이 레이건을 존경하지.

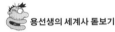
용선생의 세계사 돋보기

예전보다 쇠퇴했다 해도 미국은 거의 모든 산업 분야에서 막강한 경쟁력을 유지하고 있어. 미국의 제조업 생산량은 여전히 세계 제조업의 20퍼센트 이상을 차지하고, 농업과 축산업, 어업 등도 세계 최고 수준이거든.

를 풀어 줬어. 그 덕분에 대기업이나 대형 은행이 탄생해 자유롭게 활동할 수 있게 됐지. 또 세금을 많이 거두면 일할 의욕을 떨어뜨린다며 세금도 대폭 낮춰 줬단다. 한편으로 나라의 씀씀이도 줄여 나갔어. 경쟁력 없는 산업에 군이 정부가 돈을 풀어 지원할 필요가 없다는 거였지."

"그러니까 잘되는 기업은 팍팍 밀어 주고, 안 되는 기업은 망하게 내버려 두자 이거네요."

"맞아. 그 결과 미국도 영국과 마찬가지로 경쟁력이 떨어지는 산업이 쇠퇴했지. 전통적으로 미국 경제 성장을 뒷받침해 온 자동차나 철강 산업 등 제조업이 이때부터 무너졌단다. 미국의 공장은 아시아보다 설비도 낡았고, 임금도 높아서 생산성이 떨어졌거든. 제조업이 무너지는 과정에서 일자리를 잃은 노동자가 늘자 미국도 실업률이 늘고, 영국처럼 빈부 격차도 더 심해졌어. 이런 이유로 레이건 정부는 선거에서 크게 패배하기도 했지."

"어, 그럼 경제 정책을 다시 세워야 하는 거 아녜요?"

"그건 아냐. 시간이 흐르며 차츰 미국 경제도 활력이 돌았어. 석유 가격이 떨어지고, 값싼 외국산 생필품이 들어오면서 치솟던 물가도 안정을 되찾았지. 무엇보다도 새로운 산업이 발전하면서 일자리가 창출되자 실업률도 2퍼센트 넘게 떨어졌단다."

"영국과 마찬가지네요. 미국에서는 어떤 산업이 새롭게 발전했는

▲ 미국 정유 회사 쉐브론의 주유소 쉐브론은
레이건 시기 완화된 규제에 힘입어 탄생한 거대 정유 회
사야. 오늘날 전 세계 민영 석유 회사 중 다섯 손가락 안에
들지.

▲ 빌 게이츠 (1955년~) 컴퓨터 운영체제 개발 회사인 '마이크로
소프트'를 세워 크게 성공한 인물이야. 세계 최고의 부자 순위에 항
상 오르내리지.

데요?"

"미국의 강점은 뭐니 뭐니 해도 세계 최고 수준의 과학 기술이야.
이 과학 기술을 기반으로 정보 통신 산업이 탄생했단다. 1975년 미
국에서는 세계 최초로 개인용 컴퓨터가 등장했고, 이후 정보 통신 산
업은 발전을 거듭해 미국 경제의 새로운 기틀이 되었어. 사실 미국
이 오늘날까지 세계 최고의 선진국 자리
를 지킬 수 있는 이유도 바로 정보 통신
산업의 눈부신 발전 덕택이라고 할 수 있
어. 이미 기울어 가는 자동차 산업이나 철
강 산업만 붙들고 있었다면 어려운 일이
었겠지."

"이야, 그럼 레이건 대통령 인기도 다시
올랐겠네요."

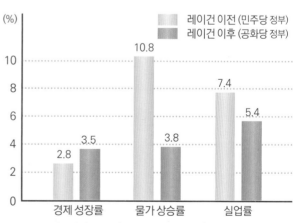

▲ 레이건 정부 시절 경제 지표 변화

"경제가 되살아나면서 레이건 대통령의 지지율도 꽤 높아졌어. 근데 사실 레이건은 경제 분야보다 외교 분야에서 더 많은 지지를 받았단다."

"외교요? 어떤 정책을 펼쳤는데요?"

"미국을 다시 강력한 나라로 만드는 게 레이건의 목표였어. 베트남 전쟁에서 패배하고, 경제 위기까지 겪으며 비틀거리는 미국을 다시 세계 최강국 자리로 돌려놓으려 했지. 그래서 레이건 정부는 또다시 냉전에 시동을 걸었단다. 소련을 힘으로 굴복시키겠다며 핵무기를 비롯한 최첨단 무기를 만들어 낸 거야."

"헐? 이제 와서 또 핵무기를 만든다고요?"

"응. 그뿐만 아니라 소련의 미사일을 막아 내겠다며 무슨 영화에나 나올 법한 계획까지 세웠어. 소련이 미사일을 쏘면, 지상에서 레이저 빔을 쏜 다음 우주 공간에서 인공위성으로 레이저 빔을 반사하고, 그걸로 미사일을 맞혀서 폭파해 버리겠다는 거였지."

▲ 레이건과 핵 과학자 에드워드 텔러 에드워드 텔러는 수소 폭탄을 개발한 과학자야. 레이건 대통령의 '별들의 전쟁' 계획에도 관여했지.

▲ 레이건이 구상한 '별들의 전쟁' 계획

우주에서 레이저 무기로 적의 미사일을 공격한다고 해서 '별들의 전쟁' 계획이라고도 해.

"인공위성으로 레이저 빔을 반사한다니…… 그게 정말 가능한 건가요?"

장하다가 눈을 동그랗게 뜨며 물었다.

"물론 개발만 하고 실제로 사용된 적이 없으니, 정말 가능한 건지는 알 수가 없어. 하지만 말만 들어도 어마어마한 계획 아니니? 문제가 있다면 돈이 많이 들어간다는 거지. 여기에 레이건 정부는 원자 폭탄과 수소 폭탄, 대륙간탄도미사일 같은 무기 생산에도 열을 올렸단다. 그래서 미국의 경제도 다시 발목이 붙잡혔어. 레이건 대통령이 군사비에 워낙 많은 돈을 쏟아부은 탓에 재정 적자가 오히려 전보다 늘어났거든."

"아니, 그럼 무기를 생산하려고 경제까지 희생한 건가요?"

"그래도 미국인들은 열광했어. 이런 무기는 그야말로 세계 최강의 경제력과 기술력을 자랑하는 미국만이 만들 수 있었으니까. 말하자면 레이건 대통령은 강력한 냉전 정책을 펴서 그동안 위축되었던 미국인의 자존심을 다시 세운 거야.”

“고작 자존심 때문에 냉전을 다시 시작하다니! 에효.”

영심이가 머리를 감싸 쥐자 용선생이 미소를 지었다.

“물론 이런 이유가 전부는 아니야. 소련이 냉전을 강화할 만한 평 곗거리를 만들어 주긴 했어. 1979년에 소련이 대군을 보내 아프가니 스탄을 점령했거든.”

용선생의 핵심 정리

영국의 대처 수상이 신자유주의 정책을 펼친 결과 영국에는 실업자가 폭증하고 빈부 격차가 심해지는 등 문제가 잇따랐으나, 금융업이 부흥하며 다시 경제 성장을 이룩함. 미국에서도 레이건 대통령이 등장해 신자유주의 정책을 펼치는 한편 소련과 대결을 강화함.

소련이 개혁, 개방에 나서고 사회주의 진영이 무너지다

“아프가니스탄을요? 왜요?”

“아프가니스탄에서는 1978년에 사회주의 혁명이 일어났어. 새 정부는 아프가니스탄 사회를 대대적으로 개혁하려고 들었지. 그러자 아프가니스탄의 이슬람 원리주의자들이 반란을 일으켰단다. 이때 소련이 개입해 정부의 반란 진압을 간접적으로 도왔어. 그러자 이슬람 반란군이 아프가니스탄에 있던 소련 민간인 수백 명을 죽이며 보복

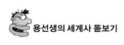
용선생의 세계사 돋보기

이때 소련에 맞서 게릴라 전법으로 싸우던 아프가니스탄 이슬람 군사 단체를 '무자헤딘'이라고 불러.

▲ 아프가니스탄에 파견된 소련군 소련은 탱크 부대를 비롯해 수만 명의 병사를 아프가니스탄에 파견했어.

▲ 아프가니스탄의 위치

했지."

"그래서 소련이 군대를 보내 아프가니스탄의 반란군을 뿌리 뽑으려고 한 거군요."

왕수재가 턱을 쓰다듬으며 고개를 끄덕거렸다.

"맞아. 하지만 미국을 비롯한 서방 세계는 소련을 맹렬히 비난했어. 아프가니스탄 내부 문제에 군대까지 보낸 소련의 행동은 명백히 침략이었거든. 미국은 이때부터 최첨단 무기 생산에 다시 열을 올리며 소련을 압박했어. 한편으로는 이슬람 반란군이 소련에 맞설 수 있도록 각종 무기를 지원했지."

"미국이 이슬람 반란군까지 지원했다고요?"

"기억을 잘 떠올려 보렴. 아프가니스탄은 지리적으로도 꽤 중요한 곳이야. 서아시아에서 중앙아시아로 가는 길목에 위치해 있으니까. 예전 제국주의 시대에도 영국과 러시아가 이곳을 차지하려고 충돌한 적이 있었잖니? 미국도 아프가니스탄이 소련의 손아귀로 넘어가는 게 싫었던 거야. 그래서 반란군을 뒤에서 밀어 준 거란다."

잠깐! 제국주의 시대 두 나라의 충돌에 대해서는 11권 1교시에 다뤘어!

▲ 백악관에서 이슬람 반란군 지도자와 면담하는 레이건 대통령 미국은 이슬람 반란군 지도자를 공개적으로 지원했고, 소총과 기관총, 탄약 등 다양한 무기를 제공했어.

▲ 미사일을 들고 있는 이슬람 반란군 무자헤딘 헬기나 전투기를 격추시킬 수 있는 이동형 미사일을 들고 있어. 이 미사일은 미국이 개발한 것으로, 미국 정부가 무자헤딘에 지원했지.

"미국이 팔을 걷고 나섰으니 소련이 많이 곤란했겠네요."

"미국만 나섰으면 다행이게? 이미 소련과 사이가 틀어진 중국, 여기에 서아시아의 여러 이슬람권 국가도 아프가니스탄의 반란군에 전쟁 자금과 무기를 지원했어. 더구나 아프가니스탄은 산이 많고 지형도 험악해서 현지 지형에 익숙한 이슬람 반란군이 게릴라전을 펼치기에 안성맞춤이었지. 결국 소련은 1979년부터 10년 동안이나 아프가니스탄에 발목이 잡힌 채 막대한 돈과 생명을 낭비하고 말았단다. 미국이 겪은 베트남 전쟁에 버금가는 실패였지."

"쯧쯧. 남의 나라 전쟁에 돈을 낭비할 게 뭐람."

"이 와중에 소련은 미국과의 무기 경쟁에서 밀리지 않기 위해 최첨단 무기 개발에 막대한 돈을 퍼부어야 했어. 하지만 아무리 애를 써도 인공위성에서 레이저 빔을 쏘는 무기 같은 건 흉내조차 제대로 낼 수 없었지. 이미 두 나라는 경제적, 기술적으로 격차가 어마어마하게 벌어진 상태였거든. 결국 1985년, 소련 공산당의 새로운 서기장인 고르바초프는 중대한 결정을 내렸어. 미국과의 불필요한 군사 경쟁을 중단하기로 한 거야."

"우아, 정말요?"

"그래. 그뿐만 아니라 고르바초프는 소련 사회를 근본부터 개혁하려고 했어. 공산당 이외에 다른 정당의 활동을 허용해 정치적 자유를 넓혔고, 공산당 지도층의 잘못을 낱낱이 공개해 부정부패를 척결하려 했지. 또 나라의 문을 활짝 열어 자본주의 사회의 시장 경제의 장점을 받아들이고, 미국이나 유럽 사회의 문화도 자유롭게 받아들이도록 했단다. 언론의 자유 역시 보장해 줬지. 다시 말해서, 고르바초프는 소련을 완전히 개혁, 개방하려 한 거야."

"어라, 그럼 이제 사회주의를 포기하는 건가요?"

"사실상 포기했다고 봐야겠지. 고르바초프는 사회주의에는 한계가

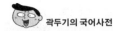

곽두기의 국어사전

척결 베어 낼 척(剔) 도려 낼 결(抉). 나쁜 부분이나 요소들을 깨끗이 없애 버리는 것을 말해.

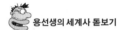

용선생의 세계사 돋보기

고르바초프 서기장의 개혁과 개방 정책을 러시아어로 '페레스트로이카'(재건), '글라스노스트'(개방)라고 해. 두 단어는 고르바초프의 개혁과 개방 정책을 상징하는 말이 됐지.

▲ 몰타 회담 1989년 12월, 미국의 부시 대통령과 소련의 고르바초프 서기장이 정상 회담을 진행 중이야. 이 자리에서 두 나라는 적대 관계를 완전히 끝내기로 했지.

▲ 아프가니스탄을 떠나는 소련군 1989년 2월 15일, 소련은 아프가니스탄 침공 10년 만에 아프가니스탄에서 완전히 철수했어.

분명하니, 소련을 살리기 위해서는 자본주의 진영의 정치와 경제 제도를 받아들이는 것 말고는 방법이 없다고 여겼단다. 고르바초프는 1989년, 외교적으로도 과감한 결정을 내렸어.”

“어떤 일을 했는데요?”

“미국의 조지 부시 대통령을 만나 ‘냉전의 끝’을 선언했단다. 더 이상 서로 싸우지 않기로 한 거야. 아프가니스탄에서는 소련 군대를 철수시켰고, 중국과도 정상 회담을 통해 두 나라 사이의 갈등을 마무리했지.”

“이야, 잠깐 사이에 정말 많은 일을 했네요.”

“고르바초프가 내린 정말 중요한 결정이 하나 더 있어. 바로 동유럽 각국의 정치에 대한 간섭을 완전히 중단하겠다고 선언한 거야.”

“정말요? 그럼 동유럽이 소련의 명령을 안 들어도 된다는 건가요?”

“응. 그동안 소련의 눈치를 보며 숨죽이고 있던 동유럽의 시민들은

▲ 미하일 고르바초프
(1931년~) 소련의 개혁, 개방을 선언하고 미국과의 대결을 끝내기로 결정한 인물이야. 그러나 공산당의 쿠데타 때문에 오랫동안 권력을 잡진 못했어.

▲ 붕괴된 베를린 장벽 베를린 장벽이 무너지던 날의 풍경이야. 거리로 쏟아져 나온 베를린 시민들은 직접 장벽을 넘나들었지.

환호했어. 그리하여 1989년 헝가리를 시작으로 동유럽 전체에서 개혁과 개방을 요구하는 목소리가 터져 나왔지. 특히 동독 주민들은 서독으로 자유롭게 갈 수 있게 해 달라고 시위하다가, 급기야 떼를 지어 서독으로 탈출하기 시작했단다. 1989년 한 해에만 20만 명 넘는 주민이 동독을 탈출했어. 결국 동독 정부는 자유로운 여행을 허가한다며 두 손을 들었지. 그러자 동베를린 주민들은 환호하며 거리로 쏟아져 나와 베를린 장벽을 무너뜨렸단다. 이때부터 매일 2,000명이 넘는 동독 주민이 서독으로 빠져나갔어."

"그럼 동독은 어떻게 되는 건가요?"

"동독 정부는 사실상 붕괴됐어. 베를린 장벽

▲ 범유럽 피크닉 1989년 8월, 오스트리아와 헝가리 국경 부근에서 열린 평화 집회야. 동독 국민 600여 명이 이 집회 도중 오스트리아 국경으로 탈출했어.

▲ 헬무트 콜 (1930년~ 2017년) 동독 정부가 무너질 당시 서독의 총리였어. 혼란을 수습하고 독일의 통일을 성공적으로 이뤄 냈지.

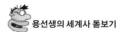
용선생의 세계사 돋보기

갑자기 이뤄진 통일 때문에 후유증도 컸어. 특히 통일 이후 서독은 동독 주민의 생활 안정과 동독의 발전을 위해 막대한 비용을 들여야 했지.

이 무너진 이후에는 군대와 경찰도 마비돼 정부의 명령이 먹히지 않았고, 주민들은 떼를 지어 다니며 관공서를 습격했지. 그러자 서독 정부도 발 빠르게 통일을 준비했단다. 서독의 헬무트 콜 총리는 일단 소련을 비롯한 주변국으로부터 통일에 대한 동의를 얻어 냈어. 그리고 뒤이어 이미 마비된 동독 정부를 완전히 해체하고, 평화 통일을 위한 준비를 착착 진행했지. 그 결과 독일은 1990년 11월에 하나의 나라로 다시 태어났어. 베를린 장벽이 무너진 지 겨우 1년 만이었단다.”

“이야. 통일이 그렇게 빠르게 이뤄지다니 너무 대단하네요.”

“흐흐. 이와 비슷한 시기에 헝가리, 체코슬로바키아, 루마니아와 폴란드 등 동유럽의 다른 나라에서도 잇따라 공산당 독재 체제가 무너지고 새로운 정부가 들어섰단다. 새 정부들은 당연하다는 듯 개방과 개혁을 선언했어. 이로써 냉전의 벽은 고작 몇 년 사이에 완벽하게 허물어지고 말았지.”

▲ 거리로 쏟아져 나온 프라하 시민들 1989년 체코슬로바키아의 수도 프라하에서는 시민 80만 명이 쏟아져 나와 개혁과 개방을 요구했어.

"그럼 소련도 공산당 정부가 무너졌어요?"

"소련은 공산당이 계속 권력을 쥐었어. 고르바초프 서기장은 공산당 대표로 대통령 선거에 나가 소련의 첫 대통령이 되었지. 그런데 문제는 공산당 내부에서 터져 나왔단다. 개혁, 개방 정책에 반대하는 공산당의 주요 인물들이 쿠데타를 일으켜 고르바초프를 감금하고, 수도 모스크바를 장악해 버린 거야."

▲ 시위를 벌이는 소련 시민 흥분한 모스크바 시민들은 연일 시위를 벌이며 고르바초프의 석방을 요구했어.

"에구, 어쩐지 일이 착착 진행된다 싶었어요."

"하지만 소련 시민들이 이런 꼴을 두고 볼 리 없지. 모스크바를 시작으로, 백만 명이 넘는 시민이 거리로 뛰쳐나와 고르바초프를 돌려 달라며 시위를 벌였어. 여기에 미국과 유럽 각국, 심지어 교황까지도 쿠데타가 완전히 불법이라며 소련을 강하게 압박했지. 결국 고르바초프는 사흘 만에 감금에서 풀려나 무사히 돌아왔어."

"다행이네요! 그럼 개혁을 계속할 수 있겠죠?"

"개혁 속도가 더 빨라진 건 맞아. 하지만 이때부터 소련은 아무도 예측하지 못한 방향으로 변화하기 시작했단다."

 곽두기의 국어사전

감금 살필 감(監) 금할 금(禁). 드나들지 못하도록 일정한 곳에 가두는 걸 말해.

용선생의 핵심 정리

소련의 새 서기장 고르바초프는 개혁과 개방을 주도하면서 냉전을 마무리 지음. 동유럽 국가에서도 자유화 바람이 불며 공산당 정부가 무너짐. 소련에서 개혁을 반대하는 쿠데타가 있었으나, 시민의 저항에 막혀 실패함.

소련이 해체되면서 동유럽이 혼란에 빠지다

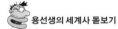

▲ 보리스 옐친
(1931년~2007년) 소련 공산당의 쿠데타를 막아 낸 뒤 러시아의 권력을 손에 쥔 인물이야. 소련을 해체하고, 급격한 개혁을 추진했지.

▲ 탱크 위에 올라선 옐친 쿠데타가 일어나자, 옐친은 모스크바 의회 앞에 배치된 탱크 위에 직접 올라가 공산당을 비판하는 연설을 했어. 이 사건 이후 옐친은 국민적인 영웅으로 떠올랐지.

"아무도 예측하지 못한 방향이라뇨?"

영심이가 눈을 동그랗게 뜬 채 용선생을 바라보았다.

"고르바초프가 감금되어 있는 동안 영웅으로 떠오른 사람이 있었어. 바로 러시아 공화국의 대통령인 보리스 옐친이었지. 옐친은 쿠데타를 일으킨 소련 공산당에 정면으로 맞서며 시위를 이끌었어. 그래서 고르바초프는 무사히 돌아온 뒤에도 옐친에게 밀려 아무런 힘을 쓸 수 없었지. 옐친이 고르바초프의 부하와 동료들이 모두 쿠데타와 연관이 있다고 주장하며 정부 주요 자리에서 모조리 내쫓았거든."

"어머, 그럼 이제 개혁은 누가 진행해요?"

"옐친이야. 사실 옐친은 개혁을 고르바초프보다 훨씬 과감하게 추진할 생각이었어. 그리고 이를 위해 소련, 즉 소비에트 연방 해체에 나섰단다."

"헐, 소련을 왜 해체해요?"

"옐친은 공산당이 주도하는 소련 연방 정부가 계속 남아 있으면 자신이 대통령으로 있는 러시아에 걸림돌만 된다고 생각했어. 그래서 쿠데타를 빌미로 공산당을 완전히 없앤 뒤, 그다음으로 소련을 해체하기로 계획을 세웠지. 소련 연방 정부가 사라지면 러시아 대통령인 자신의 권력을 방해할 걸림돌이 없을 거라고 여긴 거야."

"옐친 혼자 맘먹는다고 소련을 해체할 수 있

나요?"

장하다의 반응에 용선생이 어깨를 으쓱했다.

"실은 옐친 말고도 소련 해체를 바라는 사람
이 많았어. 특히 공산당 세력이 약화되자, 그
동안 소련에 강제로 소속되어 있던 발트해 연
안의 에스토니아, 라트비아, 리투아니아가 소
련의 해체와 독립을 강력히 요구했지."

"그럼 옐친의 계획대로 소련이 해체됐어요?"

"응. 1991년 8월에는 아예 공산당 활동이 소
련 전체에서 금지되었고, 넉 달 뒤인 12월에는 소련의 해체를 공식
선언했어. 러시아를 포함해 소련을 이루고 있던 15개의 공화국은 모
두 독립 국가가 되었어. 이 중 11개 나라는 소련 대신 '독립 국가 연
합'이라는 국제기구를 만들어서 필요할 경우 협력을 해 나가기로
했지."

"고작 몇 년 사이에 엄청난 일이 계속 일어났군요."

"그래. 소련이 해체된 이후 옐친은 러시아의
개방과 개혁을 과감하게 밀어붙였단다. 당시
유행하던 신자유주의 정책을 따라서 국가가
소유하고 있던 기업과 공장, 농장을 대부분 민
영화했어. 또 미국과 유럽에도 문을 활짝 열어
서 외국 기업이 들어올 수 있도록 했단다. 하
지만 옐친의 기대와는 달리 러시아 경제는 고
작 1년 만에 바닥을 모른 채 곤두박질치고 말

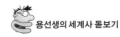

▲ 소련의 해체

용선생의 세계사 돋보기

발트해 연안의 세 나라는 정
말 독립을 강하게 주장했기
때문에 독립 국가 연합에서
빠졌어. 조지아와 우크라이
나는 2000년대 들어 러시
아와 갈등이 심해지며 탈퇴
했지.

▲ 벨라베자 조약 체결식 러시아, 벨라루스, 우크라이
나의 지도자가 소련을 해체하고 독립 국가 연합을 만들기로 합
의했어.

옐친에게 굴욕을 안겨 준 체첸

▲ 체첸의 위치

소련이 붕괴되며 독립을 원했던 나라들은 거의 모두 독립을 이루었어. 하지만 누구보다 독립을 원했지만 끝끝내 독립할 수 없었던 나라가 있지. 바로 체첸이야.

체첸은 러시아의 남부, 캅카스산맥 북쪽 일대에 자리 잡은 나라야. 이곳 사람들은 원래 러시아 사람들과는 언어와 문화가 다른 데다가 종교적으로도 이슬람 문화권에 속했지. 그러나 1859년 러시아 제국에 점령당한 이후 줄곧 러시아의 지배를 받아 왔어.

체첸이 독립을 이루지 못한 건 석유 때문이야. 체첸이 위치한 캅카스산맥 일대에 막대한 양의 석유가 매장돼 있었거든. 소련이 해체된 이후에도 러시아는 체첸의 석유를 포기할 수 없었어. 체첸은 독립을 요구했지만, 옐친은 1996년에 군대를 보내 체첸을 강제로 점령하려 들었지.

그런데 여기서 놀라운 사건이 일어났어. 러시아군이 소수의 체첸군에 패배하고 만 거야. 사실 러시아군은 소련이 해체되는 혼란의 와중에 제대로 된 지원을 받지 못한 탓에 탄약과 연료가 부족했거든. 그래서 체첸군의 공격에 쉽게 무릎을 꿇고 말았던 거야. 옐친은 결국 체첸인의 자치권을 인정하고 체첸에서 발을 뺄 수밖에 없었어. 옐친에게는 큰 굴욕이었지. 뒤이어 옐친이 야심차게 추진한 각종 경제 정책마저 연이어 실패하며 옐친의 인기는 땅에 떨어지고 말았어.

3년 뒤, 옐친이 총리로 임명한 인물이 체첸 문제를 해결하기 위해 나섰어. 이 사람이 바로 러시아의 현재 대통령인 블라디미르 푸틴이란다. 푸틴은 체첸에 각종 신무기를 쏟아부어 거의 모든 건물을 부수고 체첸군을 거의 전멸시켰어. 러시아의 골칫거리였던 체첸 문제는 이렇게 해결됐고, 푸틴은 일약 스타로 떠올랐지. 하지만 이때도 러시아군 수천 명이 죽었을 정도로 체첸의 저항은 거셌단다.

▲ 체첸군의 공격으로 불시착한 러시아 헬기 1996년 1차 체첸 전쟁 당시의 사진이야. 러시아군은 체첸에서 큰 곤경을 겪었지.

았어."

"대체 뭐가 문제였어요?"

"너무 조급하게 서둘렀던 것이 문제였지. 러시아는 이미 70년 가까이 사회주의 경제 체제를 유지해 왔어. 국가가 모든 기업을 소유하고 물건을 얼마나 생산할지, 얼마에 팔아야 할지를 모두 다 결정해 주었단 말이지. 그런데 옐친은 하루아침에 이 체제를 뒤엎고 자본주의 체제를 들여오려 했어."

"짧은 시간에 너무 변화가 컸다는 건가요?"

"응. 러시아 사람들은 급격한 변화에 적응하지 못했어. 경쟁 자체가 낯설어 큰 손해를 보고 망하는 기업이 많았지. 길거리에는 실업자가 무수히 쏟아져 나왔고, 심지어 국민의 90퍼센트 이상이 하루 세 끼를 걱정해야 하는 비참한 신세가 되었어. 이 와중에 물가는 하늘 높은 줄 모르고 뛰었단다. 게다가 범죄율이 급증한 탓에 안심하고 살 수조차 없었지."

"헉, 소련 시절보다 더 나빠진 거 아니에요?"

"맞아. 하지만 옐친은 이 모든 게 잠시 지나가는 부작용일 뿐이라며 개혁을 계속 밀어붙였단다. 그 결과 1990년대 러시아

▲ 로만 아브라모비치
러시아의 석유 재벌이자 세계적인 부자야. 소련이 해체되는 시기 석유 사업에 뛰어들어 큰돈을 벌었지. 2003년 영국의 유명 축구 클럽 '첼시 FC'를 사들이며 막대한 돈을 투자해 세계적으로 유명세를 탔어.

▶ 러시아 정유 기업 루크 오일
루크 오일은 1993년 민영화되었던 정유 회사야. 러시아 정부가 민간인에게 판 기업 중 이 회사처럼 석유나 광물을 개발하는 회사들은 경쟁력이 강했어. 그래서 러시아의 석유, 광물 기업주는 세계에서 손꼽히는 부자가 되었지.

사회는 혼란 그 자체였어. 발 빠르게 시대 변화에 적응해 떼돈을 번 극소수의 부자들은 언론과 정치계까지 장악해서 부정부패를 일삼았지. 10여 년이 지난 2000년대 들어서 간신히 상황이 좀 나아지긴 했어. 하지만 아직까지도 러시아에서는 '차라리 스탈린 시절이 나았다.'는 말이 종종 나온대."

"사람을 그렇게 죽이던 스탈린 시절이 나았다니, 정말 혼란스러웠던 모양이네요."

곽두기가 한숨을 푹 내쉬었다.

"혼란에 시달린 건 러시아뿐만이 아니야. 소련에 속했던 중앙아시아의 여러 나라들과, 동유럽의 여러 국가들도 사회주의 진영 붕괴 이후 적지 않은 혼란을 겪었지. 그중에서도 특히 심각했던 게 유고슬라비아란다. 유고슬라비아에서는 1991년부터 전쟁이 일어났거든."

"아이고, 어쩌다 전쟁까지 난 거죠?"

"원래 유고슬라비아는 하나의 나라가 아니었어. 제1차 세계 대전 이후 발칸반도의 여러 슬라브 민족이 세르비아를 중심으로 뭉쳐서 만든 연방 국가였지. 유고슬라비아 내부에는 저마다 자치권을 누리는 여섯 나라가 있었는데, 이들은 서로 종교도 다르고, 사용하는 말도 달랐어. 애초에 한 울타리 안에서 사이좋게 지내기가 어려웠던 거야."

"그런데 어떻게 여태까지 잘 지낸 거죠?"

"유고슬라비아의 공산당 지도자였던 티토 덕분이야. 티토는 공산당 지도자이지만 냉전이 한창일 때에는 소련과 거리를 두며 독립을 유지했고, 나라도 꽤 안정적으로 다스렸어. 이웃한 헝가리나 루마니아처럼 소련의 손아귀에 놓여 있던 나라에 비하면 경제 사정도 훨씬 나았지. 그래서 다들 군말 없이 하나로 뭉쳐 있었어."

"그렇군요. 그럼 티토가 없어져서 문제가 생긴 건가요?"

"바로 그거야. 1980년에 티토가 세상을 떠난 뒤 여섯 나라는 서서히 갈등을 빚기 시작했지. 그러다가 1989년 들어 동유럽 국가들이 일제히 사회주의를 포기하고 소련의 손아귀에서 벗어나자, 유고슬라비아에서도 연방을 탈퇴하려는 움직임이 일었어. 결국 1991년에 크로

▲ 슬로베니아를 공격하는 세르비아 군 슬로베니아와 크로아티아가 연방 탈퇴를 선언한 직후, 세르비아는 탱크를 출동시켜 슬로베니아를 공격했어.

▲ 공격을 받은 보스니아의 국회 의사당 세르비아는 연방을 탈퇴하려는 보스니아를 상대로 1992년부터 3년 동안 전쟁을 벌였어.

아티아와 슬로베니아가 연방 탈퇴를 선언했어. 그러자 연방 정부의 핵심 국가인 세르비아는 이를 막으려고 전쟁을 시작했지.”

“그런데 결국은 못 막은 거죠? 유고슬라비아라는 나라는 이제 없잖아요.”

지도를 보던 나선애의 말에 용선생은 고개를 끄덕였다.

“맞아. 크로아티아와 슬로베니아의 뒤를 이어 마케도니아, 보스니아 헤르체고비나까지 탈퇴를 선언하면서 유고슬라비아 연방은 뿔뿔이 흩어졌어. 연방을 이루었던 여섯 국가는 모두 독립국이 되었지. 하지만 독립을 막는 과정에서 세르비아가 주축이 된 연방군이 민간인까지 잔혹하게 학살하는 ‘민족 청소’를 벌인 탓에, 유고슬라비아의 민족 갈등과 국경 문제는 더욱 심각해졌어. 결국 무고한 사람의 죽음을 막기 위해 국제 연합과 미국이 개입하며 전쟁은 1999년까지 계속

 용선생의 세계사 돋보기

세르비아의 일부였던 코소보가 2008년에 독립을 공식 선언했어. 이로써 오늘날에는 일곱 개의 독립국이 있지.

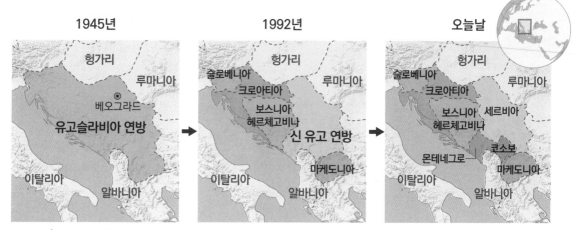

1945년	1992년	오늘날
헝가리 루마니아 베오그라드 유고슬라비아 연방 이탈리아 알바니아	헝가리 슬로베니아 크로아티아 보스니아 헤르체고비나 신 유고 연방 루마니아 이탈리아 마케도니아 알바니아	헝가리 슬로베니아 크로아티아 보스니아 헤르체고비나 세르비아 코소보 몬테네그로 이탈리아 마케도니아 알바니아

▲ 유고슬라비아 해체

됐지."

"어휴, 냉전만 끝나면 평화로울 줄 알았더니 그것도 아니었네요."

영심이가 침울한 표정으로 말했다.

"그래도 미국과 소련 사이의 냉전이 끝나면서 세계 역사는 완전히 새로운 장을 맞이했단다. 가장 중요한 건 다시 세계 대전과 같은 끔찍한 전쟁이 일어날 가능성이 확 줄어들었다는 거야."

"맞아요. 그것만 해도 정말 다행인 것 같아요."

"그리고 이제 소련도 없으니까 미국이 완전 세계 최고 국가가 됐겠네요?"

장하다가 눈을 동그랗게 뜨며 물었다.

"미국이 세계 최고의 강대국이 된 건 맞아. 하지만 새로운 변수가 생겼지. 냉전 동안 중국과 일본, 우리나라 같은 아

▲ 보스니아의 전쟁 난민 세르비아는 보스니아의 독립을 막기 위해 잔혹한 민족 청소를 실시했어. 수십만 명의 민간인이 목숨을 잃었고, 400만 국민 중 200만 명은 난민이 되어 이웃 나라로 도망가야 했단다.

시아의 여러 나라들이 놀라운 속도로 발전을 거듭했거든. 특히 중국과 일본은 어느새 미국과 어깨를 나란히 하는 강대국으로 성장했지. 그 이야기는 다음 시간에 계속 하자꾸나. 오늘은 여기까지. 모두들 고생 많았어!"

▲ 전쟁에 투입된 국제 연합군 세르비아의 잔혹한 민족 청소를 막기 위해 미국과 국제 연합은 군대를 보냈어.

 용선생의 핵심 정리

옐친은 소련을 해체하고 러시아에서 급격한 개혁을 실시함. 그러나 성급한 경제 정책으로 사회가 혼란에 빠지고 러시아 국민은 큰 고통을 겪음. 유고슬라비아에서는 민족 분쟁이 시작돼 전쟁으로 이어지고 연방이 해체됨.

나선애의 정리노트

1. 새로운 경제 위기와 신자유주의의 등장

- 경제 불황에도 물가가 오르는 스태그플레이션이 발생
  - → 국가의 개입 대신 자유 경쟁을 강조하는 신자유주의 열풍이 붊.
- 영국의 대처와 미국의 레이건은 신자유주의 경제 정책을 펼침.
  - → 영국에서는 금융업, 미국에서는 정보 통신 산업이 발전하며 경제가 다시 성장함.
  - → 실업률 상승, 빈부 격차 증가 등 여러 부작용이 발생함.

2. 소련의 개혁·개방과 냉전 종결

- 소련은 아프가니스탄 전쟁, 미국과의 무기 경쟁으로 경제 위기를 겪음.
  - → 고르바초프는 개혁·개방을 선언하고, 미국과 함께 냉전을 끝냄.
  - → 공산당이 개혁에 반발하며 쿠데타를 일으켰으나, 시민의 저항으로 실패함.
- 동유럽에서도 공산당 독재 정부가 무너지고, 독일은 통일을 이룸.

3. 소련의 붕괴와 유고슬라비아 내전

- 옐친은 소련을 해체하고, 개혁 정책을 급격히 밀어붙임.
  - → 과도한 변화에 여러 부작용이 따르며 러시아의 경제가 무너짐.
- 옛 사회주의 국가들도 사회주의가 무너진 뒤 여러 혼란에 휩싸임.
  - → 유고슬라비아 연방은 해체 과정에서 전쟁을 겪음.

세계사 퀴즈 달인을 찾아라!

01 삽화에 대한 설명으로 옳지 않은 것은? ( )

① 석유 파동으로 세계 경제가 흔들렸어.

② 세계 경제에 새로운 위기가 닥치자 케인스 열풍이 불었어.

③ 불황에도 물가가 올라가는 현상을 스태그플레이션이라고 해.

④ 베트남 전쟁 때문에 달러를 많이 찍어 내자 달러 가치가 내려갔어.

02 다음 인물에 대한 설명으로 옳지 않은 것은? ( )

① 영국의 수상이었어.

② 강력한 신자유주의 경제 정책을 실시했어.

③ 석탄 산업을 발전시켜 영국의 경제를 성장시켰어.

④ 공기업을 민영화하고 노동자를 위한 복지 예산을 줄였어.

03 레이건 정부 시기 미국에 대해 잘못된 설명을 한 아이는? (　　)

 ① 철강업과 자동차 산업이 쇠퇴했어.

 ② 신자유주의 경제 정책이 실시됐어.

 ③ 정보 통신 산업이 크게 성장하기 시작했어.

 ④ 냉전의 끝을 공식 선언하고 무기 개발을 중단했어.

05 설명의 빈칸에 들어갈 알맞은 이름을 써 보자.

소련 공산당의 서기장이었던 〇〇〇〇〇은/는 1985년에 소련의 개혁과 개방을 선언하며 냉전의 막을 내린 인물이야. 미국과의 불필요한 대결을 끝내고, 자본주의 진영의 정치와 경제 체제를 받아들이기로 했지.

(　　　　　　　　　　)

04 다음 인물에 대한 설명으로 옳은 것은? (　　)

① 소련 해체를 적극 반대했어.

② 사회주의로 다시 돌아가자고 주장했어.

③ 체첸과의 전쟁에서 승리해 체첸의 자치권을 빼앗았어.

④ 경제 개혁을 시도했지만 러시아의 경제를 크게 악화시켰어.

06 다음 지도에 표시된 나라들에 대한 설명으로 옳은 것은? (　　)

① 보스니아는 전쟁 없이 평화롭게 독립했어.

② 소련의 일부였다가 소련이 무너지며 독립을 이뤘어.

③ 한때 유고슬라비아라는 연방 국가를 이뤘던 나라들이야.

④ 세르비아는 알바니아의 연방 탈퇴를 막으려고 전쟁을 벌였어.

• 정답은 298쪽에서 확인하세요!

역사상 최악의 원전 사고 체르노빌 원자력 발전소 폭발

1986년, 소련의 체르노빌 원자력 발전소에서 커다란 폭발이 일어나며 원자로가 산산조각 났어. 그 과정에서 엄청난 양의 방사성 물질이 흘러나왔고, 발전소 근처는 삽시간에 죽음의 땅으로 변했지. 체르노빌 원자력 발전소 사고는 소련에 상상을 초월한 피해를 입혔고, 역사상 최악의 원자력 발전소 사고로 손꼽힌단다.

▲ 체르노빌 위치

체르노빌이 어디야?

체르노빌은 소련이 1971년에 우크라이나 지역에 건설한 원자력 발전소야. 원자력 발전소는 자칫 잘못 운영했다가는 원자 폭탄 못지않은 막대한 피해를 낼 수 있어서 무엇보다 튼튼하게 짓고 안전하게 시설을 운영하는 게 중요해. 소련도 이 점을 염두에 두고 세계 어느 곳보다 안전한 발전소를 지으려고 노력했단다. 그 덕분에 체르노빌은 10여 년간 별다른 사고 없이 운영됐어.

안전에 자신감이 붙은 소련은 발전소 주변에 '프리피야트'라는 계획도시를 만들고 주민들을 이주시켰어. 프리피야트를 번영시켜서 소련의 우수한 기술을 전 세계에 뽐낼 생각이었지. 하지만 소련의 야심찬 계획은 발전소에서 일어난 사고 때문에 산산조각 났단다.

원자로 폭발, 상상을 뛰어넘은 피해를 가져오다

1986년 4월 26일, 체르노빌 원자력 발전소에 큰 문제가 발생했어. 잘 돌아가던 원자로에서 갑자기 온도가 급상승하는 이상 반응이 나타났거든. 발전소 기술자들은 서둘러 안전장치를 가동시켰지만 소용이 없었어. 때마침 실험을 위해 발전소의 안전장치를 몽땅 원자로에서 뽑아 놓은 상태였지. 뜨겁게 달아오른 원자로는 커다란 굉음을 내며 폭발했어. 폭발과 함께 발전소에 불이 붙었고, 원자로에 있던 엄청난 양의 방사성 물질이 사방으로 유출됐지. 이때 유출된 방사능의 양은 무려 1945년 일본 히로시마에 떨어진 원자 폭탄의 400배가 넘었대.

▲ 폭발 사고가 일어난 체르노빌 원자력 발전소

소련 정부는 구조 대원과 헬리콥터를 급하게 파견해 사건을 수습하려 했어. 이때 현장에 투입된 인원만 대략 60만 명이라고 하니 그 정도가 얼마나 심각했는지 잘 알겠지? 수습 대원들은 발전소로 들어가 방사성 물질이 더는 유출되지 못하게 콘크리트를 붓고, 유출된 방사성 물질이 지하수로 들어가는 걸 막았어. 하지만 몸을 보호할 방호복이 충분치 않았기 때문에 사람들은 대부분 방사선을 고스란히 맞으면서 사고를 수습했지. 결국 이들 중 상당수가 방사선으로 목숨을 잃거나 후유증으로 평생을 앓았단다.

발전소 인근 지역의 피해도 만만찮았어. 이때 우크라이나 지역 350만 명가량의 주민이 방사선에 노출됐고, 이들 중 150만 명이 후유증으로 고통받다가 목숨을 잃었지. 우크라이나와 국경을 접한 벨라루스의 피해도 막대했어. 인명 피해는 물론, 토지 오염도 심각해서 오늘날까지

▼ 수습 대원에게 주어진 훈장

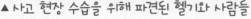

▲ 사고 현장 수습을 위해 파견된 헬기와 사람들

▲ 붉은 숲 방사능을 흡수한 소나무들이 연한 적갈색을 띠고 있어. 세계에서 가장 오염된 구역 중 하나지.

▲ 〈마을의 장례식〉 벨라루스의 화가 빅토르 슈마타우가 체르노빌 원자력 폭발 사건을 주제로 그린 작품이야. 마을 전체가 방사능 물질로 오염되어 사라진 걸 묘사했어.

도 벨라루스 땅의 33퍼센트는 방사능 오염 구역으로 출입이 금지되어 있을 정도야.

처음에 소련 정부는 발전소 사고를 어떻게든 은폐하려고 애썼어. 하지만 방사능 물질이 바람을 타고 유럽은 물론 저 멀리 동아시아 끝인 우리나라까지 퍼지면서 더 이상 사고를 숨길 수 없었단다. 게다가 소련 정부는 방사능 제거 작업에 동원된 사람들에게 보상이랍시고 푼돈을 쥐여 주고 별다른 치료를 해 주지도 않았어. 체르노빌 사고는 그렇지 않아도 흔들리던 소련에 치명타를 안겼고, 몇 년 뒤 소련은 해체되어 역사 속으로 사라지고 말았지.

체르노빌 사건의 후폭풍

방사능 제거 작업에 많은 사람들이 동원됐지만, 발전소는 여전히 엄청난 양의 방사능을 뿜어냈어. 소련은 사람의 힘만으로는 방사능을 막아 내기 힘들다고 결론 내리고, 아예 발전소 주변 지역을 폐허로 만들기로 했지. 발전소 주변은 두꺼운 콘크리트 벽으로 둘러싸였고, 발전소 인근의 계획도시 프리피야트는 아무도 살 수 없는 유령 도시가 되었어. 한때 울창함을 자랑했던 발전소 인근의 숲은 방사능으로 붉게 물들었어. 사고 이후 30여 년이 흐른 지금 이 숲에는 많은 동식물이 살지만, 방사

방사능이 뿜어내는 방사선을 막기 위해서야. 방사선 중 일부는 두꺼운 콘크리트 벽을 뚫지 못하거든.

능의 영향으로 기형이 많대.

폭발이 일어난 원자로 역시 커다란 콘크리트
뚜껑에 덮여 깊은 잠에 빠졌어. 그렇지만 콘
크리트로 막아 두는 건 임시 방책일 뿐, 근본
적인 해결책이라고 할 수 없어. 그래서 지금
까지도 체르노빌을 처리하는 문제를 두고 많
은 과학자들이 고민을 거듭하고 있단다.

▲ 프리피야트 체르노빌 발전소 인근의 도시야. 한때 5만 명이
살던 곳이지만, 발전소 폭발 이후로 폐허가 되었어.

제2의 체르노빌 사건 – 후쿠시마 원전 사고

체르노빌 사건 이후로 원자력 발전을 불신하는 사람들이 늘어났어. 만
에 하나라도 사고가 일어나면 얼마나 큰 희생을 치르는지 알게 됐거든.
다행히도 체르노빌 사고 이후 30년간 세계의 원자력 발전소에서는 커
다란 사고가 일어나지 않았어. 사고가 없었던 건 아니지만, 체르노빌
사건만큼 수습이 아예 불가능한 수준은 아니었지.

그런데 2011년, 도호쿠 대지진의 여파로 일본 후쿠시마에 있던 원자력
발전소에서 폭발 사고가 일어났어. 다행히 체르노빌 사건처럼 방사능
노출로 목숨을 잃은 사람은 많지 않았지만, 발전소의 무책임한 대처로
많은 양의 방사능이 주변 지역과 바다로 유출됐어.

후쿠시마 원전 사태는 '제2의 체르노빌 사건'
이라 불리며 다시 전 세계를 공포에 떨게 만
들었어. 그런데도 일본 정부와 발전소는 피해
를 축소하고 책임을 피하는 데 급급하지. 후쿠
시마 사고 이후로는 세계 각지에서 위험한 원
자력 발전소를 폐쇄하고 안전한 대체 발전소
를 짓자는 '탈원전 운동'이 활발하게 벌어지고
있단다.

▲ 탈원전을 주장하는 일본 시민들 후쿠시마 원전 사고
이후 전 세계적으로 원자력 외에 다른 동력을 찾자는 움직임이 활발
해졌어.

최악의 민족 청소로 번진
보스니아 내전

유고슬라비아 연방이 해체되며 발칸반도에서는 크고 작은 전쟁이 끊이지 않았어. 그중 보스니아에서 벌어진 전쟁은 '제2차 세계 대전 이후 최악의 민족 청소'라 불리며 세계 사회에 커다란 충격을 던졌어. 대체 보스니아에서는 어떤 일이 벌어졌던 걸까?

보스니아 내전의 서막

▲ 내전으로 잿더미가 된 건물

보스니아는 유고슬라비아 연방 내에서도 민족과 종교 구성이 매우 복잡한 지역이었어. 이슬람교를 믿는 보스니아인이 3분의 1, 가톨릭을 믿는 크로아티아인이 3분의 1, 정교회를 믿는 세르비아인이 나머지 3분의 1을 차지했지. 이 중 보스니아인과 크로아티아인은 연방에서 독립하길 원했지만 세르비아인은 독립을 반대했단다. 유고슬라비아 연방을 주도하는 나라가 세르비아였기 때문이야.

1992년, 보스니아는 세르비아의 반대를 무릅쓰고 독립을 선언했어. 그러자 세르비아가 즉각 보스니아의 수도 사라예보를 포위하고 전쟁을 선포했지. 전쟁은 3년간 계속되며 큰 비극으로 번졌어.

▲ 라트코 믈라디치
세르비아의 장군이자 대학살의 주범이야. 일명 '보스니아의 도살자'로 악명을 떨쳤지.

보스니아에서 벌어진 끔찍한 대학살

세르비아인과 보스니아인은 상대방을 눈엣가시처럼 여겼어. 민족과 종교가 다른 데다가 경제력에서도 큰 차이가 났거든. 보스니아인은 대부분 경제적 여유가 있는 중산층인 반면, 세르비아인들은 빈곤층이 많았지. 두 민족 간의 악감정이 심하다 보니 전쟁과 큰 상관도 없는 민간인을 대량 학살하는 일이 자주 발생했어. 실제로 보스니아 내전에서 목숨을 잃은 사람은 대부분 이렇게 민간인 학살로 희생된 사람들이야.

여러 민간인 학살 사건 중에서 대표적인 게 스레브레니차에서 벌어진 학살이란다. 스레브레니차는 수도 사라예보의 북쪽에 위치한 도시로, 보스니아인이 많이 살았어. 세르비아군은 이곳에서 무자비한 약탈과 학살을 벌였지. 성인 남성은 보스니아인이라면 이유를 불문하고 죽였고, 여성은 끔찍한 성범죄의 희생자로 삼았어. 더 섬뜩한 건 원래 이 마을에 살던 세르비아인도 학살에 동참했다는 거야. 어제만 해도 눈짓으로 인사를 하던 이웃을 죽인 거지.

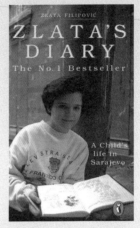

▲《즐라타의 일기》
내전 당시 보스니아의 10대 소녀였던 즐라타 필리포비치의 일기를 엮은 책이야. 당시 보스니아 내전의 참상이 잘 드러나 있어 보스니아의 '안네의 일기'라 불려.

내전이 낳은 후유증

보스니아 내전은 엄청난 후유증을 남겼어. 435만 명이었던 인구는 3년 만에 400만 명으로 줄어들었고, 이 중 200만 명이 넘는 사람들이 난민 신세가 되었단다. 나라는 잿더미가 되었지. 보스니아 국민들은 극심한 굶주림과 큰 충격을 안고 오랫동안 고통을 겪었어. 하지만 보스니아 내전은 그 참상이 생각보다 잘 알려져 있지 않아. 불과 20년 전에 일어난 비극인데도, 많은 사람들이 보스니아에서 끔찍한 전쟁이 있었다는 걸 모르지. 요즘 보스니아는 겨우 평화를 찾았지만, 여전히 민족 간, 종교 간 갈등이 남아 있어. 가까운 미래에 이 지역에 진정한 평화가 깃들기를 바라자꾸나.

▼ 스레브레니차 대학살 희생자의 묘지 내전이 끝난 지 20년이 넘었지만, 여전히 보스니아에서는 학살로 희생된 사람들의 유골이 발굴되고 있어.

베를린 장벽은 어떻게 무너진 걸까?

독일의 수도 베를린을 둘로 나눈 베를린 장벽은 오랫동안 냉전의 상징이었어. 수많은 사람이 이 장벽을 넘으려다 목숨을 잃었고, 장벽 앞에서 헤어진 가족을 그리며 눈물짓는 사람도 많았지. 하지만 영원할 것만 같았던 베를린 장벽은 정말 어이없는 사건으로 순식간에 무너졌어. 베를린 장벽이 무너지던 과정을 천천히 따라가 보자.

통일의 불씨를 댕긴 월요 시위

통일 이전에도 동독 주민은 정부의 허가만 얻으면 서독으로 여행할 수 있었어. 단 여행의 목적을 분명히 제시해야 하고, 정부가 인정한 경로만 이용해야 하는 등 조건이 몹시 까다로워서 사실상 불가능한 거나 다름없었지.

그런데 소련이 개혁과 개방을 선언하고, 뒤이어 1989년부터 동유럽 각국의 공산당 정부가 흔들리기 시작하자 동독에서도 변화가 시작됐어. 특히 '완전한 여행의 자유'를 외치는 시민들이 많았지. 정치적 자유를

▲ 라이프치히 월요 시위 매주 월요일마다 라이프치히에 수많은 인파가 모여 여행의 자유와 언론의 자유를 요구했어.

▲ 독일 라이프치히의 '빛의 축제' 라이프치히에서 열린 월요 기도회를 기념하는 축제야. 매년 10월에 열려.

꿈꾸는 다른 동유럽 국가와 달리, 동독에는 서독으로 이주해 살아가려는 사람이 많았거든.

1989년 9월, 동독 라이프치히의 니콜라이 교회에서 통일을 기원하는 '평화 기도회'가 열렸어. 기도회는 매주 월요일 저녁마다 계속됐고, 시민들은 교회와 교회 앞 광장에 모여 촛불을 든 채 '여행의 자유'와 '언론의 자유'를 요구했지. 기도회에 참여하는 인파는 매주 불어나더니, 10월 9일에는 급기야 7만 명이 참석했어.

라이프치히의 월요 시위는 독일 통일의 불씨를 댕겼어. 여행의 자유와 언론의 자유를 요구하는 시위는 어느새 동독 전역으로 퍼져 나갔고, 11월에는 동베를린에도 100만 명의 시위대가 모여들었지. 동독 정부는 크게 당황했어. 하지만 소련은 침묵을 지켰고, 동독 군대마저 진압에 적극적으로 나서려 하지 않았지.

결국 동독 정부는 동독 주민이 더 자유롭게 서독 여행을 할 수 있도록 여행의 자유를 확대하기로 결정했어. 그런데 이 개혁 조치를 발표하는 기자 회견장에서 그만 엄청난 말실수가 터져 나왔단다.

역사를 바꾼 엄청난 말실수

동독 정부는 원래 동독 주민의 여행을 완전히 허용할 계획이 아니었어. 여권과 비자 발행 기간을 줄이고, 여행 목적을 제시하지 않아도 허가를 내주는 등 여러 방법으로 절차만 간소화할 계획이었지. 그런데 발표를 맡은 당 대변인이 그만 '동독 시민들이 베를린 장벽을 자유롭게 넘나들 수 있다.'며 말실수를 하고 말았어.

뜻밖의 이야기에 기자들이 '언제부터 국경이 개방되느냐?'라며 폭풍처럼 질문을 던졌어. 그러자 서

▲ 기자 회견 중인 당 대변인 이 자리에서 튀어나온 말실수가 후폭풍을 일으켜 베를린 장벽 붕괴와 독일 통일을 낳았지.

▲ 장벽을 무너트리는 서독 주민들 처음에는 커다
란 망치와 곡괭이가 동원됐지만 급기야 불도저와 크레인 같은
중장비까지 등장했지.

류를 뒤적이던 대변인은 '지체 없이 즉시 시행된
다.'라고 대답했지. 이것 또한 말실수였어. 사실
개혁 조치는 당 내부 논의를 거쳐 하루 뒤에 시
행될 예정이었거든.

그나마 동독과 서독 기자들은 대변인의 말실수
를 어느 정도 파악했어. 자신들이 알고 있는 정
보와 너무나 달랐기 때문이지. 그런데 독일어에
익숙지 않은 이탈리아 기자가 그만 오해를 했단
다. 이 기자는 본국에 '동독 정부가 베를린 장벽
을 허물고 동독 주민의 여행을 완전 허용했다.'
며 속보를 전했어. 잘못된 소문은 삽시간에 미국
을 거쳐 다시 독일로 퍼져 나갔고, 급기야 텔레
비전 뉴스를 본 동베를린과 서베를린의 주민들
이 베를린 장벽의 검문소로 몰려들기 시작했지.

붕괴되는 베를린 장벽, 마비된 동독 정부

장벽으로 몰려든 시민들은 '뉴스를 보지 못했느냐'며 검문소의 군인을
몰아붙였어. 군인들은 헛소문이 도는 거라며 시민을 달랬지만 시민들
은 막무가내였고, 검문소로 밀려 나오는 인파는 점점 늘어났지. 하룻
밤 사이 동베를린과 서베를린 사이 검문소마다 수만 명의 인파가 몰려
나와 '국경을 개방하라'며 언성을 높였어. 도저히 총칼을 동원해 짓밟
을 수 있는 수준이 아니었지.

시민들은 급기야 군인을 무시하고 무단으로 장벽을 넘기 시작했어. 그
리고 각종 도구를 가져와 장벽을 부쉈지. 수십 년 동안 도시를 반으로
갈라놓았던 장벽은 시민의 손에 의해 이렇게 허무하게 무너졌단다. 장
벽이 무너지자, 베를린 시민들은 너 나 할 것 없이 장벽으로 몰려나와

축제를 벌였지.

베를린 장벽 붕괴는 동독 정부가 마비됐다는 것을 만천하에 알리는 사건이었어. 주민이 무단으로 장벽을 부수고 국경을 넘는데 동독의 경찰과 군인들이 아무런 행동도 하지 못했으니까 말이야. 베를린뿐 아니라 동독과 서독의 다른 국경 지대에도 주민들이 몰려들어 철조망을 해체했지만, 동독의 경찰과 군인들은 시민의 행동을 멍하니 바라볼 수밖에 없었지.

오늘날의 베를린 장벽

베를린 장벽은 독일 통일 이후로도 3년에 걸쳐 계속 철거됐어. 그래서 지금은 베를린에 가도 그 흔적을 찾아보기가 쉽지 않아. 다만 상징성이 높은 몇몇 구간은 관광지로 남겨 놓았고, 해외로 보내 전시하기도 한대.

특히 독일과 마찬가지로 분단의 아픔을 겪고 있는 우리나라 곳곳에도 베를린 장벽의 일부가 전시되어 있어. 멋모르고 지나칠 수도 있지만, 한 번쯤 찾아가서 독일 통일의 과정을 생각해 보면 뜻깊은 시간이 되겠지?

▲ 청계천 '베를린 광장'에 전시된 베를린 장벽 2005년부터 서울 청계천 인근에 베를린 장벽의 일부를 전시하고 있어.

아시아의 신흥 국가들이 부상하다

:

석유 파동으로 세계 경제가 크게 흔들렸지만,
아시아의 여러 나라는 꾸준히 경제 성장을 이루었어. 풍부한
노동력을 앞세워 생산된 값싼 수출품은 유럽과 미국 제품을
경쟁에서 밀어 내며 세계 시장을 장악했지. 이번 시간에는 새롭게
떠오르는 아시아 각국의 모습을 살펴보도록 하자!

중국의 경제 중심지 상하이.
상하이는 2000년대 들어 아시아를 대표하는 대도시로 성장을 거듭하고 있어.

60°E 75°E 90°E

러시아(소련)

몽골

○우루무치

신장웨이우얼 자치구

40°N

베이징 수많은 시민이 이곳 톈안먼 광장에 모여 정부 정책에 반대하는 시위를 벌였지만, 중국 정부는 군대를 동원해 진압했어.

○티베트

○라싸

청

티베트 중국 정부는 티베트의 독립운동을 비롯한 많은 소수 민족 문제를 힘으로 억누르고 있어.

○뉴델리

방글라데시

인도

미얀마

30°N

라오

상하이 중국의 경제 중심지. 중국의 개혁 개방 이후로는 더욱 빠르게 성장해 아시아에서 손꼽히는 경제 중심지가 되었어.

타이

캄보디

인 도 양

싱가포르

싱가포르

0°

싱가포르 말레이반도 끝에 자리한 섬나라. 홍콩과 더불어 오늘날 아시아 경제를 주름잡는 곳이야.

60°E 75°E 90°E

대한민국 한국 전쟁으로 폐허가 되었지만 놀라운 속도로 경제 성장을 이루었어. 지금은 세계에서도 손꼽히는 경제 강국이 되었지.

블라디보스토크

북한

동 해

일본

베이징

칭다오 황 해

서울

대한민국

도쿄

중국

우한

상하이

일본 1950년대부터 빠른 속도로 경제 성장을 거듭했어. 한때 미국과 어깨를 견줄 정도로 강력한 경제력을 뽐냈지.

타이베이

타이완

동 중 국 해

타이베이 타이완의 수도로 오늘날 타이완의 정치적, 경제적 중심지야.

광저우
홍콩

30°N

태 평 양

남 중 국 해

베트남

필리핀

홍콩 한때는 영국의 식민지로, 아시아 경제를 주도하는 국제도시였어. 1997년 다시 중국 땅이 되었지.

1972년 미국 닉슨 대통령, 중국 방문

1978년 중국의 개혁 개방 선언

1979년 선전 경제 특구 지정

1985년 플라자 합의

1989년 톈안먼 광장 시위

1991년 일본 거품 경제 붕괴

1997년 홍콩의 중국에 반환

경제 기적을 일궈 낸 타이완과 싱가포르

타이완과 싱가포르는 오늘날 아시아를 넘어 세계에서 손꼽히는 경제 강국이야. 타이완은 일본, 싱가포르는 영국의 식민지였다가 제2차 세계 대전 이후 독립했어. 두 곳 모두 별다른 자원이 없던 작은 섬에 불과했지만, 독립 이후 놀라운 경제 성장을 이뤘지. 한때는 한국, 홍콩과 함께 '아시아의 네 마리 호랑이'라 불렸단다.

▲ **중정 기념당** 타이완을 건국한 초대 총통 장제스를 기리는 기념관이야.

▼ **타이베이**

타이완의 수도이자 최대 도시. 타이완 북부 타이베이 분지에 있어.

중국인이 세운 나라 타이완

중국 남동부에 자리한 타이완은 한반도 면적의
6분의 1 정도 되는 작은 섬나라야. 공식 국명은
'중화민국'으로 중국의 국민당이 내전에서 패한 후
타이완섬으로 옮겨 1949년에 세운 나라지. 타이완은
중국과 달리 자본주의의 길을 걸으며 산업 발전에
힘썼어. 그 결과 세계 주요 공업국으로 우뚝 섰지.
하지만 최근에는 중국이 급성장하여 국제 사회에서
독립 국가 대접을 받지 못하고 있어.

▲ **국립 고궁 박물원** 국민당이 타이완으로 가져온 중국의 유물
과 예술품이 전시되어 있어. 전체 유물이 약 70만 점에 이른대.

타이베이 세계 금융 센터. 101층짜리
건물이라서 '타이베이 101'이라고도 해.

세계적인 전자 부품 수출국

타이완은 전자 부품 수출로 유명해. 애플의 아이폰을 만드는 '폭스콘', 맥북과 애플워치를 생산하는 '콴타 컴퓨터' 등 세계적인 전자 부품 기업 중에는 타이완 회사가 많아. 타이완은 세계 1위 반도체 위탁 생산 국가이기도 하지.

▲ **가오슝 항구** 가오슝은 타이완 제1의 항구 도시야. 세계에서 손꼽히는 규모의 컨테이너 항구가 있어 수많은 물자가 오가지.

▲ **신주 과학 단지** 정부가 만든 첨단 산업 단지야. 세계 최대 반도체 위탁 생산 기업인 'TSMC' 본사가 자리하고 있지.

원주민과 한족이 어울려 살아가는 땅

원래 타이완은 다양한 원주민 부족이 살던 땅이었어. 하지만 오늘날에는 타이완 인구 약 2400만 명 중 대다수가 한족이지. 인구의 약 14퍼센트는 중국 남부 출신 한족인 '하카인'이야. 하카인은 언어를 비롯해 그들만의 문화를 수백 년째 이어 나가고 있어. 원주민은 타이완 전체 인구의 2퍼센트에 불과하지만 여전히 전통문화를 지키며 살아가지.

매년 그해를 상징하는 십이지신을 대형 등불로 만들어.

▲ **타이완 등불 축제** 정월 대보름에 등불을 밝히는 중국인의 축제야. 전 국민이 즐기는 타이완 최대 축제란다.

◀ **아미족의 풍년제**
타이완 원주민 부족 중 하나인 아미족은 풍년을 기원하며 매년 여름 풍년제를 지내.

▲ **신베이에 있는 하카인 박물관** 하카인들의 원통 모양 전통 건물을 본떠 만들었어.

'하나의 중국'을 둘러싼 갈등

중국은 타이완의 자치권은 인정하지만, '하나의 중국'을 내세우며 타이완을 독립 국가로 인정하지 않아. 국제 연합(UN)도 중국만 정식 회원국으로 인정하지.

▲ 평창 올림픽에 참여한 '중화 타이베이' 타이완은 국제 무대에서 국가명이 아닌 '중화 타이베이'라는 단체 이름만 쓸 수 있어.

▲ 타이완 독립 시위 타이완 국민 대부분은 타이완이 중국과 별개의 나라라고 생각해.

아시아에서 가장 부유한 나라 싱가포르

싱가포르는 제주도 절반 크기의 작은 섬나라야. 말레이시아에서 강제로 독립해 홀로서기를 시작했을 때만 해도 무척 가난했어. 하지만 정부가 앞장서 인재를 키우고 경제 개방 정책을 펼친 덕분에 짧은 시간 동안 금융, 관광을 비롯해 각종 산업이 빠르게 발전했지. 오늘날에는 1인당 국민 소득 아시아 1위, 세계 8위를 자랑하는 부국이야.

▼ 싱가포르 런던, 뉴욕, 홍콩, 도쿄와 함께 세계 5대 국제 금융 중심지로 꼽혀. 국제 교통과 무역의 중심지이기도 해.

마리나베이 샌즈 호텔. 독특한 외관으로 싱가포르의 랜드마크가 된 건물이야.

▲ **머라이언** 머리는 사자, 몸은 물고기인 상상 속 동물이야. 싱가포르를 상징하는 동물로, 도시 곳곳에서 찾아볼 수 있어.

▲ **싱가포르 항구** 아시아와 유럽을 잇는 최단 노선에 자리한 항구야. 이곳을 지나는 물류량은 세계 1, 2위를 다퉈.

▲ **주롱 산업 단지** 싱가포르 최대 산업 단지로 특히 정유업이 발달했어. 가까운 인도네시아 등에서 수입한 원유를 고급 휘발유로 정제해 전 세계로 수출하지.

여러 민족이 어울려 사는 싱가포르

싱가포르는 다민족 국가야. 인구는 약 580만 명으로 대부분 중국계이지만, 말레이계가 전체 인구의 13퍼센트, 인도계가 9퍼센트를 차지해. 다양한 민족이 만든 싱가포르만의 다채로운 경관은 일 년 내내 관광객들을 끌어당긴단다.

▼ **칭게이 퍼레이드** 새해를 기념하는 싱가포르 최대의 거리 축제. 다민족의 화합을 위해 생긴 축제로, 각 민족의 개성 넘치는 행진이 벌어져.

▼ **4개 국어로 쓰인 국회 의사당 안내문** 위부터 차례로 말레이어, 중국어, 타밀어, 영어로 쓰여 있어.

▲ 캄퐁 글램 말레이계 이슬람 상인들이 정착하며 생겨난 거리야. 중심부에 있는 술탄 모스크는 싱가포르에서 가장 오래된 이슬람 사원이지.

▲ 리틀 인디아 힌두교 축제 리틀 인디아는 인도계 싱가포르인이 모여 사는 곳이야. 영국 식민지 시절 같은 영국 식민지였던 인도에서 많은 사람이 일하러 왔다가 정착했지.

▲ 힌두교 사원 리틀 인디아에는 힌두교 사원이나 인도 요리 레스토랑 등이 줄지어 있어 인도에 온 것 같은 분위기를 자아내.

빠른 경제 성장의 그림자

싱가포르의 경제는 세계 선두를 달리지만 정치적으로는 사실상 독재 체제야. 초대 총리 리콴유가 만든 당이 의회 의석의 90퍼센트를 장악하고, 총리 자리도 리콴유 일가가 계속 맡거든. 정부가 거의 모든 국내 사업에 관여하기 때문에 경제마저도 리콴유 일가가 장악한 거나 마찬가지야.

◀ 리센룽 총리 부부 리센룽은 싱가포르를 32년간 집권한 리콴유 초대 총리의 아들로, 2004년부터 현재까지 총리를 맡고 있어. 총리의 부인 호칭은 테마섹 홀딩스의 최고 경영자야.

▶ 테마섹 홀딩스 정부가 설립한 국영 투자 회사로 언론사를 비롯해 거의 모든 싱가포르 기업의 지분을 갖고 있어.

아시아는 어떻게
경제 기적을 이루었을까?

"드디어 오늘날 아시아 국가들이 어떻게 강국이 됐는지 배우는 군요!"

나선애의 말에 아이들이 눈을 빛내며 귀를 기울였다.

"맞아. 제2차 세계 대전 직후 우리나라를 비롯한 아시아의 여러 국가들은 몹시 가난했어. 유럽 열강의 식민 지배에 오랫동안 시달린 데다가 전쟁의 피해까지 겹쳤기 때문이지. 우리나라는 1950년대까지만 해도 세계에서 손꼽히는 가난한 나라 축에 들었고, 동남아시아 국가들도 간신히 독립을 얻긴 했지만 좀처럼 가난에서 벗어나지 못했어. 수천 년간 동아시아의 중심이었던 중국조차 공산화 이후 대약진 운동과 문화 대혁명의 혼란에 시달리며 좀처럼 경제 성장을 이루지 못

잠깐! 중국 공산화와 그 직후의 혼란에 대해서는 14권 5교시를 참고하렴!

했지."

"그럼 아시아에선 일본만 잘나갔던 거예요? 예전에 일본이 제2차 세계 대전 이후 미국의 지원을 받아 엄청난 경제 성장을 이루었다고 하셨잖아요."

나선애가 노트를 뒤지며 말했다.

"맞아. 아시아에서 제일 먼저 경제 성장을 이룬 나라는 일본이야. 일본은 1950년대부터 빠른 속도로 성장을 거듭하다 1960년대 후반에는 놀랍게도 미국과 소련 다음가는 경제 강국이 됐어. 도시에는 고층 건물이 즐비하게 들어섰고, 아시아 최초로 올림픽까지 개최했단다. 이 올림픽 기간에 맞추어 세계 최초의 고속 철도도 개통됐지."

"그게 다 한국 전쟁 때문에 이득을 봐서 그렇게 된 거잖아요."

영심이가 입을 삐죽댔다.

"하하, 일본이 이렇게 놀라운 속도로 성장을 이룬 데에는 그런 행운이 많이 작용하긴 했어. 코앞에서 한국 전쟁이 터지는 바람에 각종 전쟁 물자를 팔면서 경제 성장의 계기를 마련할 수 있었고, 냉전이 시작되자 사회주의 세력에 맞서는 미국의 기지가 돼서 미국의 지원도 많이 받았지. 하지만 그게 전부

▲ 도쿄 올림픽 성화 봉송 장면 1964년에는 도쿄에서 올림픽이 열렸어. 빠른 속도로 경제 성장을 이룬 일본의 모습을 세계에 알린 계기였지.

 허영심의 상식 사전

고속 철도 일반적인 열차보다 훨씬 빠른 속도로 운행이 가능한 철도를 말해. 유럽 기준으로 시속 200킬로미터 이상 속도를 내는 철도를 고속 철도라고 부르지.

▲ 신칸센 개통식 1964년에 일본에서는 세계 최초의 고속 철도인 신칸센이 개통됐어. 수도인 도쿄와 서쪽의 오사카를 잇는 노선이 운행됐지.

는 아니란다."

"그럼 또 무슨 이유가 있는데요?"

"일본 정부가 경제 발전 계획을 잘 세우고 추진한 덕이 커. 사실 일본의 환경은 산업을 발전시키기에 적절한 편이 아니야. 특별한 지하자원이 없고, 산이 많고 평야는 적은 데다가 큰 강도 없어서 교통도 나쁘지. 여기에 인구는 많아서 식량을 꽤 많이 수입해야 해. 더구나 1950년대 이후 석유가 중요 자원으로 떠오르면서 상황이 더욱 어려워졌어. 일본은 석유가 나지 않는 나라라 전부 수입해야 했거든."

"그런데 어떻게 경제 발전을 한 거예요?"

"일본은 먼저 물건을 만드는 데 필요한 원자재를 수입한 뒤 이걸 잘 가공해서 해외에 내다 팔았어. 예를 들어 나무를 수입해서 가구를 만들고, 철광석을 수입해서 강철을 만드는 거야."

"흠, 말만 들으면 쉬울 것 같은데…… 아니겠죠?"

"당연하지! 이렇게 가공품을 만들려면 무엇보다 기술이 필요해. 그

▲일본 경제 발전의 심장부 '대장성' 전쟁 후 일본 재정과 경제 발전을 전부 관리하던 일본 최대 경제 부서였어. 지금은 권한이 축소되고 이름도 재무성으로 바뀌었지.

▲일본의 조선소 배를 만드는 조선 산업에는 고도의 기술력이 필요해. 일본은 1990년대 중반까지 세계 조선 산업의 40퍼센트를 독점할 정도로 조선 산업에서 앞서 나갔어.

래서 일본은 학문과 기술 발전에 많은 투자를 했단다. 특히 정부가 앞장서서 공업 지대를 만들고 중공업과 각종 전자 제품 산업처럼 고도의 기술력이 필요한 산업을 집중적으로 키웠지. 이때 몇몇 대기업에 큰 혜택을 줬어. 그래서 기업인과 정치인이 서로서로 뒤를 봐주는 '정경 유착' 문제가 불거지기도 했지. 그래도 정부의 든든한 지원 덕에 일본의 기업들은 우수한 기술을 갖춘 세계적인 대기업으로 성장했고, 그 덕에 일본 경제도 쑥쑥 성장할 수 있었단다."

"그런데 기술이라면 유럽이나 미국이 훨씬 뛰어날 거 같은데요?"

왕수재가 고개를 갸웃거리며 물었다.

"날카로운데? 그래서 일본은 가격에 승부를 걸었단다. 품질이 우수한 제품을 만들어서 유럽이나 미국 물건보다 더 싼 가격에 팔았지. 근데 물건값을 낮추려면 물건을 만드는 데 들어가는 비용을 낮춰야

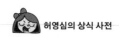
허영심의 상식 사전

정경 유착 정치와 경제가 서로 깊은 관계를 가지고 있는 걸 가리켜. 정부와 힘 있는 정치인은 기업에 혜택을 주고, 기업은 그 대가로 정치 자금을 바치는 행위가 대표적이지.

▲ 게이힌 공업 지역 세계적인 일본 기업인 미쓰이, 스미토모의 석유 화학 공장들이 한데 모여 있는 도쿄 인근의 공업 지대야. 이곳을 비롯해 일본의 주요 공업 지역은 수출입이 쉬운 태평양 쪽에 몰려 있어.

▲ 일본의 주요 공업 지역

용선생의 세계사 돋보기

1950년 일본의 인구는 약 8300만 명으로, 중국, 인도, 미국, 러시아에 이어 세계 5위였어.

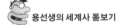
용선생의 세계사 돋보기

이런 문화는 수백 년 넘게 이어진 일본 봉건 제도의 영향이라고도 해. 아랫사람이 충성을 바치는 한 윗사람은 아랫사람의 생계를 해결해 주는 거지.

해. 바로 이 점에서 유럽이나 미국보다 일본이 훨씬 유리했어."

"어떻게요?"

"인구가 많다는 게 바로 큰 장점이 되었지. 고용할 노동자가 그만큼 많으니 임금을 쉽게 낮출 수 있었거든. 그러니까 일본의 기업들은 노동자를 저임금으로 고용한 덕에 첨단 제품을 싼값에 수출할 수 있었던 거야."

"선생님, 임금을 낮추면 노동자들이 먹고살기 힘들지 않아요? 불만도 많았을 것 같은데요."

나선애가 얼굴을 찌푸리며 물었다.

"그런 불만을 가라앉힐 만한 일본 특유의 기업 문화가 있었어. 일본 기업은 보통 노동자를 한번 고용하면 자기가 그만둘 때까지 해고

하지 않았어. 또 성실하게 근무하면 특별한 실적이 없어도 근무 기간
에 따라 임금을 올려 주었지. 말하자면 돈은 적게 줄지 몰라도 평생
다닐 수 있는 직장을 제공해 주었던 거야."

"쩝. 돈은 많이 못 벌어도 그런 조건이면 좋은 건가요?"

"물론 사람마다 생각이 다를 수 있을 거야. 여하튼 일본의 경제 성
장은 다른 아시아 국가에 좋은 본보기가 되었단다. 특히 우리나라나
타이완 같은 나라는 자연환경이 일본과 비슷해. 인구는 많지만 국토
는 비좁고, 지하자원도 부족했지. 그래서 우리나라와 타이완은 일본
의 전략을 그대로 베껴서 경제 성장을 시도했단다."

"아, 한국사 수업 때 배웠어요. 우리나라도 경제 발전을 위해 경제
개발 5개년 계획을 세워 노력했다고 하셨어요."

용선생의 세계사 돋보기

박정희 정부가 일본의 사과
도 받지 않고 성급하게 한일
국교를 정상화시킨 것도 일
본의 돈을 받아 내 경제 개발
에 쓰기 위해서였어.

"옳지. 잘 기억하고 있구나. 우리나라는 화학, 철강, 기계 산업을
발전시켜서 수출을 늘리려고 안간힘을 썼어. 그리고 이런 산업을 키
우는 데 필요한 경제 발전 자금을 그야말로 악착같이 긁어모았지. 미
국에서 돈을 빌리기도 하고, 베트남에 한국군을 파병하는 대가로도
많은 돈을 받았어. 또 독일까지 광부와 간호사를
파견해 돈을 벌어 오도록 했지. 국내에서는 여성
들의 머리카락으로 가발을 만들어 수출하기까지
했단다."

"그야말로 돈 되는 일은 다 한 거네요."

"그럼 타이완은 어떻게 경제 발전 자금을 마련
했어요?"

곽두기가 궁금한 듯 물었다.

▲ 우리나라 가발 공장 풍경 1960년대까지만
해도 사람의 머리카락을 잘라서 만든 가발은 우리나라의
주요 수출품이었어.

"타이완은 여윳돈이 많았어. 국민당이 타이완섬으로 도망쳤을 때 공산당을 피해 돈 많은 부자들도 같이 왔거든. 타이완 정부는 그때 가져온 금은보화를 밑천 삼아 경제 발전에 투자했고, 우리보다 앞서서 경제 성장을 달성했단다."

"흠, 우리보다 조건이 좋았군요."

"하지만 노동자에게 낮은 임금을 주고 일을 시키는 건 모두가 같았어. 이미 앞서가는 일본과 경쟁해야 하는 만큼 임금은 일본보다 더 낮았고, 훨씬 고되게 일했지. 국민들이 너무나 열악한 노동 환경에 저항하거나, 정치적 목소리를 내려 하면 '경제 성장이 우선이다.'라며 가혹하게 짓밟기 일쑤였단다. 이 과정에서 아시아 곳곳에 독재자가 등장했어. 우리나라의 박정희, 타이완의 장제스, 인도네시아의 수하르토 같은 사람들이 대표적이야."

"독재자들이 자신의 권력으로 경제 발전에 앞장선 거군요?"

나선애가 눈살을 찌푸리며 말했다.

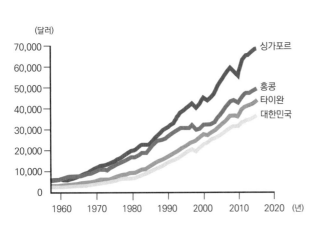

▲ 아시아 신흥 공업국의 1인당 국내 총생산(GDP) 성장

"그런 셈이지. 이런 경제 발전 모델은 아시아 전체에서 큰 성공을 거두었단다. 특히 우리나라, 타이완, 홍콩, 싱가포르가 일본의 뒤를 쫓아 급속도로 경제 성장을 이루며 세계를 깜짝 놀라게 만들었지. 그래서 이 네 나라를 '아시아의 네 마리 호랑이'라고 부르기도 했어."

"선생님, 그런데 석유 파동 때문에

아시아의 독재 정권

1950년대 이후 아시아 각국에는 빠른 경제 성장과 사회 안정을 제1목표로 삼고 국민의 정치적 권리를 억압하는 독재 정권이 많이 생겨났어. 대표적인 나라를 살펴보자.

◀ 대한민국 – 박정희

군사 쿠데타로 1962년 권력을 잡은 뒤 1979년 사망할 때까지 대통령 자리를 지키며 막강한 권력을 휘둘렀어. 이 시기 대한민국은 급속한 경제 성장을 이루었지만, 민주화를 요구하는 시민의 목소리는 가혹하게 짓밟혔지.

◀ 타이완 – 장제스

장제스는 타이완으로 쫓겨 간 뒤 1975년 사망할 때까지 타이완의 총통 자리를 지켰어. 국민당의 부정부패를 뿌리 뽑고 빠른 경제 성장을 이루었지만, 타이완의 치안을 유지한다는 이유로 1947년 계엄령을 내린 뒤 타이완 국민의 정치적 목소리를 강하게 억압했지.

◀ 인도네시아 – 수하르토

수카르노 대통령을 몰아내고 1965년 권력을 잡았어. 그리고 미국과 좋은 관계를 유지하며 석유 산업과 농업을 발전시켜 경제 성장에 성공했단다. 하지만 공산당원을 잡아낸다는 핑계로 수백만에 이르는 시민과 소수 민족을 대학살했어. 또 나랏돈 수백억 달러를 빼돌려 자기 배를 채우기까지 했어.

◀ 필리핀 – 페르디난드 마르코스

마르코스는 1972년에 계엄령을 선포하고 14년 동안 독재 정권을 유지했지. 이 시기 동안 자기 가족을 중요한 관직에 앉혀서 나랏돈을 뒤로 빼돌렸어. 자신에게 반대하는 사람을 가차 없이 짓밟는 건 기본이었지. 필리핀의 경제와 사회는 마르코스 대통령 시기를 거치며 엉망이 되어 버렸단다.

유럽이랑 미국 경제는 위기를 맞았다고 하셨잖아요. 아시아에는 그런 영향이 없었나요?"

왕수재가 손을 번쩍 들며 질문을 던졌다.

"좋은 질문이야. 물론 아시아에도 타격이 컸어. 석유 가격이 오르니 모든 물가는 오르는데, 세계 경제가 악화되니 수출도 안 되는 현상이 발생했지. 하지만 아시아 각국은 오래가지 않아 충격을 딛고 다시 고속 성장을 이루었단다."

"아시아는 어떻게 금방 충격을 이겨 낼 수 있었죠?"

"지난 시간에 이야기한 신자유주의 정책 덕분이야. 유럽과 미국에서 신자유주의 정책을 펼치면서 국가가 경제에 대한 간섭을 줄였다고 했잖니. 그 결과 서유럽과 미국에서는 직접 물건을 만드는 제조업이 점점 쇠퇴하고, 그 대신 전 세계를 무대로 잘나가는 회사에 투자해 돈을 버는 금융 회사와 은행이 많이 생겨났어. 이런 회사들은 임금도 싸고 품질 경쟁력도 있는 아시아의 여러 회사에 돈을 투자했단다. 그 덕에 아시아 국가들은 석유 파동의 위기를 이겨 내고 계속해서 성장을 이룰 수 있었어."

"아시아가 신자유주의의 덕을 본 셈이네요."

나선애가 고개를 끄덕였다.

"그런 셈이지. 게다가 1980년대 이후로는 중국도 오랜 혼란을 딛고 일어나 경제 성장을 시작했단다."

▲ 서울 우리나라가 급속도로 경제 성장을 거듭하면서 서울은 오늘날 아시아에서 손꼽히는 대도시로 성장했어.

▲ 줄을 서서 석유를 사는 사람들 석유 파동 당시 석유를 사기 위해 사람들이 줄을 서 있어. 석유 파동으로 물가가 줄줄이 오르며 아시아의 경제 성장에도 큰 타격을 주었지.

"앗, 중국요?"

 용선생의 핵심 정리

지하자원이 부족한 일본은 기술에 투자해 산업을 발전시키고, 낮은 임금을 유지하며 제품을 저렴하게 수출하는 경제 개발 모델로 큰 성과를 거둠. 아시아 각국도 이 모델로 큰 성과를 거두었고, 1970년대 석유 파동 위기를 넘기며 더욱 크게 성장함.

중국이 실용주의 노선을 걷다

"중국은 문화 대혁명으로 경제까지 고꾸라졌다고 하셨잖아요. 그럼 마오쩌둥이 마침내 경제 성장에 성공한 건가요?"

장하다가 어리둥절한 표정을 지었다.

"그건 아니야. 중국은 1976년에 마오쩌둥이 세상을 떠난 뒤 본격적

▲ 1979년 미국을 방문한 덩샤오핑 덩샤오핑은 미국과의 관계를 발전시키며 중국의 개혁과 개방을 이끌었어.

▲ 선전 경제특구를 방문한 덩샤오핑 덩샤오핑은 경제특구를 수차례 직접 방문하며 개혁 개방에 힘을 쏟았어.

으로 변화하기 시작했어. 마오쩌둥의 뒤를 이어 덩샤오핑이 중국의 최고 지도자가 됐거든.”

“어, 대약진 운동이 실패한 다음에 류사오치와 함께 중국을 변화시키려 했던 사람 맞죠?”

“맞아. 덩샤오핑은 1978년에 중국의 개혁과 개방을 선언했어. 중국의 변화는 바로 이 선언 이후 빠른 속도로 이루어졌지.”

“개혁과 개방이라면, 혹시 사회주의를 포기하겠다는 건가요?”

“그건 아니고, 사회주의 체제는 그대로 유지하되 경제 성장을 위해 자본주의 요소를 받아들인 거야. 마오쩌둥이 주장하던 중국 특색 사회주의를 좀 더 현실에 맞도록 고친 거지. 예를 들어 덩샤오핑은 대약진 운동 때 만든 농촌의 인민 공사를 폐지하고, 모든 농민이 각자 자유롭게 농사를 짓게 했어. 먹고 남은 농산물은 판매를 허용했지. 이 정책이 실시되자 6년 만에 식량 생산량이 절반 가까이 증가했단다. 농민들이 수확량을 늘리려고 노력한 덕이었지.”

“그럼 그게 자본주의랑 뭐가 달라요? 맘대로 농사도 짓고, 판매도 할 수 있잖아요.”

“원칙적으로 중국의 모든 땅은 국가 소유야. 다만 농민에게 땅을 빌려주고 농사를 짓는 걸 허용했을 뿐이지. 그러니까 ‘국가가 모든 생산 수단을 소유한다.’는 사회주의의 큰 원칙은 포기하지 않은 셈이란다.”

“누구나 마음껏 땅을 사고파는 우리와 정말 다르긴 하네요.”

용선생의 설명에 아이들은 서로를 바라보며 고개를 끄덕였다.

“여기에 덩샤오핑은 중국 남부의 광둥성과 푸젠성을 중심으로 외

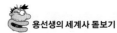
용선생의 세계사 돋보기

임대 기간은 최장 70년이야. 그런데 중국의 개혁 개방이 시작된 지 아직 70년이 지나지 않았기 때문에 70년이 지난 후 임대 기간을 얼마나 늘릴 것인지, 또 임대료를 어떻게 받을 것인지는 정확히 결정된 게 없대.

▲ 선전 시 광둥성 동남부에 위치한 홍콩 인근의 도시로 중국에서 최초로 경제특구가 설치된 곳이야. 최근까지도 중국 첨단 산업의 중심지로 주목받고 있지.

▲ 중국에서 가장 큰 통신 장비 회사 화웨이
1988년 창립된 화웨이는 선전 시에 본사를 두고 있어. 상대적으로 낮은 가격을 무기로 삼아 세계 최고의 매출을 올리는 통신 장비 회사로 성장했지.

중국은 경제 개발 특구를 남쪽에서 북쪽으로 점차 늘려 나갔어.

▲ 오늘날 중국의 경제특구와 경제 개방 도시

국인의 투자와 자유로운 경제 활동을 보장하는 '경제특구'를 설치했어. 이곳에서는 외국인이 자유롭게 기업과 공장을 운영할 수 있고, 중국인이 외국인과 함께 기업을 운영하는 것도 허용됐지."

"중국 수도는 베이징이잖아요. 왜 굳이 남쪽으로 저렇게 먼 곳부터 경제 개발을 한 거예요?"

"다 이유가 있지. 중국 남부에는 영국의 식민지인 홍콩, 포르투갈의 식민지인 마카오가 있어서 외국인의 접근이 쉬웠거든. 게다가 동남아시아의 화교가 찾아오기도 쉬워. 그리고 수도인 베이징과 거리가 멀다는 건 오히려 장점이야. 경제특구에서 혹시나 문제가 생겨도 중국 전체에 영향을 끼치는 혼란으로 번지는

▲ **홍콩** 영국의 식민지였던 홍콩은 1950년대 이후 아시아 경제를 주도하는 국제도시로 성장했어. 하지만 1997년 중국에 반환됐지.

걸 막을 수 있을 테니 말이야.”

“아하, 그런 부분도 있군요. 그래서 성공했나요?”

“응. 중국 남부의 경제특구는 대성공을 거두었어. 자신감을 얻은 중국은 경제특구를 계속 늘렸고, 나중에는 중국 해안의 14개 도시를 추가적으로 경제 개방 도시로 지정했어. 그리고 중국 민간인의 기업 운영을 점점 폭넓게 허용해 주었지. 중국 기업들도 정부의 명령 없이 자유롭게 물건을 생산하고, 돈을 벌 수 있게 된 거야.”

“선생님, 그럼 자본주의 국가에 있는 기업이랑 똑같은 거 아닌가요?”

“그렇긴 한데, 민간 기업이 허용됐다고는 해도 석유나 철강, 화학 분야처럼 덩치가 크고 중요한 대기업은 여전히 국가 소유로 남아 있어. 중국에

▲ **하이얼 본사** 중국의 국유 기업인 하이얼은 세계에서 손꼽히는 가전제품 업체야. 냉장고와 세탁기 시장 점유율은 무려 세계 1위이지.

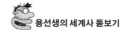

용선생의 세계사 돋보기

국가가 소유하더라도 경영은 전문 경영인이 맡아서 해. 그래서 '국영 기업'이 아니라 '국유 기업'이라 부르지.

▲ 2015년 중국 500대 기업 중 국유 기업 수

서는 이런 기업을 '국유 기업'이라고 해. 요즘도 중국 대기업의 절반 이상이 국가 소유고, 겉으로는 민간 기업이지만 속사정을 알고 보면 중국 공산당의 통제를 받는 기업이 상당히 많아."

"으아, 뭔가 이도 저도 아닌 거 같아요. 복잡하기만 하고."

곽두기가 눈을 뱅글뱅글 돌리며 말했다.

"덩샤오핑도 그런 말을 많이 들은 탓인지, 이렇게 말하곤 했대. '검은 고양이든 흰 고양이든, 쥐만 잘 잡으면 그만 아니냐?'라고. 그러니까 중국이 사회주의 국가인지, 자본주의 국가인지 그게 뭐 그리 중요하냐 이거야. 경제 성장만 하면 그만이지. 덩샤오핑의 이런 생각 때문에 이때부터 중국은 본격적으로 '실용주의 노선'을 걷기 시작했다고 이야기한단다."

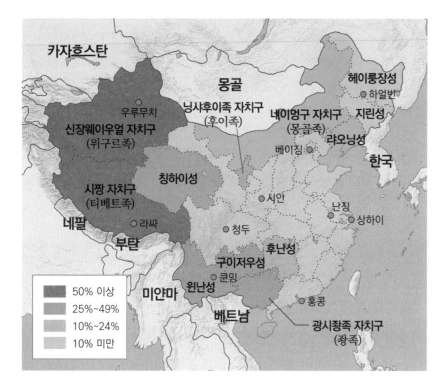

▲ 달라이 라마 티베트 불교의 종교 지도자. 중국 정부의 탄압을 피해 이웃 나라인 인도에 거주하며 티베트의 독립을 이끌고 있어.

◀ 중국 각 지역의 소수 민족 분포도

"그러니까 경제만 발전할 수 있으면 뭐든지 한다 이거군요."

장하다의 말에 용선생은 고개를 절레절레 저었다.

"꼭 그런 건 아니야. 덩샤오핑과 중국 공산당이 마지막까지 지키려는 게 있었단다. 바로 민주주의를 통해 국민들에게 정치적 자유를 주지 않고, 중국 공산당이 모든 권력을 쥐는 것. 이른바 공산당 독재 체제를 지키는 거지."

"헐, 굳이 왜 그걸 고집하는 건데요?"

"중국 공산당은 중국이 너무나도 크고 인구도 많은 나라라 어쩔 수 없다고 주장해. 14억에 이르는 중국인 중에는 서로 생각이 다른 사람도 많고, 나름대로 고유한 문화를 간직한 소수 민족만 해도 50여 개에 이르거든. 만일 모든 중국인에게 갑자기 정치적 자유를 준다면,

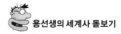

용선생의 세계사 돋보기

대표적으로 중국 서부의 시짱 자치구에 분포하는 티베트족은 약 460만 명에 이르러. 이들은 중국의 한족과는 다른 문화와 역사를 가진 민족으로, 줄곧 분리 독립을 요구하고 있지.

중국이 걷잡을 수 없는 혼란에 빠지고 수십 개의 나라로 갈기갈기 찢어질 게 뻔하다는 거야."

"그런데 국민들이 나서서 혁명을 일으킬 수도 있잖아요?"

"실제로 그런 시도가 있었지. 특히 소련이 개혁, 개방을 선언하고 동유럽에서 사회주의 정부가 무너지자 중국에서도 변화가 있었단다. 1989년, 베이징의 톈안먼 광장에 민주화를 요구하는 시민들이 모였어. 주로 대학생을 포함한 젊은이가 많았는데, 점점 수가 늘어나서 나중에는 10만 명이 넘었지. 시위의 기세가 점점 강해지자 중국 공산당은 베이징으로 군대를 보내 시위대를 짓밟았단다. 이때 군인들이 시위대를 향해 무차별로 총을 쏜 탓에 1,000명이 넘는 시민이 그 자리에서 목숨을 잃었어."

"어휴, 덩샤오핑은 좀 괜찮은 사람인 줄 알았더니…… 무자비하

▲ 톈안먼 광장 시위 1989년 4월, 베이징의 톈안먼 광장에는 10만 명이 넘는 시민이 모여 민주화를 요구했어.

▲ 베이징으로 들어오는 탱크 부대 시위 진압을 위해 베이징으로 탱크 부대가 들어오자, 시민이 맨몸으로 탱크 앞을 가로막고 있어.

네요!"

영심이가 눈물을 글썽이며 화를 냈다.

"톈안먼 사건 이후 중국 공산당은 사회를 더욱 강하게 억눌렀어. 살아서 도망친 시위 참여자들은 수배를 내려 잡아들였고, 언론과 출판물에 대한 검열도 더욱 강화했지. 혹시나 국가를 부정하거나 비판하는 부분이 있으면 가차 없이 출판을 금지하거나 언론 보도를 막기도 했단다. 오늘날까지도 중국은 이 정책을 고집하고 있어. 심지어 인터넷에서도 특정 단어의 검색을 막고, 해외 사이트 접속을 차단하기도 하지."

"중국이 그런 나라인 줄은 몰랐어요. 얼마 전에 중국 여행도 갔다 왔는데……."

"그러게. 이제는 우리처럼 자유로운 나라인 줄 알았는데."

곽두기의 국어사전

수배 손 수(手) 짝 배(配). 범인을 잡으려고 수사망을 펼치는 것을 가리켜.

▲ 중국 포털 사이트 바이두와 SNS 웨이보 중국에서는 세계 최대의 인터넷 검색 서비스인 구글을 자유롭게 쓰지 못할 뿐 아니라 페이스북, 트위터 등의 SNS도 금지되어 있단다. 그 대신 바이두, 웨이보와 같이 중국인이 주로 사용하는 포털 사이트와 SNS가 따로 있지.

아이들이 서로를 바라보며 말했다.

"흐흐, 하지만 이렇게 정치적 억압이 계속되는 와중에도 중국은 급속도로 경제 성장을 거듭했어. 그 결과 1978년에 개혁 개방을 실시했을 때만 해도 세계에서 가장 가난한 나라 중 하나였던 중국은 약 40년의 고속 성장 끝에 미국과 맞설 정도의 경제 대국으로 훌쩍 성장했지."

 용선생의 핵심 정리

중국은 1978년 덩샤오핑의 개혁 개방 선언 이후 급속도로 성장함. 중국 공산당은 자유로운 농업을 허용하는 한편 해안을 중심으로 경제특구를 설치해 경제를 발전시킴. 그러나 톈안먼 시위를 강경 진압하는 등 정치적 자유는 강하게 억압함.

세계의 공장 중국과 고속 성장의 그림자

"그럼 중국도 일본이나 우리나라처럼 첨단 제품을 값싸게 만들어서 수출했나요?"

"그건 아닐 거 같은데. 중국은 우리나라랑은 다르게 땅도 넓고 자원도 많잖아요. 맞죠, 선생님?"

곽두기와 왕수재가 번갈아 가며 말하자 용선생은 미소를 지었다.

"수재 말처럼 중국이 가진 조건은 우리나라나 일본과 달라. 땅도 넓고, 그만큼 지하자원도 많지. 그래서 물건을 만드는 데 필요한 자원이 넘칠 정도로 풍부하고, 인구도 많아서 임금도 매우 저렴하지. 중국은 이 장점을 최대한 활용해서 큰 기술이 필요 없는 제품 생산에 집중했어. 간단한 제품을 누구보다 싼 가격으로 마구 만들어 내서 외

▲ 상하이 오늘날 상하이는 중국의 경제 중심지이자 아시아에서도 손꼽히는 대도시야.

▲ 중국의 폭스콘 공장 이 공장에서는 애플의 '아이폰'을 생산해. 애플의 요구대로 스마트폰의 각종 부품을 만들어 조립한 후 애플의 상표를 부착해 판매하는 거야.

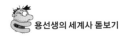
용선생의 세계사 돋보기

이런 생산 방식을 '주문자 상표 부착 생산(OEM)'이라고 해. 우리나라도 경제 개발 초기에는 이런 방식으로 생산을 많이 했어. 최근에는 베트남이나 인도네시아 등 동남아시아에서도 이런 방식으로 많은 생산이 이루어지고 있어.

국에다 파는 거지. 일종의 박리다매야."

"아하, 이윤이 적게 남더라도 무조건 많이 팔자는 거네요."

"맞아. 또 미국이나 유럽, 일본 기업의 주문대로 물건을 생산해 넘기는 방법을 썼어. 너희들이 잘 아는 세계적인 제품인 '아디다스'의 운동화나 '애플'의 휴대 전화 같은 제품도 이런 식으로 중국에서 만들지."

"어라? 애플은 미국 회사인데. 미국 휴대 전화를 중국에서 만든다는 건가요?"

"응. 그만큼 중국의 인건비가 싸니까 미국 회사에서 중국에 생산을 맡기는 거야. 물론 일본이나 우리나라도 저임금 정책을 썼지만, 세계에서 가장 인구가 많은 중국보다 임금을 낮출 수는 없었어. 더구나 중국 국민에겐 정치적인 자유가 없으니 임금이 낮다고 노동자가 파업을 할 염려도 적었지."

"쳇, 사회주의 국가는 노동자를 위한다더니 다 말뿐이네요."

"그러게 말이다. 아무튼 개혁 개방 이후 전 세계의 기업이 중국에 공장을 지었어. 중국의 낮은 인건비를 활용해서 제품을 싸게 만들려고 한 거지. 그 결과 2000년대로 접어들면 중국은 세계에서 제일가는 제조업 국가로 우뚝 서게 된단다. 오늘날 우리 주변의 어지간한 물건은 거의 전부 중국에서 생산된다고 해도 과언이 아니야. 집에 가서 '메이드 인 차이나'라고 쓰여 있는 물건이 얼마나 되는지 찾아보렴. 아마 적어도 집 안의 물건 절반 이상이 중국에서 만든 물건일걸?"

▲ 접는 스마트폰 2018년 11월, 중국의 한 업체가 개발해 공개한 제품이야. 이처럼 중국은 최근 각종 첨단 제품을 선보이며 세계 시장에 도전장을 내밀고 있어.

▲ 신제품을 소개하는 샤오미의 레이쥔 회장 중국의 대표 전자 제품 기업인 샤오미의 신제품 발표 현장이야. 최근 샤오미는 세계 최첨단 전자 제품과 비교해도 뒤지지 않는 성능에 훨씬 저렴한 가격의 제품을 잇달아 선보이며 세계를 긴장케 하고 있지.

"헉, 정말 그 정도인가요?"

"그래. 그래서 중국은 '세계의 공장'이라는 별명까지 얻었지. 그야 말로 중국에서 전 세계의 모든 물건을 생산하는 거나 다름없다는 의미야. 더구나 요즘 중국은 선진국이 만들어 내던 각종 첨단 제품에도 도전장을 던지고 있어. 그래서 중국산 텔레비전이나 스마트폰도 쉽게 찾아볼 수 있지. 원래 이런 제품은 우리나라나 미국, 일본이 꽉 잡고 있었는데, 중국의 기술이 몰라보게 발전한 데다가 가격까지 저렴해서 요즘에는 우리나라와 미국, 일본이 어려움을 겪고 있대."

"그러다가 중국이 미국보다 더 부자 나라가 되는 거 아닌가요?"

깜짝 놀란 아이들이 눈을 동그랗게 뜨자 용선생은 씩 미소를 지었다.

"언젠가는 그럴지도 모를 일이지. 하지만 그날이 빨리 오지는 않을 것 같구나. 요새는 중국의 고속 성장에도 슬슬 브레이크가 걸리고 있

▲ 중국에서 생산된 옷 미국 브랜드인 '나이키'의 옷이지만 'Made in China' 표시가 붙어 있어. 우리 주변에서 볼 수 있는 물건 대부분이 이런 식으로 중국에서 생산되지.

거든."

"왜요? 무슨 문제가 있나요?"

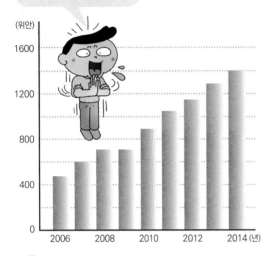

2006년부터 8년 사이 중국 최저 임금은 약 3배나 상승했어.

(위안)

▲ 중국 최저 임금 상승

"일단, 지난 40년간 고속 성장을 하면서 중국의 인건비도 제법 많이 올랐어. 더 이상 값싼 노동력을 활용하기 어려워졌지. 반면 최근에는 베트남이나 방글라데시 같은 동남아시아 국가들이 경제 성장을 시작했는데, 이 나라들의 인건비가 중국보다 더 낮아. 그래서 중국에 지었던 공장을 동남아시아로 이전하는 경우가 점점 늘어나고 있단다."

"아하, 중국에 경쟁자가 생겼네요."

"또 한 가지 심각한 문제는 중국 사람 중에서 이렇게 임금이 오른 사람의 수가 매우 적다는 거야."

"그게 무슨 소리예요?"

"아까 중국은 해안 지역을 중심으로 경제 개발을 이루었다고 했지? 그래서 중국의 발전된 도시는 거의 해안에 몰려 있어. 당연히 돈이 많은 사람들도 거의 해안 도시에만 있지. 중국 내륙, 특히 농촌에는 개혁 개방이 이루어지기 전인 40년 전이나 지금이나 별다를 바 없이 사는 사람이 많거든. 게다가 도시 사람들이 전부 부자냐 하면, 그것도 아니야."

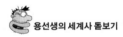

용선생의 세계사 돋보기

빈부 격차가 심각한 사회 문제인 미국조차 전체 인구의 5퍼센트가 미국 재산의 60퍼센트를 보유하는 수준이야. 중국은 이보다 훨씬 더 심각한 상황이지.

"그럼 누가 부자인데요?"

"당연히 극소수의 기업가들이지. 2006년 통계에 따르면 중국 인구의 0.4퍼센트가 중국 재산의 70퍼센트를 독점하고 있다는구나. 게다가 모든 국가 권력을 독점한 공산당의 부정부패는 말할 수 없을 정도

▲ 구이저우성의 마을 중국 남서부 구이저우성은 중국에서 국내 총생산이 가장 적은 지역이야. 이곳 사람들의 생활 수준은 개혁 개방 이후로도 크게 달라지지 않았지.

▲ 중국의 빈부 격차 허름한 판자촌과 고층 빌딩이 적나라하게 대비되어 있어. 급격한 경제 성장은 빈부 격차를 낳았고, 중국의 빈부 격차는 날이 갈수록 심해지는 중이야.

로 심각하단다. 감시의 눈길이 덜한 곳에서는 뇌물 없이는 일처리가 전혀 되지 않을 정도지."

"으아, 어마어마하네요."

"문제는 이런 빈부 간의 격차가 줄어들기는커녕 점점 더 벌어진다는 거야. 공산당원과 일부 부자들은 으리으리한 저택에서 사는데 가난한 사람들은 동굴 속에 움막을 짓고 사는 처지이니…… 역사적으로 이런 문제를 방치하고 선진국이 된 나라는 없어. 국민에게 정치적 자유가 없으니 당장은 드러나지 않지만, 언젠가는 중국 사회 전체를 뒤엎을지도 모르는 시한폭탄인 셈이지."

"그런데 들으면 들을수록 해결하기 어려운 문제인 것 같아요."

"사실 이것보다 훨씬 해결하기 어렵고 심

용선생의 세계사 돋보기

이익을 얻기 위해 인간관계와 인맥을 동원하는 일을 중국어로 '꽌시(關係)'라고 해. 이때 물밑으로 돈이 오가기도 하지. 꽌시가 없으면 중국에서 기업 활동이 어렵다고 말할 정도야.

▲ 재판을 받는 공산당 고위 관리 이 인물은 충칭 시 공산당 당서기였으나 뇌물 수수, 공금 횡령, 직권 남용의 혐의로 무기징역을 선고받았어.

▲ 미세 먼지로 뿌연 도시 중국 중남부 도시 주장의 풍경이야. 미세 먼지로 뒤덮여 거대한 빌딩이 잘 보이지 않을 정도로 대기 오염이 심각하지.

▲ 수질 오염 현장 심각한 수질 오염으로 중국 강물의 절반은 공업용수로도 쓸 수 없을 정도라고 해.

각한 문제도 있단다. 바로 환경 문제야. 중국은 지난 40년 동안 환경 문제를 완전히 뒷전으로 미뤄 두었어. 너희들 요새 우리나라가 미세 먼지 때문에 시끄러운 거 알고 있지?"

"아, 맞아요! 저도 요즘 거의 매일 마스크를 쓰고 다녀요."

영심이가 손바닥을 탁 치며 말했다.

"우리나라도 심각하지만, 중국의 미세 먼지 문제는 훨씬 심각해. '세계의 공장'이라 불릴 정도로 어마어마하게 많은 공장이 지어져 있으니 그 수많은 공장에서 내뿜는 오염 물질이 오죽이나 많겠니? 베이징 같은 곳은 미세 먼지가 앞이 보이지 않을 정도로 뿌옇게 거리를 뒤덮는 경우도 많아. 당연히 국민 건강에도 나쁜 영향을 미칠 수밖에 없지."

"앞이 안 보인다고요? 으아, 끔찍해!"

"그런데 단순히 미세 먼지 문제만 심각한 게 아니야. 수질 오염도 심각한 수준이지. 이미 중국의 주요 하천은 폐수로 오염됐고, 지하수마저 오염돼서 쓸 수 없을 지경이거든. 또 중국 서부에서는 사막화 현상이 빠르게 진행되고 있어. 여기에 석탄과 석유 사용이 늘면서 지구 온난화의 주범인 이산화 탄소 배출도 상당해. 중국은 이미 이산화 탄소 배출 세계 1위 국가인데, 여전히 미국과 유럽보다 훨씬 빠른 속도로 배출량이 늘어나고 있지.”

▲ 중국의 사막화

허영심의 상식 사전

이산화 탄소 공기를 구성하는 주요 기체 중 하나야. 나무나 석유, 석탄 등 탄소로 이루어진 물건을 태울 때 발생해. 공기 중의 열을 보존하는 성질이 있어서 지구 온난화의 주범으로 꼽혀.

“아이고, 환경 문제가 정말 심각하군요.”

“오늘날 중국의 환경 문제는 중국을 넘어 세계적인 문제가 되고 있단다. 우리나라에 영향을 미치는 미세 먼지도 큰 문제이고, 지구 온난화 때문에 전 지구적으로 이상 기후가 나타나고 있으니까 말이야.”

“이제 보니 중국이 경제 성장을 하면서 생긴 문제가 많네요?”

“물론, 중국도 이런 문제를 그냥 두고 보는 게 아니라 나름의 해법을 찾고 있단다. 사실 우리나라나 일본도 급속한 성장 과정에서 비슷한 문제를 겪었고, 지금도 빈부 격차나 환경 문제는 중국 못지않게 심각한 편이야. 그러니 무턱대고 중국을 탓하기보

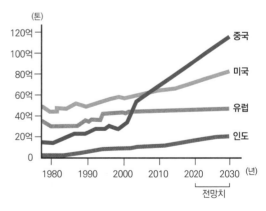

▲ 세계 주요국 이산화 탄소 배출량 추이

다는 중국과 서로 머리를 맞대고 함께 해결할 방법을 찾아 가면 좋
겠지?"

용선생의 말에 아이들이 고개를 끄덕였다.

"그런 점에서 마지막으로 눈여겨봐야 할 이야기가 있단다. 일본으
로 가 보자."

 용선생의 핵심 정리

중국은 값싼 노동력을 활용해 세계 제조업의 중심이 되었고, '세계의 공장'으로 불리
게 됨. 그러나 최근에는 임금 수준 상승과 심각한 빈부 격차, 환경 문제 등 여러 문제
가 드러나며 급속한 성장에 문제가 생김.

일본이 기나긴 불황을 겪다

"잘나가는 일본에 무슨 문제라도 생겼나요?"

"응. 일본 경제도 석유 파동이 전 세계를 덮친 뒤로 큰 변화를 겪었어. 이때 미국에 레이건 대통령이 등장해 신자유주의 정책을 펼친 게 원인이었지. 미국이 어떤 정책을 폈는지는 이야기했지?"

"네. 기업가가 자유롭게 활동할 수 있도록 정부가 적극 보장해 주었다고 하셨어요. 세금도 줄였고요."

곽두기의 말에 용선생은 고개를 끄덕였다.

"그래. 그런데 이 무렵 미국 정부가 손을 댄 게 하나 더 있어. 바로 환율이야."

"환율이라고요?"

"응. 환율은 한 나라의 돈과 다른 나라 돈 사이의 교환 비율이야. 각 나라 돈의 가치가 오르거나 내리면 그에 따라 변화해. 환율의 변화는 한 나라의 경제 사정에도 많은 영향을 주지."

"어떤 영향을 주는데요?"

곽두기가 궁금한 듯 질문했다.

"예를 들어 1달러의 가치가 일본 돈으로 100엔쯤 했는데, 달러 가치가 올라서 1달러가 200엔으로 뛰었다고 해 보자. 그렇게 되면 미국 사람들은 일본 물건을 사기가 훨씬 쉬워져. 예전에는 1달러를 주고 100엔짜리 물건밖에 살 수가 없었는데, 이제는 200엔짜리 물건까지 살 수 있잖니? 그럼 일본 여행을 가도 같은 돈으로 더 좋은 호텔이나 식당을 갈 수 있지."

> 잠깐! 레이건 대통령의 신자유주의 정책에 대해선 15권 2교시에 나와 있어.

▲ 미국 대통령 레이건(왼쪽)과 연방 준비 제도 이사장 폴 볼커(오른쪽)
연방 준비 제도는 우리나라의 한국은행에 해당하는 미국의 중앙은행이야. 폴 볼커 이사장은 급상승하는 물가를 잡기 위해 미국의 금리를 20퍼센트까지 끌어올렸어. 그 결과 달러의 가치는 급등했지.

"그럼 달러 가치가 오르면 미국 사람들은 좋은 거네요."

"꼭 그런 건 아니야. 미국에서 일본에 물건을 수출하는 사람들은 장사하기 힘들어져. 일본 사람 입장에서는 100엔 하던 미국 물건이 200엔으로 오른 거니까 아무래도 미국 물건을 전보다 덜 사게 되거든."

"아하, 각각 장단점이 있네요. 근데 환율에는 왜 손을 댔어요?"

아이들이 고개를 갸웃거렸다.

"석유 파동 때문이야. 미국은 석유 파동으로 치솟는 물가를 잡기 위해 정부가 쓰는 돈을 줄였어. 한편으로는 중앙은행의 금리를 높였지. 이렇게 하면 달러의 통화량이 줄고, 가치가 오르면서 물가가 떨어지거든. 근데 문제가 생겼어. 금리를 올리다 보니 달러의 가치가 너무 올라서 환율이 덩달아 올랐고, 그래서 수출이 어려워진 거야."

잠깐! 금리를 조정해 물가를 관리하는 원리는 13권 3교시에 설명되어있어!

"그러니까 물가를 잡으려고 금리를 올렸는데, 그 결과 달러의 가치가 너무 올라 수출이 어려워졌고, 그래서 미국 경제가 어려워졌다 이건가요?"

나선애의 정리에 용선생이 고개를 크게 끄덕였다.

"바로 그거야. 미국의 레이건 대통령은 수출을 늘리려면 환율을 다시 떨어뜨려야 한다고 생각했어. 그대로 내버려 뒀다가는 미국 제품의 수출이 점점 줄어들 게 뻔했거든."

"그럼 다시 금리를 낮추면 되잖아요?"

"애초에 금리를 왜 올렸니? 물가 때문이었잖아. 금리를 다시 낮추면 기껏 잡은 물가가 다시 오를 수 있었지. 그래서 미국은 1985년에 일본과 서독을 포함해 미국과 교역량이 많은 네 나라 경제 장관을 만나서 협조를 요청했어. 환율이 너무 높아서 미국 물건을 수출하기 어렵다, 그런데 물가 때문에 미국이 달러 가치를 떨어트릴 수는 없으니, 다른 나라들이 알아서 환율을 조정해 달라고."

"잠시만요. 그렇게 되면 다른 나라에서 미국에 수출하기가 어려워지는 거잖아요?"

"어? 그러네. 그걸 그렇게 일방적으로 요청해도 되는 거예요?"

왕수재의 말에 영심이가 의아한 표정을 지었다.

"그야 그렇지. 하지만 미국이 수출에서 이대로 계속 어려움을 겪으면 미국 기업이 어려워지고, 미국 기업에서 돈을 버는 사람들의 주머니도 얇아져. 그럼 미국 사람들이 외국 물건을 사지 않을 테니, 다른 나라한테도 별로 좋을 게 없단다. 더구나 다른 나라도 아니고 초강대국인 미국이 요청하는데 그걸 어떻게 무시하겠니?"

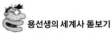
용선생의 세계사 돋보기

미국은 이 외에도 일본산 자동차와 철강, 반도체에 높은 관세를 매기는 등 여러 방법으로 일본의 수출을 압박했어. 그래서 일본으로서는 미국의 요구를 들어줄 수밖에 없었지.

▲ 플라자 합의 1985년 플라자 합의에 참석한 5개국 대표들이야. 왼쪽부터 서독, 프랑스, 미국, 영국, 일본이지.

▲ 플라자 호텔 다섯 나라 경제 장관이 모여 환율 조정을 논의한 곳이야. 이 호텔 이름을 따서 플라자 합의라고 불러.

"그래서 미국이 원하는 대로 하기로 했어요?"

"응, 미국의 수출에 도움이 되도록, 일본과 서독이 자국 화폐의 가치를 높여서 환율을 조정하기로 합의했어. 달러의 가치는 서서히 떨어졌고, 1년쯤 지났을 무렵 1달러에 235엔 하던 환율은 1달러에 120엔으로 거의 반이나 떨어졌지. 마찬가지로 서독 마르크의 환율도 절반 가까이 떨어졌어."

"그럼 미국은 수출이 점점 쉬워졌겠네요?"

"맞아, 미국은 수출이 쉬워지면서 골치 아픈 무역 적자를 어느 정도 줄였어. 하지만 서독과의 무역 적자는 많이 줄었는데, 일본과의 무역 적자는 생각처럼 많이 줄이지 못했지."

"아니, 왜요? 일본에서 미국 물건이 안 팔렸나 봐요?"

"그것보다도, 일본의 미국 수출량이 생각보다 많이 줄어들지 않았어. 일본 정부는 수출이 어려워져서 경제가 불황에 빠질 걸 대비해 금리를 많이 낮췄거든. 환율 때문에 수출에 어려움을 겪을 기업에 낮은 이자로 돈을 빌려주기 위해서였지. 그 덕분에 환율이 조정돼도 일본 기업은 제품의 가격을 저렴하게 유지할 수 있었단다. 게다가 일본산 제품의 품질이 워낙 좋다 보니, 가격이 올라도 미국 사람들은 여전히 일본 물건을 찾았어."

"그럼 일본은 환율이 조정돼도 별로 손해 본 건 없었네요."

"그런데 일본 정부가 금리를 낮춘 바람에 뜻밖의 문제가 발생했어.

일본 경제에 엄청난 거품이 끼고 말았거든.”

“거품이 꼈다는 게 무슨 의미예요?”

“수출이 늘어나면서 일본 기업의 주머니 사정은 좋아졌어. 게다가 저금리 정책으로 은행에서 돈을 빌리기도 쉬워졌지. 그러자 일본 사람들은 은행에서 돈을 빌려서 주식과 부동산에 쏟아부었단다.”

“엥, 왜 하필 주식과 부동산이에요?”

“그야, 주식과 부동산에 투자하면 골치 아프게 물건을 만들어 파는 것보다 큰돈을 쉽게 벌 수 있으니까. 일본이 경제 성장을 시작한 이후 주식과 부동산 가격은 내려가는 법이 없었어. 잘나가는 기업의 주식 가격은 오르기 마련이고, 또 그런 기업이 모여 있는 도시의 땅값과 집값이 오르는 것도 당연한 일이잖니? 그래서 돈만 있으면 누구나 주식과 부동산에 투자하길 원했단다.”

“다들 주식이랑 부동산을 사고 싶어 하면 가격이 더 뛰었겠네요.”

왕수재가 안경을 추켜올리며 말했다.

“제법인데? 일본의 땅과 주식 가격은 불과 몇 년 사이에 하늘 높은 줄 모르고 치솟았단다. 수도 도쿄의 땅값은 10년 사이에 5배나 뛰었는데, 얼마나 가격이 올랐는지 ‘도쿄 땅을 팔면 미국을 통째로 살 수 있다.’는 농담까지 나올 정도였어. 땅과 주식에 투자한 사람들은 그야말로 떼돈을 벌었지.”

“으아, 어마어마하네요.”

“일본의 부자들은 아예 미국까지 나가서 값비싼 땅과 건물을 구입했어. 엔화의 가치가 높아졌기 때문에, 예전보다 훨씬 싸게 해외 부동산을 살 수 있었거든. 1990년대에는 미국의 심장부 뉴욕에서도 고

허영심의 상식 사전

부동산 개인의 여러 재산 가운데 토지나 건물처럼 움직일 수 없는 재산을 가리키는 말이야.

층 건물들이 줄줄이 일본인에게 팔려 나갔지. 심지어 세계적인 휴양지인 하와이의 땅은 전부 일본인 소유라는 말이 돌기도 했어."

"세상에, 그 정도였어요?"

"그래. 그뿐만 아니라 일본에서는 각종 관광 산업과 레저 산업이 엄청나게 발전했단다. 쏨쏨이에 여유가 생긴 일본 사람들이 수입차나 외국 명품 브랜드를 사들이고, 본격적으로 여가를 즐기기 시작했지. 일본 곳곳에는 거대한 테마 파크가 건설됐고 시내 유흥가는 불빛으로 휘황찬란하게 빛났어. 매년 해외에 나가는 일본 관광객도 수백만 명이 넘었지. 일본 경제가 드디어 미국을 뛰어넘는다는 예측도 공공연히 나오곤 했단다."

"그런데 뭔가 이상한 거 같아요. 갑자기 일본 물건이 많이 팔린 것도 아닌데……."

나선애가 아리송한 표정을 짓자 용선생은 고개를 끄덕였다.

허영심의 상식 사전

레저 산업 여가 시간을 즐길 수 있도록 각종 서비스를 제공하거나 물품을 판매하는 산업을 말해. 호텔, 숙박, 스포츠, 외식업 등이 해당되지.

▲ 오션 돔 1993년 일본에 건설된 세계 최대의 워터파크야. 이름처럼 거대한 지붕이 천장을 덮고 있고, 사계절 내내 30도를 유지해 언제나 수영을 즐길 수 있지. 하지만 일본 경제 거품이 붕괴된 이후 경영이 악화되어 한동안 문을 닫았어.

▲ 도쿄 중심지 긴자 거리의 백화점 도쿄 중심가 백화점이야. 외관이 프랑스 명품 브랜드 루이비통 가방 모양으로 꾸며져 있어. 이곳에서는 루이비통을 비롯한 세계 명품을 쉽게 살 수 있지.

"생각해 보렴. 미국에서 경제 대공황이 벌어지기 직전 미국 모습과 비슷하지 않니?"

"그러니까 일본의 주식과 부동산에도 대공황 때처럼 거품이 엄청나게 끼어 있었다는 말씀인가요?"

"그래. 그나마 주식이야 거품이 껴도 서민이 피해를 볼 일은 크게 없지. 집 없는 서민들은 집값이 턱없이 오르는 바람에 큰 고통을 겪었단다. 평범한 직장인이 월급만 받아서는 백 년 동안 저축해도 집을 살 수 없는 지경이었어. 그나마 집으로 큰돈을 벌었다는 사람도 알고 보면 대부분 은행에 막대한 빚을 졌지."

"일본 정부는 그걸 내버려 뒀어요?"

"그건 아냐. 일본 정부도 부동산의 거품이 너무 심하다고 생각했어. 그래서 1991년 금리를 다시 올리고, 은행에는 더 이상 부동산을 살 때 대출을 해 주지 말라고 명령했어. 근데 이 조치가 그만 재앙을 불러오고 말았단다."

"재앙이라니요?"

"이미 말도 안 되는 가격까지 치솟은 부동산 가격이 정부의 규제와 함께 떨어지기 시작한 거야. 대출이 금지됐으니 부동산을 살 사람이 없고, 살 사람이 없으니 가격이 떨어졌지. 그런데 가격이 떨어지는 물건을 누가

▲ 뉴욕의 록펠러 센터 뉴욕 맨해튼 한복판에 있는 초고층 빌딩이야. 뉴욕을 상징하는 건물 중 하나였는데, 1989년 일본의 미쓰비시 그룹이 이 건물을 구입해 많은 미국인에게 충격을 안겼지.

사겠니? 결국 악순환이 시작됐어. 살 사람이 없으니 가격이 떨어지고, 가격이 떨어지니 살 사람이 없고……."

"헐, 그럼 이제 어떻게 되는 건가요?"

"돈을 빌려 주식과 부동산에 투자한 사람들이 망하고, 그러자 돈을 빌려준 은행이 망했어. 은행이 망하자 은행에 돈을 맡겨 둔 사람과 기업이 망하고…… 부동산 규제가 시작된 1991년부터 10년 사이 일본의 부동산 가격은 3분의 1까지 폭락했단다. 일본 주가도 반 토막

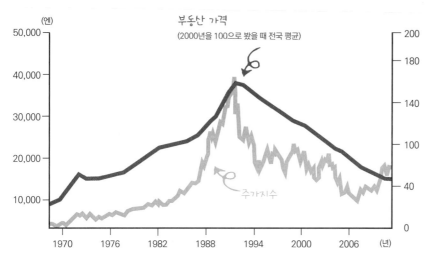

부동산 가격
(2000년을 100으로 봤을 때 전국 평균)

주가지수

▲ 일본 주가와 부동산 가격 변화

이 났지. 그리고 기나긴 불황이 시작됐어. 1990년 이후 30년이 다 돼 가는 요즘도 일본은 30년 전의 경제 발전 속도를 회복하지 못했단다. 특히 2000년까지 10년 동안 불황이 매우 심각했기 때문에 이 10년을 일본의 '잃어버린 10년'이라고 불러."

"쩝, 끝없이 잘나가던 일본 경제가 완전히 성장을 멈춘 거네요."

"하하. 그래도 한때 미국을 넘봤던 경제적 역량이 어디 가진 않았어. 30여 년 동안 경제 성장률이 제자리라고 해도 일본은 아직도 세계에서 다섯 손가락 안에 드는 경제 대국이야. 다만 문제는 불황이 오래 지속되면서 사회 전체에 활력이 사라지고, 사이비 종교나 과격한 사상에 빠져드는 사람이 늘어

▲ 일본의 빈집 부동산 거품이 한창일 때 마구잡이로 지었던 집들 중 상당수가 주인 없는 집으로 남았어. 일본 전역에 800만 채의 빈집이 있어서 사회적 문제가 되고 있지.

난 거야. 요새는 일본 제국 시절을 미화하는 움직임이 점점 거세지고
있지."

"정말요? 그게 무슨 의미예요?"

"그건 다음 시간에 다시 이야기하자꾸나. 오늘도 다들 고생 많
았어!"

 용선생의 핵심 정리

일본은 1980년대까지 고속 성장을 이어 갔으나 1985년 플라자 합의 이후 부동산
과 주식 시장에 거품이 만들어지고, 1991년 이 거품이 꺼지며 장기 불황을 겪고
있음.

나선애의 정리노트

1. 경제 기적을 이룬 아시아의 여러 나라

- 일본이 저임금과 기술력을 발판으로 세계적인 경제 강국으로 부상함.
  - → 우리나라, 타이완, 홍콩, 싱가포르도 일본의 정책을 좇아 크게 성장함.
- 중국은 덩샤오핑의 개혁 개방 정책 이후 경제가 크게 성장함.
  - → 경제특구를 설치해 외국인의 투자와 경제 활동을 허용함.
  - → 풍부한 저임금 노동력 덕에 세계 제조업의 중심이 되며 세계의 공장이라 불림.

2. 급격한 경제 성장을 이룬 중국의 그림자

- 정치적으로 공산당 독재 체제가 강화되고 정치적 자유는 억압당함.
- 경제적으로는 지역 간 개발 불균형과 심각한 빈부 격차에 시달림.
  - → 인건비가 오르며 동남아시아에 경쟁력을 빼앗기고 있음.
- 중국의 심각한 환경 오염은 전 지구적인 문제가 됨.

3. 일본의 잃어버린 10년

- 미국과 플라자 합의로 환율 조정에 합의함.
- 일본은 달러 가치가 내려가자 저금리 정책을 실시하며 수출 흑자를 이어 감.
  - → 국내에서는 주식과 부동산 가격이 폭등하며 거품이 낌.
- 정부가 1991년부터 금리를 다시 올리고 대출 규제를 시작함.
  - → 거품이 꺼지며 '잃어버린 10년'이라는 불황이 시작됨.

01 1960년대 일본의 경제 성장에 대한 설명으로 옳지 않은 것은? ( )

① 풍부한 지하자원을 바탕으로 제조업이 발달했어.
② 저임금 평생 고용 체제로 수출 경쟁력을 갖춰 나갔지.
③ 정부가 적극 나서 학문과 기술 발전에 많은 투자를 했어.
④ 한국 전쟁과 미국의 지원 덕분에 경제 성장을 비교적 일찍 이룰 수 있었어.

02 다음 빈칸에 들어갈 인물의 이름을 써 보자.

마오쩌둥의 뒤를 이어 중국의 최고 지도자가 된 ○○○○은/는 1978년에 개혁 개방 정책을 실시했어. '검은 고양이든 흰 고양이든 쥐만 잘 잡으면 된다.'는 실용주의 정책으로 중국의 경제를 크게 성장시켰지.

(   )

03 다음 삽화 속 국가들의 공통점으로 옳은 것은?　　　　　( )

① 경제 성장 과정에서 국민을 억압하는 독재 정권이 들어섰지.
② 놀라운 경제 성장을 이뤄 아시아의 네 마리 호랑이라 불렸어.
③ 유럽과 미국에서 보호 무역을 실시한 덕분에 경제가 성장했어.
④ 임금 수준을 높여 우수 인재를 키운 게 경제 성장의 비결이야.

04

다음 지도를 보고 중국에 대해 올바르게 추론한 것은?　(　　)

① 수도 베이징과 가까운 곳일수록 경제가 발전했을 거야.
② 해안 도시와 내륙 지역 간의 경제 격차는 심해졌을 거야.
③ 주요 기업 대부분은 중국 내륙 중심부에 위치해 있을 거야.
④ 경제 개방 덕에 외국인의 토지 매매와 소유가 자유로워졌을 거야.

05

다음 그래프를 해석한 내용으로 옳은 것은?　(　　)

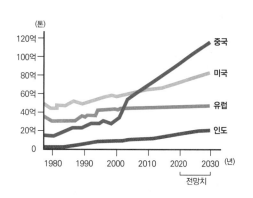

① 잦은 홍수로 사막화 문제는 해결됐을 거야.
② 중국의 환경 오염 문제는 예전보다 나아졌어.
③ 중국의 주변 국가만 대기 오염으로 고통받을 거야.
④ 중국은 제조업의 중심이 되며 세계의 공장으로 떠올랐어.

06

일본 경제에 대한 설명으로 옳은 것은?
　(　　)

① 1980년대 일본의 불황을 '잃어버린 10년'이라고 불러.
② 엔화 가치가 높아지자, 일본의 해외 부동산 투자가 줄어들었지.
③ 정부가 저금리 정책을 실시하자 국민들은 부동산 투자에 열을 올렸어.
④ 미국 달러의 가치가 높아지자, 일본의 수출 중심 기업은 큰 타격을 받았어.

• 정답은 298쪽에서 확인하세요!

중국 공산당이 궁금해?

중국은 공산당이 모든 정치를 도맡는 독재 국가야. 뉴스에서 흔히 말하는 '중국 정부'가 곧 공산당이지. 그래서 중국 공산당에 딸린 기구와 조직은 정부 조직과 매우 밀접하게 연결되어 있어. 자, 그러면 지금부터 중국 공산당이 어떤 조직을 거느리고 있는지 하나씩 살펴보도록 하자.

▲ 중국 공산당 전국대표대회

▲ 중국 공산당 깃발
농민과 노동자를 상징하는 낫과 망치가 그려져 있어. 붉은 바탕은 사회주의와 혁명을 의미한대.

중국 공산당의 전국대표대회

중국 공산당은 5년마다 전당대회를 열어. 이 전당대회를 '전국대표대회'라고 해. 줄여서 '당대회'라고도 부르지. 공산당원 중 약 3,000명 정도가 이 대회에 참석하는데, 당에 딸린 기관의 관계자, 각 지역의 당원 중에서 선출된 대표들이 참석해.

전국대표대회에서는 당의 중요한 정책을 토의, 결정하고 당의 규칙을 정해. 그뿐만 아니라 당을 대표하는 중앙위원회의 활동을 일일이 살피고, 위원회에서 일할 사람들을 뽑기도 하지. 전국대표대회는 중국 공산당이 창당된 1921년 이후 오늘날까지 열아홉 차례 열렸어.

공산당 권력의 핵심 중앙위원회

중앙위원회는 전국대표대회에서 뽑힌 약 370명의 위원이 활동하는 기관이야. 공산당에서 핵심 권력을 가진 곳으로, 당의 전반적인 활동을 지휘해. 또 상무위원회, 중앙정치국, 중앙군사위원회, 중앙서기처, 중앙기율검사위원회 등 국가를 통치하는 다양한 기관을 거느리고 있지. 중앙위원회의 대표자인 '총서기'는 중국 공산당의 대표로, 우리의 대통령에 해당해. 2012년부터 시진핑이 이 자리를 지키고 있지. 그렇다면 총서기는 어떤 과정을 거쳐서 선출될까?

먼저 370여 명의 중앙위원회 위원 중 25명이 모여서 '중앙정치국'을 구성해. 그리고 이 중에서도 핵심 인물 7명이 또다시 중앙정치국 '상무위원회'를 이룬단다. 바로 이 상무위원회의 상무위원 7명 중 1명이 공산당의 대표인 총서기 역할을 맡아. 즉, 상무위원 7명이 사실상 중국 공산당과 중국의 최고 권력자라 할 수 있어.

▲ 중국 공산당 권력 구조

7명의 상무위원은 5년마다 열리는 전국대표대회에서 선출하는데, 그동안은 '68세 이상이 되면 상무위원회에서 물러나야 한다.'는 불문율이 있어서 특정인의 독재를 막고 자연스러운 세대교체가 이루어졌지. 다만 최근에는 이 원칙이 흔들리는 추세라고 하는구나.

상무위원에는 보통 중국 공산당에서 주요 직책을 맡은 사람이 선출되는 경우가 많아. 그중에서도 중국의 군대인 '인민 해방군'을 통솔하는 '중앙군사위원회 주석'은 반드시 상무위원에 포함되고, 지금까지는 주석이 총서기를 함께 맡으며 중국을 대표하는 국가 지도자 역할을 하는 경우가 많았어. 마오쩌둥 등 역대 중국 공산당의 지도자가 총서기와 주석을 겸했지.

그런데 실제 중국의 권력 구조를 살펴보면 중앙위원회의 '총서기' 자리는 남에게 넘긴 채 '중앙군사위원회 주석' 지위만으로 실권을 차지하는 경우도 많았어. 대표적으로 중국의 개혁 개방을 이끌었던 덩샤오핑은 중국의 최고 지도자로 실권을 휘둘렀지만, 공식적으로는 주석 자리만 차지한 채 총서기에는 측근을 내세웠지. 그래서 중국의 최고 지도자를 보통 'ㅇㅇㅇ 주석'이라고 부르는 거야.

▲ 공산당 전국인민대표
대회에서 연설하는 시
진핑 주석 시진핑은 중앙위
원회 총서기로 당의 전반적 활
동을 총괄하고, 군사위원회 주
석으로 군대를 통솔하지.

▲ 인민대회당 매년 3월 전국인민대표대회가 열리는 건물이야.

중국 최고 권력 기관 전국인민대표대회

전국인민대표대회는 중국의 입법부, 행정부 역할을 도맡는 곳이야. 중국 '공산당'에서 가장 높은 기관이 공산당 전국대표대회라면, 중국 '정부'에서 가장 높은 기관은 전국인민대표대회라고 할 수 있지.

중국의 각 성과 자치구에서 우리나라의 지방 의회 격에 해당하는 '인민대표회의'를 구성해, 여기에서 전국인민대표회의에 나갈 사람을 뽑아. 뽑힌 사람은 5년간 활동하고 전체 인원은 대략 3,000명 정도 된대. 공산당원이 아니어도 선출될 수는 있지만, 전국인민대표회의는 공산당의 지도를 받도록 규정되어 있어서 사실상 중국 공산당의 영향력 아래 있다고 할 수 있지.

전국인민대표대회는 헌법과 법률을 수정하거나 제정하고 높은 자리에서 업무를 이끌어 갈 일꾼들을 뽑아. 그리고 국가 예산을 심의하고 나라의 경제, 사회와 관련된 정책을 결정하고 집행하기도 해.

중국의 원동력 공산당원

지금까지 설명한 국가 기구에서 활동하는 사람은 대부분 공산당원이야. 그런데 중국 공산당원은 2017년 기준 약 9000만 명으로, 전체 중국 인구의 약 6퍼센트에 불과해. 그나마 1921년 중국 공산당이 창당됐을 때 당원은 57명에 불과했는데, 그때에 비하면 그 수가 어마어마하게 늘어난 거란다. 당원 수가 이렇게 적은 이유는 공산당에 입당하기 위해서는 엄청나게 까다로운 절차를 거쳐야 하기 때문이야.

중국 공산당에 입당하려면 일단 두 명 이상의 공산당원 추천을 받아야 해. 추천을 받은 당원 희망자는 당의 엄격한 심사를 거쳐 자격이 인정되어야 비로소 입당 희망서를 쓸 수 있지. 그리고 몇 년간 본격적으로 사회주의와 당원 교육을 받아. 공산당과 관련된 토론회, 지역 당 위원회 행사에 적극적으로 참여해 자신의 능력과 사회주의에 대한 이해력, 당에 대한 충성심을 증명해야 하지. 이 과정에서 입당 원서를 낸 대다수가 탈락하고, 남은 소수의 사람만이 공산당원이 된단다.

▲ 공산당 행사에 참여한 공산당원

당원이 된 사람은 어려운 절차를 통과한 만큼 많은 혜택을 받아. 취직과 승진에서 당원이 아닌 사람보다 많은 가산점을 받을 뿐 아니라, 봉급도 큰 차이가 나지. 사업을 할 때도 마찬가지야. 그리고 능력

▲ 공산주의를 학습하는 학생들 입당을 희망하는 사람들은 철저한 사회주의 교육을 받아야만 입당 지원서를 낼 자격을 갖출 수 있어.

만 있다면 당의 고위 관직에 진출해 나라를 좌지우지할 수도 있어. 모두 다 중국이 일당 독재 국가이기 때문에 가능한 일이지. 그 덕분에 최근 능력이 뛰어난 학생과 부유한 자본가의 공산당 가입이 크게 늘었단다.

반면 마오쩌둥과 함께 중국을 사회주의 국가로 이끈 일등 공신인 농민과 노동자의 가입 비율은 크게 떨어졌어. 실제로 최근 공산당에서 노동자와 농민의 비율은 40퍼센트도 채 되지 않는대. 그래서 가난한 농민과 노동자를 위하던 공산당이 어느새 권력을 탐내는 엘리트주의 정당으로 변했다는 비판의 목소리도 적지 않단다.

일본을 일으킨 효자 상품

한국 전쟁 이후 일본은 근면한 노동자와 탄탄한 내수 시장, 정부의 적극적인 투자에 힘입어 급격한 경제 성장을 거듭했어. 가격은 저렴하지만 품질이 뛰어난 일본 상품은 곧 전 세계인을 사로잡았고, 이는 일본이 세계 제2위의 경제 대국으로 도약하는 발판이 되어 주었지. 일본 경제는 잃어버린 10년으로 불리는 장기 불황과 한국과 중국 같은 후발 주자의 성장으로 휘청거렸지만, 일본산 제품은 여전히 세계 시장에서 이름값이 높아.

한때 세계를 주름잡았던 일본 전자 제품

일본을 경제 대국으로 만든 일등 공신은 제조업이었어. 특히 1970, 80년대에 텔레비전, 비디오 플레이어 같은 영상 가전과 세탁기, 냉장고 같은 생활 가전에서 두각을 드러냈지. 노트북 컴퓨터도 일본 제품이 최고의 인기였어.

사실 초창기 일본에서 만든 전자 제품은 미국이나 유럽의 제품보다 질이 좋지 않았어. 일본의 기술자들은 미국과 유럽 제품을 철저하게 분석하고 해외에서 기술을 배워 오는 등 노력을 기울인 끝에 품질이 뛰어난 제품을 생산해 냈어.

SONY
Panasonic
SHARP
▲ 일본에서 탄생한 세계적인 전자 기업들

▲ 1982년 미국 시카고에서 열린 국제 가전제품 박람회에 소개된 소니 텔레비전

일본의 대표 전자 제품 업체인 소니는 1979년 휴대용 카세트 재생기인 '워크맨'을 개발해 엄청난 인기를 끌었어. 지금까지 팔린 개수가 1억 대가 넘는다고 하니, 그 인기를 짐작할 수 있겠지?

그 밖에도 소니는 텔레비전, 캠코더, 휴대용 컴퓨터 등 다양한 제품을 내놓았고, 같은 일본 기업인 샤프와 파나소닉도 잇따라 제품을 출시하면서 세계 시장을 장악했어. 냉장고와 세탁기 등 생활 가

▲ 도시바 T1100 1985년에 개발된 세계 최초의 노트북 컴퓨터야. '노트북 컴퓨터'는 원래 도시바의 상표였는데 워낙 인기가 좋다 보니 '휴대용 컴퓨터'를 가리키는 말로 굳어졌지.

전 시장에서도 일본 제품은 큰 인기를 끌었지.

일본에서 만든 전자 제품은 디자인은 물론 제품 그 자체의 품질도 훌륭했어. 2000년대까지 일본 기업에서 만든 전자사전이나 CD 플레이어는 학생들에게 최고의 선물이었지. 비록 지금은 한국과 중국의 추격으로 왕좌를 내준 상태지만, 여전히 일본 전자 제품은 세계 시장에서 큰 비중을 차지한단다.

경제 성장의 화룡점정, 자동차

일본은 자동차 산업에서도 세계적인 위상을 가지고 있어. 대표적 자동차 기업인 도요타와 혼다가 판매량만으로 세계에서 다섯 손가락 안에 들 뿐만 아니라, 뛰어난 기술력으로 시장을 선도했거든. 그래서 세계 어디에서나 일본 자동차를 쉽게 만날 수 있단다.

원래 자동차 시장은 미국과 유럽이 장악했지. 근데

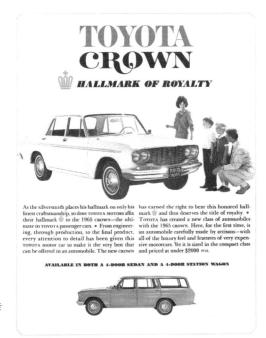

▶ 도요타 자동차 광고 일본 자동차는 가격이 저렴하고 실용성이 높아 석유 파동 이후 판매량이 크게 늘었어.

1970년대 석유 파동 이후 석유 가격이 많이 오르자 일본의 자동차 수출량이 급격히 상승했어. 일본 자동차는 가격이 저렴하고 튼튼할뿐더러, 같은 양의 연료라도 더 먼 거리를 운행할 수 있었거든. 이후 일본 자동차는 가격 대비 성능이 우수하다는 평가를 받으며 승승장구했어. 실용성 있는 차량부터 고급 세단까지 각양각색의 자동차가 등장해 세계 시장에서 돌풍을 일

▲ 도요타에서 출시한 코롤라 코롤라는 도요타가 내놓은 자동차야. 1966년 첫 출시 이후 오늘날까지 전 세계에서 큰 인기를 끌고 있지. 코롤라는 40여 년 동안 평균적으로 40초에 한 대꼴로 팔렸대.

TOYOTA
HONDA
SUZUKI

▲ 일본 자동차 브랜드 도요타, 혼다, 스즈키는 일본 자동차 기업으로 오늘날 세계 자동차 시장을 석권하고 있어.

으켰지. 이 돌풍은 최근까지 이어져서 도요타는 2010년대 초반 폴크스바겐, 제너럴 모터스 등 유럽과 미국의 유명 기업을 추월해 세계에서 가장 많은 자동차를 판매하기도 했어. 오늘날 일본 자동차 기업들은 석유와 전기를 동시에 연료로 사용하는 하이브리드 카 기술로도 세계 최고의 자리를 차지하고 있대.

세계인을 사로잡은 일본 대중문화

일본 하면 빼놓을 수 없는 게 바로 애니메이션과 게임이란다. 아마 너희들이 좋아하는 애니메이션과 게임 중에도 일본에서 만든 게 하나쯤은 있을 거야.

일본 애니메이션 시장은 1960년대 〈철완 아톰〉의 등장과 함께 성장했어. 아톰은 일본에서 무려 40퍼센트가 넘는 시청률을 기록했고, 미국으로 수출되어 큰 인기를 누렸지. 그 밖에도 〈미래 소년 코난〉, 〈은하철도 999〉, 〈베르사유의 장미〉 등 각양각색의 애니메이션이 제작되어 전 세계에 방영됐어. 일본 애니메이션은 다양한 소재와 뛰어난 연출, 흥미로운 극 전개로 전 세계 어린이들을 사로잡았지. 1990년대에는 〈슬램덩크〉, 〈드래곤볼〉 같은 잡지 만화의 폭발적인

▲ 〈철완 아톰〉 우리나라에는 '우주 소년 아톰'이란 이름으로 알려졌어. 일본 애니메이션의 상징적인 작품이지.

인기에 힘입어 애니메이션 시장도 크게 성장했어. 인기 캐릭터는 장난감이나 학용품으로도 만들어 애니메이션과는 별도로 큰 수익을 올렸지.

게임 역시 애니메이션 못지않게 전 세계에서 이름을 떨쳤어. 1980년대 일본 게임 회사 닌텐도에서 내놓은 비디오 게임기 '패미컴'이 히트했거든. 덩달아 패미컴의 게임인 〈수퍼 마리오 브라더스〉와 〈드래곤 퀘스트〉도 인기를 누렸지.

▲ 슈퍼 마리오 분장을 한 일본 총리 2016년 리우 올림픽 폐막식의 한 장면이야. 일본의 아베 총리는 2020년 도쿄 올림픽을 홍보하기 위해 일본의 유명 게임 캐릭터로 분장해 등장했어.

이후 닌텐도는 휴대용 게임기인 '닌텐도 DS', 'wii'를 출시하며 세계적인 게임 회사로 거듭났어. 닌텐도의 성공에 소니 역시 비디오 게임기 '플레이스테이션'을 출시했고, 게임을 전문적으로 다루는 회사도 속속 세워졌지.

이들은 단순한 조작법, 쉽지만 재미있는 줄거리를 가진 게임을 제작해 크게 성공을 거두었단다. 심지어 〈디지몬 어드벤처〉, 〈요괴 워치〉 등 일부 인기 게임은 애니메이션으로도 제작됐어. 특히 닌텐도의 게임 〈포켓몬스터〉는 애니메이션으로 출시되자마자 세계적으로 인기를 끌었고, 〈타임스〉에서 인기를 집중 분석한 특집 기사를 내보내기도 했단다.

▲ '슈퍼 마리오' 시리즈

▲ 닌텐도의 비디오 게임기 패미컴

4교시

세계화 시대의
빛과 그림자

⋮

냉전 이후 세계 최고의 강대국 미국은 세계를 감시하는 '세계
경찰'을 자처했지. 한편으로는 정보 통신 기술과 교통의 발달에
힘입어 전 세계가 실시간으로 소통하는 세계화 시대가 열렸어.
하지만 급속한 세계화가 가져온 문제는 생각보다 심각했단다.
오늘은 세계화 시대에 우리가 마주한 여러 문제를 살펴보자.

뉴욕 맨해튼.
9.11 테러 희생자를 추모하기 위해 세계 무역 센터를
형상화한 두 줄기의 빛을 하늘로 쏘아 올리고 있어.

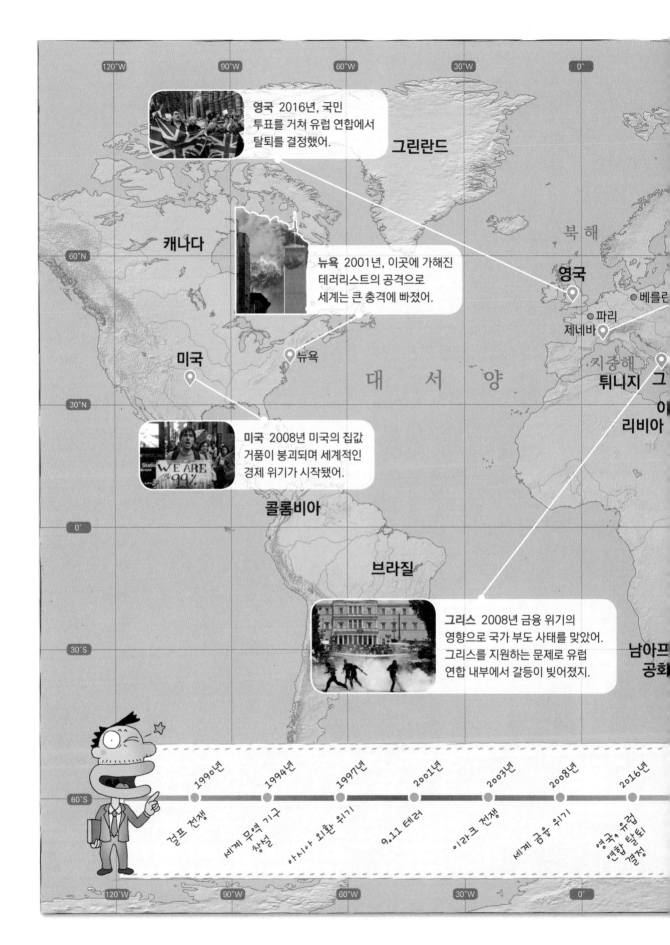

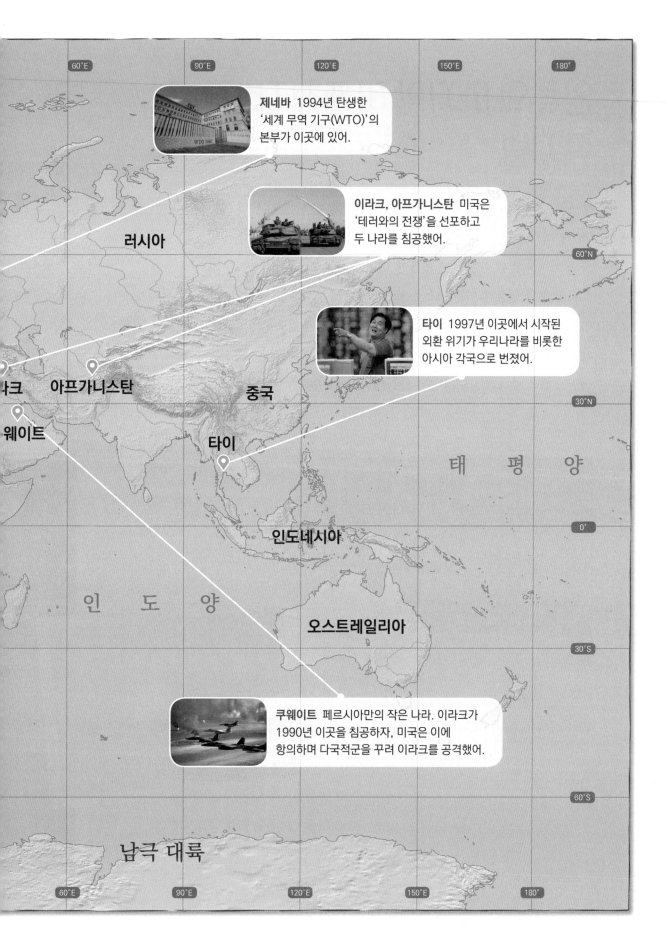

인류의 마지막 미개척지
극지방

북극점부터 북위 66도까지를 북극권, 남극점부터 남위 66도까지를
남극권이라고 해. 지구의 양 끝에 자리 잡은 두 지역은 사람이
살기 어려운 추위 때문에 오랫동안 미지의 세계였어. 한겨울에
북극권 평균 기온은 영하 35도, 남극권은 영하 55도까지 내려가지.
하지만 여러 연구 결과 이들 지역에 수많은 자원이 있음이 밝혀지며
세계의 주목을 받았어. 지구 온난화로 빙하가 녹기 시작한 이후로는
예전보다 접근이 수월해지면서 관심이 더욱 뜨거워지고 있단다.

▶ 북극의 수도 트롬쇠 노르웨이에
있는 북극권 최대 도시로 인구는 약 7만 명
이야. 북극 이사회 상설 사무국이 있어 '북
극의 수도'라고 부르지. 난류 덕분에 북극권
인데도 한겨울 기온이 우리보다 조금 낮은
정도야.

▲ 다산 과학 기지 우리나라의 북극 연구소.
북극이 지구 환경에 미치는 영향과 북극의 생물, 환
경, 자원을 연구하지.

새로운 자원의 보고 북극

북극권에는 여러 국가들의 영토가 포함되지만, 한반도의 약 55배 면적에 달하는 북극해가 대부분을 차지해. 해저에는 각종 광물 자원뿐만 아니라 많은 양의 석유와 천연가스가 묻혀 있대. 각 국가의 영해에 속하지 않은 북극해는 공동 수역이기 때문에 북극권 국가뿐만 아니라 세계 여러 나라가 북극해 개발을 위해 노력 중이야.

▲ **북극 이사회 회의 모습** 북극해에 영해를 갖고 있는 여덟 나라가 2년에 한 번 모여 북극의 중요 사안을 논의해. 북극 원주민 단체와 우리나라를 비롯한 12개 참관국도 회의에 참석한단다.

▲ **러시아 핵 추진 쇄빙선** 러시아는 북극해 개발에 매우 적극적이야. 그래서 세계에서 가장 많은 쇄빙선을 보유하고 있고, 최초로 핵 추진 쇄빙선도 만들었지.

북극을 둘러싼 갈등

북극의 가치가 높아지면서 영토와 자원을 둘러싼 여러 갈등이 일어나고 있어. 남극 대륙처럼 북극권도 인류 공동의 자원으로 보호해야 한다는 목소리가 높지.

▲ 한스섬 북극 항로의 주요 길목에 있는 작은 무인도로 그린란드와 캐나다 사이에 있어. 덴마크와 캐나다는 이 섬을 두고 영유권 분쟁 중이야.

▲ 북극해 자원 개발 반대 시위 환경 파괴를 우려해 자원 개발을 반대하는 사람도 많아.

전통문화를 지키며 사는 북극 사람들

북극 지역은 대부분 바다로 이루어져 있어 남극 대륙보다 상대적으로 덜 추워. 그래서 다양한 동식물이 살 뿐 아니라 아주 오랜 옛날부터 유목과 수렵을 하며 살아온 원주민도 있지. 오늘날에도 많은 원주민 부족은 북극에서 전통문화를 지키며 계속 삶을 이어 가.

▶ 수아삿 고기를 끓여 소금, 후추로 간단히 간을 한 수프야. 북극 지방에 사는 물개, 고래, 순록 등 고기 종류가 매우 다양해.

▶ 머딱 고래 고기를 잘게 잘라 생으로 먹는 음식이야. 비타민이 풍부해 채소를 먹기 힘든 북극 원주민에게는 필수지.

▲ 이누이트 주로 북아메리카 북부에 많이 살아. 캐나다이 이누이트는 1999년부터 자치주를 이루고 있어.

▲ 북극 사람들의 소중한 보물 순록 북극에서 순록은 우리나라의 소와 같아. 북극 사람들은 순록이 끄는 썰매를 타고 순록으로부터 가죽과 고기, 우유를 얻지. 요즘에는 관광 상품으로 인기가 높아.

가장 추운 미지의 땅 남극 대륙

남극권 대부분은 남극 대륙이 차지해. 한반도 면적의 약 70배에 달하는 남극 대륙은 대부분 두꺼운 빙하로 뒤덮여 있어. 1961년 남극 조약이 맺어진 이후 남극은 그 어느 나라도 소유권을 주장할 수 없게 됐고, 이곳에서는 평화적 목적의 과학 연구만 가능하지. 우리나라를 포함해 30개국의 극지 연구소가 남극에 진출한 상태야. 1965년부터는 일반인도 여름에 남극 관광이 가능하지.

▲ 아문센 스콧 남극 기지 남극점과 가장 가까운 곳에 위치한 미국의 남극 기지. 남극 탐험가였던 로알 아문센과 로버트 스콧의 이름을 따다 붙였어.

▼ 남극에서 온천을 즐기는 관광객 남극에서도 활화산, 온천 등 다양한 자연환경을 즐길 수 있단다.

▼ 남극점의 풍경 남극점에는 남극 조약에 참여한 최초 12개 국가의 국기가 꽂혀 있어. 남극이 그 어느 나라의 땅도 아니라는 걸 상징하는 모습이지. 오늘날 조약 가입국은 53개국으로 늘었어.

◀ 황제 펭귄 남극 대륙은 너무 추워서 생물이 거의 살지 않아. 황제 펭귄은 남극에 사는 몇 안 되는 생명체 중 하나야.

세계 경찰
미국이 등장하다

"근데 '세계 경찰'이라니, 그게 무슨 소리예요?"

용선생의 설명을 듣던 곽두기가 어리둥절한 표정을 지었다.

"말 그대로 세계 어디든 싸움이 벌어지거나, 평화를 어지럽히는 나라가 생기면 경찰처럼 출동하겠다는 뜻이야."

"세계 어디든 출동한다고요?"

"응. 실제로 1990년에 세계 경찰을 자처하던 미국의 레이더망에 큰 사건이 하나 걸려들었어. 서아시아의 이라크가 이웃 나라 쿠웨이트를 침공한 거야."

"쿠웨이트가 어딘데요?"

"쿠웨이트는 페르시아만에 있는 작은 나라야. 쿠웨이트는 석유가

▲ 사담 후세인 (1937년
~2006년) 25년간 이라크를
독재한 대통령. 이란과 10년
간 전쟁을 벌였고, 그 뒤 쿠웨
이트를 공격해 걸프 전쟁을
일으켰어.

▲ 쿠웨이트 쿠웨이트의 수도야. 이라크, 사우디아라비아 등 주변 나라를 연결하는 중계 무
역 기지로 번영을 누리지.

풍부하고, 페르시아만에서 이라크로 통하는 주요 해안 교역로가 지
나기 때문에 중계 무역으로 큰 부를 쌓았어. 그래서 오래전부터 이라
크가 눈독을 들였지. 하지만 쿠웨이트는 영국, 미국 같은 강대국과
친하게 지내며 이라크의 위협을 피했단다.”

“근데 이라크는 갑자기 뭘 믿고 쿠웨이트를 공격했나요? 미국이 있
는데도 말이죠.”

“이라크의 독재자 후세인은 미국이 쿠웨이트 문제에 끼어들지 않
을 거라고 착각했어. 이라크는 대표적인 반미 국가인 이란과 10년 동
안이나 전쟁을 치르며 줄곧 미국의 지원을 받았거든. 이라크는 이 전
쟁으로 엄청난 빚더미에 올라앉았어. 이라크는 그동안 미국과 잘 지
냈으니, 쿠웨이트를 침략해 경제적 이익을 보는 정도는 미국이 눈감
아 주리라고 예상했지.”

 용선생의 세계사 돋보기

전쟁의 원인은 이란 혁명이
었어. 혁명 이후 이란이 시아
파 이슬람교를 따르는 원리
주의 국가로 거듭나자 이라
크 내부의 시아파들이 반란
을 준비했어. 이라크는 이 움
직임을 잠재우기 위해 이란
을 공격했지.

▲ 다국적군 이집트, 프랑스, 오만, 시리아, 쿠웨이트군이 함께 힘을 모아 이라크 침공에 맞서 싸웠어.

"그런데 그 예상이 빗나간 거군요."

"맞아. 미국은 우방인 쿠웨이트를 포기할 생각이 전혀 없었어. 그래서 즉시 국제 연합을 통해 이라크의 침략을 강하게 비판했지. 하지만 후세인은 미국이 쳐들어오면 베트남 전쟁의 실패를 다시 맛보게 해 주겠다며 오히려 큰소리를 쳤단다. 실제로 이라크는 백만 명이 넘는 육군에 강력한 탱크 부대, 수백 대의 전투기로 무장하고 있어서 쉽게 얕볼 수 없는 나라였지."

"그럼 미국도 섣불리 나설 수 없겠는데요."

"미국은 베트남 전쟁과 같은 실수를 반복하지 않기 위해 신중하게 움직였어. 1991년, 미국은 먼저 국제 연합에서 다국적군을 꾸렸어. 다국적군에는 미국 이외에 세계 32개 나라가 참여했지. 영국이나 프랑스, 우리나라처럼 원래 미국과 동맹을 맺었던 나라는 물론이고, 체코슬로바키아나 헝가리처럼 냉전 기간 내내 미국과 대립했던 나라도

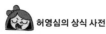

허영심의 상식 사전

다국적군 세계 평화를 지키기 위해 두 나라 이상이 함께 꾸린 군대를 말해. '평화 유지군'과는 달리 국제 연합 총회를 거치지 않고 안전 보장 이사회의 결의만 있어도 만들 수 있어. 파병 비용은 참여한 나라가 각자 부담하고, 국제 연합의 직접적인 감독도 받지 않아.

다국적군에 참여했단다. 심지어 이집트와 시리아 같은 서아시아 국가도 있었어. 하지만 이 중에서도 미군의 비중이 가장 컸고, 다국적군 총지휘도 미군이 맡았지.”

“우아, 미국이 수십 개 나라의 대장이나 다름없네요. 그래서 다국적군이 바로 쿠웨이트로 달려가서 이라크군을 공격했나요?”

“아니. 근데 막상 미국이 걸프 전쟁에 끼어들자 세계는 깜짝 놀랐어.”

“왜요? 무슨 일이 있었는데요?”

“미국은 첫날부터 온갖 최첨단 무기를 꺼내 들어서 이라크를 몰아붙였어. 레이더에 잡히지 않는 스텔스 전투기, 적의 미사일을 공중에서 산산조각 내는 패트리어트 미사일, 원하는 목표물만 정확히 찾아가 파괴하는 유도 미사일 같은 기상천외한 무기가 등장했지. 여기에 미국 방송사들은 이라크로 출동해 전쟁 상황을 TV로 생생하게 중계했단다. 그래서 전 세계가 마치 게임이나 운동 경기를 보는 것처럼 전쟁을 구경할 수 있었어.”

“헉, 전쟁을 게임처럼 구경하다니…….”

“게다가 미국은 전쟁을 시작한 뒤에도 한 달 반 동안 단 한 명의 군인도 이라크에 들여보내지 않았어. 섣불리 많은 군인을 보냈다가 큰 인명 피해를 보았던 베트남전 같은 실패를 막으려 했던 거야. 공군 폭격기와 미사일이 이라크 전역을 완전히 쑥대밭으로 만들고, 이

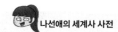

나선애의 세계사 사전

걸프 전쟁 1990년 이라크가 쿠웨이트를 침공하여 벌어진 전쟁이야. 이라크 앞바다의 페르시아만을 영어로 '걸프(Gulf, 만)'라고 부르는 데에서 유래했지.

▲ 걸프 전쟁

▲ F-117 걸프 전쟁 때 활약한 세계 최초의 스텔스 전투기야. 적의 레이더에 잡히지 않는 최첨단 기능을 앞세워 이라크의 발전소를 파괴하는 등 크게 활약했지.

라크군이 저항할 힘을 잃은 후에야 미군이 등장했지. 이라크군은 미군이 국경을 넘은 지 일주일이 채 안 돼서 무릎을 꿇었어.”

“일주일 만에 전쟁이 끝나요? 정말 엄청나네요.”

장하다가 입을 쩍 벌렸다.

“걸프전은 미국의 군사력이 얼마나 막강한지 증명했어. 이제 세계의 그 어떤 나라도 미국과 맞서 싸울 생각조차 할 수 없게 됐지. 미국도 베트남전에서 잃어버린 자신감을 회복했어. 미국은 걸프전을 계기로 세계 구석구석의 문제에 더 적극적으로 끼어들기 시작했단다.”

“그래도 미국이 무턱대고 세계 곳곳의 일에 끼어들면 다들 싫어할 텐데요?”

“그래. 하지만 미국은 항상 ‘평화’나 ‘인권’ 같은 인류 공통의 가치를 앞세웠어. 예컨대 독재자가 등장해 시민을 괴롭히거나, 내전으로 민간인 학살이 벌어지면 팔을 걷고 뛰어들었지. 또 핵무기나 화학 무기처럼 대량 살상 무기를 몰래 개발하려는 나라가 있으면 그냥 내버려 두지 않았어. 미국은 꼭 경찰처럼 자신들이 판단하기에 ‘불량한 국가’를 혼내 주는 역할을 맡은 거야.”

“근데요, 미국은 왜 그렇게 온갖 문제에 나서나요?”

“맞아요. 고맙긴 하지만 그냥 자기 나라 문제에만 신경 써도 될 텐데…….”

 허영실의 상식 사전

대량 살상 무기 한꺼번에 많은 사람을 죽일 수 있는 무기야. 독가스를 이용한 화학 무기, 세균을 이용한 생물학 무기, 핵무기를 비롯한 방사능 무기를 가리키지. 세 가지를 합쳐서 ‘화생방 무기’라고도 불러.

나선애의 말에 영심이도 한마디 보탰다.

"그건 세계의 질서를 지키는 게 미국에도 도움이 되기 때문이야."

"그게 무슨 말씀이시죠?"

"세계 최고의 경제 대국인 미국은 국제 무역이 활발해야 많은 이득을 봐. 그러니 자신들이 보기에 불량해 보이는 국가를 단속해서 미국이 주도하는 세계 무역에 참여하게 만들면, 결국 미국의 번영에 도움이 되지. 여기에 '미국은 세계의 질서를 지키는 나라'라는 좋은 이미지를 쌓을 수 있으니 외교적으로도 큰 이득이야. 게다가 서아시아의 이라크나 쿠웨이트 같은 나라에 영향력을 확대하면 귀중한 자원인 석유를 확보하는 데에도 도움이 돼."

핵을 포기한 나라, 핵을 가지려는 나라

◀ 핵 확산 금지 조약 가입국

| 공식적 핵 보유국 | 미가입국 | 탈퇴국 |

미국은 1970년부터 소련과 함께 '핵 확산 금지 조약(NPT)'을 만들어 핵무기 확산을 막으려 했어. 이 조약에 따라 이미 핵무기를 보유한 미국, 중국, 영국, 프랑스, 소련 이외에는 핵무기 개발이 금지되고, 핵무기를 보유한 국가는 핵무기가 없는 국가에 핵무기나 관련 기술을 제공하는 것이 금지됐지. 미국과 소련의 압력 때문에 우리나라를 비롯한 세계 대부분의 나라가 이 조약에 가입했어.

만일 이 조약을 무시하고 핵을 개발하려 든다면 곧장 국제 사회의 제재를 받게 돼. 제재를 이기지 못하고 결국 핵을 포기한 나라도 많아. 남아프리카공화국은 1977년 핵 실험에 성공했지만 미국의 제재를 견디다 못해 1991년 공식적으로 핵무기를 폐기했어. 리비아도 핵 실험을 시도하다 미국과의 교류가 끊기고 경제 제재가 시작되자 2003년 핵을 포기했지. 이란도 1979년 이란 혁명 이후 주변국과의 관계가 악화되면서 핵무기 개발에 돌입했다가, 2015년 미국과 합의를 맺고 개발을 중단했단다.

반면 온갖 압박에도 불구하고 쉽사리 핵무기를 포기하지 않는 나라가 있어. 대표적인 나라가 바로 북한이지. 북한은 소련이 해체되고 중국이 개혁, 개방에 나서자 정권을 지키기 위해 핵 개발에 시동을 걸었고, 핵 확산 금지 조약에서도 탈퇴했어. 이후 핵무기와 대륙간탄도미사일 개발에 성공하며 세계와의 교류가 거의 끊겼지. 하지만 정권을 지키기 위해 여전히 핵을 포기하지 않고 있단다. 최근 우리나라는 북한이 평화롭게 핵을 포기하는 길을 선택할 수 있도록 노력을 기울이고 있어.

▲ 북한 열병식에 등장한 장거리 미사일

북한은 국제 사회의 압박에도 핵을 포기하지 않고 오히려 장거리 미사일을 개발하며 미국을 위협하고 있어.

"그래도 당장 이득을 보는 건 아니잖아요."

왕수재가 미심쩍은 표정을 짓자, 용선생도 고개를 끄덕였다.

"그래. 수재 말에도 일리가 있어. 미국이 세계 경찰 노릇을 하며 쓰는 비용에 비하면, 이득이 당장 손에 잡히지는 않지. 게다가 걸프전이 터진 1990년대 초반에는 미국의 경제 상황이 그다지 좋지 않았어. 신자유주의 정책으로 경제에 잠시 활력이 돌긴 했지만 무역에서는 여전히 손해가 계속됐고 빈부 격차는 점점 커졌거든. 그래서 이 와중에 '세계 경찰' 역할에 나서겠다며 머나먼 외국에서 전쟁이나 벌이는 정부를 못마땅하게 여기는 국민도 많았단다."

"헤, 그럴 줄 알았어요. 저처럼 생각했다 이거죠?"

"응. 그리고 미군의 경찰 노릇이 늘 성공적인 것도 아니었어. 실제로 미국은 1993년, 국제 연합의 요청에 따라 아프리카의 소말리아 내

▲ 사우디아라비아에 주둔한 미군의 환영을 받는 오바마 대통령 미국 오바마 대통령이 사우디 국왕과 함께 미군의 사열을 받고 있어. 미군은 이처럼 중요한 자원이 많은 곳, 또 세계적인 전략 요충지에 주둔해 질서를 지키지.

▲ 소말리아 내전에 투입된 미군 헬기 미국이 파견한 헬기는 소말리아 모가디슈에서 추락했고, 90여 명의 특수 부대원이 죽거나 다치는 인명 피해를 봤어.

전에 군대를 파견했다가 크게 낭패를 봤어. 미군의 공격 헬기가 추락하는 바람에 90여 명의 특수 부대원이 죽거나 다쳤지. 이 사건 이후로는 미국이 세계 곳곳에 끼어드는 문제를 두고 국내에서도 불만이 더욱 커졌단다.”

“그럼 세계 경찰 노릇을 그만두라는 건가요?”

“그건 아니고, 세계 경찰 노릇도 좋지만 국내 경제에도 신경을 좀 써라 이거지. 빌 클린턴이라는 정치인이 이 문제를 아주 제대로 지적했어. 클린턴은 대통령 선거에서 경제를 강조하며 ‘문제는 경제야, 이 바보야!’란 구호를 내세웠거든. 클린턴은 압도적인 지지를 받아 대통령으로 당선됐단다. 국내 경제 문제를 심각하게 여긴 미국인이 그만큼 많았던 거야.”

 용선생의 핵심 정리

냉전 이후 미국은 세계 경찰을 자처하며 질서 잡기에 나섬. 걸프전에서는 압도적인 군사력으로 이라크를 압도했고, 이후 핵 확산 방지에 적극 나서는 등 국제 문제에 활발히 개입함. 그러나 경제 사정이 악화되며 ‘경제 활성화’를 내세운 클린턴 대통령이 당선됨.

세계화의 물결이 닥쳐오다

"경제 문제는 정말 어려운 거 같아요. 이게 벌써 몇 번째 위기람?"

"맞아요. 클린턴이라고 해서 해결할 수 있을까요?"

나선애가 한숨을 내쉬자 용선생은 빙그레 미소를 지어 보였다.

"클린턴은 나름의 해법을 가지고 있었단다. 바로 세계 시장의 문을 활짝 여는 것이었지."

"그게 무슨 뜻이에요?"

"당시 세계 각국은 각 나라의 사정에 맞게 여러 가지 무역 장벽과 법안을 만들었어. 예를 들어 자동차 산업이 약한 나라는 외국산 자동차에 높은 관세를 매기고, 영화 산업이 약한 나라는 영화관에서 국산 영화를 의무적으로 상영했지. 혹은 농민들이 값싼 외국 농산물에 밀

▼ 북미 자유 무역 협정 상징 미국, 멕시코, 캐나다 국기를 하나로 합친 모습이야.

▲ 자유 무역 협정에 서명하는 클린턴 대통령 빌 클린턴은 경제 문제를 앞세워 미국의 제42대 대통령으로 당선됐어. 그리고 세계화를 강력히 추진해 미국 경제에 큰 호황을 불러왔지.

려 파산하지 않도록 외국 농축산물의 수입을 막았어. 세계 시장의 문을 활짝 연다는 건 이런 무역 장벽과 규제를 없애고 기업인들이 자유롭게 무역을 할 수 있도록 한다는 뜻이란다.”

“그렇게 하면 미국한테 도움이 돼요?”

“응. 미국은 온갖 산업이 발전한 나라라서 그만큼 외국에 수출할 물건도 많거든. 지금껏 미국은 여러 나라의 무역 장벽 때문에 수출에 어려움을 겪는 경우가 많았어. 그래서 1992년에는 이웃한 캐나다, 멕시코와 북아메리카 자유 무역 협정을 맺어 북아메리카에서 무역 장벽을 없애고 공동 무역 시장을 만들었지. 유럽이 ‘유럽 연합’을 만들어 하나로 뭉친 것처럼 말이야.”

“아하, 북아메리카에서도 국경을 없애 경제적으로 이득을 보려고 했군요.”

“응. 클린턴 정부는 이렇게 국가 대 국가로 협상을 하는 데에서 한 걸음 더 나아갔어. 세계 모든 나라가 모든 산업 분야에서 진정한 ‘자유 무역’을 해야 한다고 주장했지.”

“우아, 그런 걸 어떻게 이루어요?”

“이미 발판은 있었어. 제2차 세계 대전 직후 ‘관세 무역 일반 협정’이 맺어졌잖니. 사실 이 협정을 기반으로 이후 수십 년 동안 꾸준히 자유 무역에 관한 논의가 진행되었단다. 그 결과 1990년대에 이르면 자동차나 철강처럼 역사가 오래된 산업 분야에서는 무역 장벽을 낮추기로 이미 국제적 합의가 이루어진 상태였지. 그런데 아직 이렇다 할 합의가 없는 산업 분야가 있었어.”

“어떤 산업인데요?”

허영심의 상식 사전

자유 무역 협정 FTA (Free Trade Agreement)라고도 해. 국가 간의 관세 등 무역 장벽을 없애거나 낮추는 협정이야.

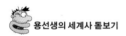
용선생의 세계사 돋보기

제2차 세계 대전 이후 세계 23개국이 참여해 맺은 기본 합의야. 14권 3교시를 다시 살펴보렴!

"이제 막 발전하기 시작한 신흥 산업이야. 대표적인 게 영화, 음악 같은 문화 산업이나 컴퓨터를 기반으로 한 정보 통신 산업이지. 그런데 이런 분야에서는 미국의 경쟁력이 매우 높았어. 미국에는 세계 최고의 영화를 만들어 내는 할리우드, 주요 정보 통신 기업이 밀집한 실리콘 밸리가 있으니까."

▲ 신제품을 발표하는 애플 공동 창립자 스티브 잡스
미국의 정보 통신 산업은 컴퓨터와 인터넷, 스마트폰 등 혁신적인 발명품을 잇따라 내놓으며 세계를 바꿔 놓았어.

"아하, 그런 분야에서 무역 장벽이 사라지면 미국한테 매우 유리하겠군요?"

"그렇지. 미국은 문화 산업과 정보 통신 산업뿐 아니라 미국의 경쟁력이 높은 다른 산업 분야에서도 적극적으로 세계의 문을 열어젖혔어. 각종 서비스업과 농업, 축산업에 이르기까지 사실상 모든 산업

▲ 미국 영화 산업의 메카 할리우드 할리우드에는 디즈니와 유니버설 스튜디오 등 유명 영화사가 밀집해 있어 '꿈의 공장'이라고도 불러.

▲ 세계 무역 기구(WTO) 본부 스위스의 제네바에 있어. 전 세계의 대표가 모여 수시로 회의를 열지.

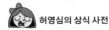
분야에서 자유 무역을 주장했단다. 그래서 1994년에는 미국의 주도로 '세계 무역 기구'가 만들어졌고, 이로써 세계의 무역 장벽은 한층 더 낮아졌지."

"근데 선생님, 무역 장벽을 낮추면 미국만 좋아지는 거 아녜요?"

"꼭 그렇지만은 않아. 다른 나라 기업 입장에서도 거추장스러운 법과 규제가 사라지면 예전보다 활동이 훨씬 수월해지거든. 물건을 만들기 위해 재료를 수입하기도 쉽고, 만든 물건을 수출하기도 쉬워져. 그래서 본사는 미국, 유럽에 있지만 중국이나 동남아시아처럼 임금이 싼 곳에 공장을 세우고 물건을 생산하는 기업이 늘어났지. 이런 기업을 '다국적 기업'이라고 해. 오늘날 우리가 알고 있는 대기업은 대부분 다국적 기업이야. 본사는 유럽에 있더라도 원료는 아프리카에서 수입하고, 물건을 만드는 공장은 아시아에 있는 식이지."

"그야말로 세계를 무대로 기업을 운영하는 거네요."

"맞아. 여기에 문화 산업의 장벽이 사라지면서 세계인이 같은 문화를 공유하게 됐어. 요즘은 미국 할리우드에서 만든 영화가 동시에 전 세계 영화관에 걸리고, 세계적인 인기를 끌고 있잖니? 또 우리나라의 아이돌 그룹이 미국과 유럽에서 선풍적인 인기를 끌고, 상을 받기도 하지."

"아하, 맞아요. 얼마 전에는 국제 연합에서 연설도 하던걸요."

▲ 빌보드 인기상을 수상한 방탄소년단(BTS)
요즘은 누구나 쉽게 외국 최신 음악을 곧바로 들을 수 있어. 지구 반대편에서도 우리나라 음악인 K-POP이 큰 인기를 누리고 있지.

"흐흐. 그래. 그리고 무역 장벽이 사라진 것 못지않게 중요한 게 교통과 통신의 발전이야. 요즘은 넉넉잡아 하루면 지구 반대편까지 쉽게 날아갈 수 있고, 굳이 직접 가지 않더라도 인터넷과 전화로 얼마든지 소식을 주고받을 수 있잖니. 그 영향으로 특히 발달한 산업이 바로 금융업이란다."

"금융업요?"

"응. 세계 각국의 무역 장벽이 낮아지고, 인터넷이 등장하면서 돈을 다루는 금융에서는 거의 모든 한계가 없어졌어. 컴퓨터만 있으면 뉴욕에 앉아서 단 몇 초 만에 우리나라나 일본의 주식 시장에서 주식을 사고팔 수 있거든. 그래서 요즘 전 세계의 주식 시장은 실시간으로 서로 영향을 주고받는단다. 저 멀리 유럽에서 일어난 주가 폭락이 미국을 거쳐 우리나라까지 영향을 주는 식이지."

"우아. 세계가 하나로 연결돼 있는 셈이군요."

"맞아. 그래서 요즘에는 '세계화 시대'가 열렸다는 말을 많이 쓴

▲ 워런 버핏 (1930년~)
미국의 금융 투자자야. 세계를 무대로 투자를 진행하는데, 성과가 매우 좋기로 유명하지. 2008년에는 세계 제일의 부자로 선정되기도 했어.

단다.”

“세계화 시대! 얘기는 많이 들었는데 대체 그게 뭔가요?”

“맞아요. 해외여행 가기 쉬워졌다는 뜻인가?”

장하다가 눈을 깜빡이며 물었다.

“흐흐. 단순히 그런 의미는 아니야. ‘세계화’란 우리가 국경을 넘어 세계 여러 나라 사람과 영향을 주고받으며 ‘하나의 세상’에서 살아가게 되는 현상을 말해.”

“하나의 세상에서 살아간다고요?”

“응. 우리가 대한민국에 살고 있다고 해도, 동남아시아에서 수입한 바나나를 먹고 중국에서 만든 스마트폰을 사용해 실시간으로 미국 드라마를 볼 수 있잖니? 또 인터넷으로 오스트레일리아의 영어 선생님에게 영어를 배울 수도 있고. 우리가 미처 느끼지 못했을 뿐, 우리는 이미 세계 사람들과 영향을 주고받으며 살아가.”

“선생님, 그런데 그렇게 전 세계가 서로 영향을 주고받으면 좋은

▲ 국가 정상 간 국제 화상 회의 인도 모디 총리와 러시아 푸틴 대통령이 화상 회의를 하고 있어. 세계화가 급속히 이루어지며 이렇게 시간과 공간의 제약을 넘어 화상 회의를 여는 장면도 매우 흔해졌지.

건가요?"

곽두기가 미심쩍은 얼굴로 물었다.

"좋은 점도 있고, 문제점도 있어. 일단 가장 중요한 건 평화를 지킬 수 있다는 거야. 세계 각국이 이렇게 밀접한 관계를 맺게 될수록 세계 대전 같은 사건이 일어날 확률은 점점 낮아지거든. 혹시나 국가 간 갈등이 생겨도 대화로 풀 기회가 많지."

▲ 쌀 개방 반대 시위 우리나라에서는 세계화와 함께 농업 분야가 개방되며 농민들이 적잖이 피해를 보고 있어. 그래서 이렇게 시장 개방에 반대하는 목소리가 높지.

"그것만 해도 정말 큰 이득이네요."

"그렇지? 여기에 세계화가 진행되면 나라마다 경쟁력 있는 산업이 더욱 활성화돼. 예를 들어 일본이나 우리나라의 자동차, 철강 기업은 세계를 무대로 활약하며 쭉쭉 성장할 수 있지. 반면에 미국은 경쟁력이 있는 정보 통신 산업이나 문화 산업, 금융업에서 특히 많은 이득을 보겠지. 그러니 결과적으로 세계화는 전 세계에 이득이 된다는 말씀."

"잠시만요. 그럼 경쟁력이 떨어지는 산업은 어떻게 되나요?"

용선생의 이야기를 듣고 있던 나선애가 손을 들며 물었다.

"날카로운데? 바로 그게 세계화의 문제점이란다. 예를 들어 세계화와 함께 우리나라의 농업과 축산업은 위기에 처했어. 경쟁에서 미국의 값싼 농산물과 축산물을 이길 수가 없었거든. 반면 미국의 자동차 산업도 아시아의 질 좋고 값싼 자동차에 밀려서 손해를 보긴 마찬가지였단다. 하지만 그나마 뭐라도 경쟁력 있는 산업이 있는 나라는 사정이 나은 편이야. 애초에 이렇다 할 산업이 발달하지 않은 나라는 어떻게 될까?"

"어라, 그러게요. 그냥 망하는 건가요?"

"기껏해야 원재료나 농산물을 헐값에 수출하는 역할에 만족할 수밖에 없지. 결론적으로 세계화가 이루어지면 이미 여러 산업이 많이 발전한 나라일수록 이득을 보는 거야. 다시 말해, 결국 미국이 가장 많은 이득을 보는 거지."

"쩝. 역시 미국이 세계화에 가장 앞장선 이유가 있었네요."

"여기에 문제가 또 하나 있어. 바로 금융업이란다."

"금융업이 왜 문제인데요?"

"금융업이 발달하면서 단기 이익만을 노리는 금융업자들이 늘어났어. 이들은 이익이 되겠다 싶으면 마구 투자를 하다가도, 손해를 보겠다 싶으면 냉정하게 투자금을 빼 가서 큰 문제를 일으키기도 했단다."

▲ 과테말라의 바나나 운반 기차 남아메리카에는 바나나 등 열대 과일 수출에만 의존하며 다른 산업을 키우지 못한 나라도 많아. 이런 나라를 가리키는 '바나나 공화국'이란 말까지 생겨났을 정도지.

"그게 문제가 되나요? 손해를 볼 거 같으면 돈을 빼는 게 맞는 거잖아요."

"그야 그런데, 문제는 그동안 아시아 각국의 기업이 외국인 투자에 너무 많이 의존했다는 거야. 한번은 아시아에서 외국인 투자자들이 한꺼번에 발을 빼는 바람에 엄청난 사건이 터지기도 했어. 한국사 배울 때 1997년 외환 위기에 대해서 이야기했지?"

▲ 1997년 여름 타이의 주식 시장 풍경 타이는 5월 들어 외환 위기를 겪으며 주식 시장이 무너지고 경제적으로 큰 타격을 입었어. 타이의 경제 위기는 곧 아시아 전체로 퍼져 나갔지.

"네! 맞아요. 우리나라가 폭삭 망할 뻔했던 그 사건 말씀이시죠?"

"그래. 1990년대 초반 들어 일본의 부동산 거품이 꺼지며 장기 불황이 시작됐고, 그 영향으로 아시아 전체의 경제 성장에 먹구름이 끼었어. 본격적인 위기는 1997년 여름, 타이에서 터졌지. 타이의 경제 전망이 나빠지면서 외국인 투자자가 한꺼번에 발을 뺐고, 그 바람에 타이 정부가 갖고 있던 달러가 뚝 떨어졌던 거야. 타이는 결국 달러가 부족해져서 국제 통화 기금(IMF)에 손을 벌려야 했지."

"어머, 타이도 우리나라처럼 국제 통화 기금에서 돈을 빌렸어요?"

"응. 타이의 경제 위기에 마음이 불안해진 외국인 투자자들은 뒤이어 아시아 전체에서 발을 빼기 시작했어. 그래서 머지않아 이웃한 인도네시아, 말레이시아, 필리핀까지 외환 위기가 번졌고, 1997년 겨울이면 우리나라도 국제 통화 기금에 손을 벌려야 했지. 말하자면, 타이를 시작으로 아시아의 많은 나라가 같은 시기에 외환 위기를 겪은

용선생의 세계사 돋보기

이 외에도 같은 시기 미국의 금리가 상승했고, 국제 금융 자본의 공격적인 투자 등 여러 문제가 있었어.

잠깐! 국제 화폐인 달러의 역할에 대해선 14권 3교시에 다루었어!

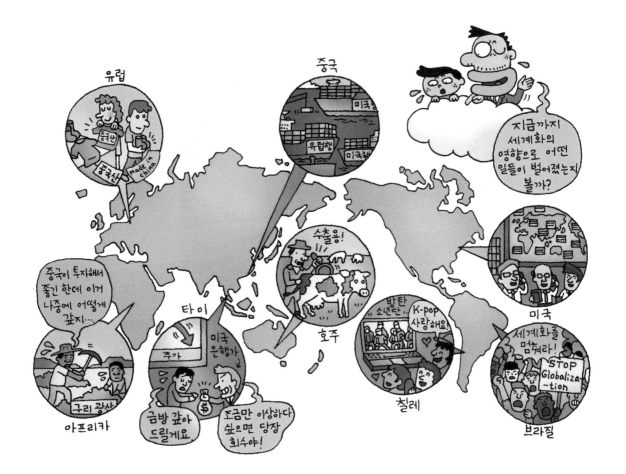

거야."

"그랬구나······. 외국인 투자자들이 너무한 거 아니에요?"

"투자자에게 책임을 물을 순 없어. 손해를 볼 거 같으면 발을 빼는 게 당연하지. 근본적인 책임은 무리하게 빚을 내 계획 없이 사업을 늘려 온 여러 기업에 묻는 게 맞을 거야. 하지만 단기 이익만을 노리고 세계를 넘나드는 투자자들 때문에 손해를 본 나라가 한둘이 아니었어. 실제로 아시아뿐 아니라 영국, 멕시코도 이런 투자자들 때문에 경제적으로 큰 혼란을 겪었지. 그러니까 아시아의 외환 위기는 세계화의 문제점을 보여 주는 한 현상이었단다."

"저는 세계화라고 하면 그냥 좋은 건 줄 알았는데, 이제 보니 문제점도 많네요."

"하지만 아시아가 외환 위기를 겪은 이후에도 국제 통화 기금과 미국은 세계화를 계속 밀고 나갔어. 국제 통화 기금은 오히려 그동안 아시아 각국이 시장 개방을 게을리했기 때문에 산업

▲ 텔레비전에 방송된 금 모으기 운동 1997년 국제 통화 기금 구제 금융 요청 당시 우리나라에서는 나라 빚을 갚기 위해 국민들이 자발적으로 금을 내어놓기도 했어.

경쟁력이 떨어졌고, 경제 위기가 닥친 거라고 주장했지. 그래서 외환 위기 이후 우리나라를 비롯한 아시아 각국은 국제 통화 기금의 요구에 따라 시장 개방에 더욱 속도를 붙여야 했단다."

"어휴. 그럼 문제가 더 심각해지는 거 아닌가요?"

"응. 우리나라는 1997년 외환 위기를 잘 극복했지만, 급격한 개방의 후유증으로 아직까지도 여러 문제를 겪고 있어. 특히 갈수록 늘어나는 실업과 빈부 격차는 여전히 해결하지 못한 숙제이지. 반면 미국은 세계화를 주도하며 2000년대까지 경제 호황을 누렸단다. 그런데 이렇게 잘나가던 미국의 발목을 잡는 사건이 터졌어."

 용선생의 핵심 정리

1994년 세계 무역 기구가 만들어지며 세계화가 본격 진행됨. 세계화는 밝은 미래를 약속했지만, 1997년 아시아 외환 위기를 계기로 세계화의 문제점이 일부 드러남.

미국의 발목을 붙잡은 테러와의 전쟁

"미국의 발목을 잡아요? 이제 소련도 무너졌는데 누가요?"

곽두기의 질문에 용선생은 사진 한 장을 띄우며 설명을 이어 나갔다.

"2001년 9월 11일이었어. 뉴욕 한복판의 초고층 빌딩 '국제 무역 센터'에 느닷없이 대형 여객기 두 대가 충돌했지. 테러리스트가 여객기를 납치해서 벌인 짓이었단다. 같은 시각에 워싱턴에 있는 미국 국방부 '펜타곤'에도 납치된 여객기가 추락했어. 미국의 경제적, 정치적 심장부라 할 수 있는 두 도시가 같은 날 테러리스트에게 공격을 당한 거야. 수십만 뉴욕 시민이 현장에서 테러를 목격했고, 전 세계인이 TV를 통해 뉴욕이 불타는 광경을 지켜봤어."

허영심의 상식 사전

펜타곤 '오각형'을 의미하는 영어야. 하늘에서 볼 때 미국 국방부 건물이 오각형 모양이라 이런 별명이 붙었어.

"헐, 다들 엄청 놀랐겠네요."

"당연하지. 미국은 물론이고 전 세계가 충격에 빠졌어. 범인은 아프가니스탄을 근거지로 삼은 이슬람 원리주의 테러 단체 '알카에다'였단다. 알카에다는 걸프전 직후부터 미국을 상대로 테러를 여럿 벌였어. 걸프전 이후 미국은 사우디아라비아의 주요 도시에 군대를 주둔시켰는데, 이 일로 알카에다가 불만을 품은 거야. 이들은 성지인 메카와 메디나가 미국에 점령당했다고 생각했지."

▲ 불타는 국제 무역 센터 2001년 9월 11일, 테러리스트의 공격으로 뉴욕의 고층 빌딩인 '국제 무역 센터'가 불타고 있어. 빌딩은 금세 무너져 내렸고, 세계는 충격에 빠졌지.

▲ 파괴된 미국 국방부 워싱턴 D.C.에 있는 미국 국방부 건물인 펜타곤 일부가 테러리스트의 공격으로 파괴되었어.

▲ 테러와의 전쟁 선포 조지 W. 부시 대통령은 9.11 테러가 터지자 오사마 빈 라덴을 테러의 배후로 지목하고, 테러리스트와 전면전을 펼치겠다고 선언했어.

"아이고, 종교적인 이유로 그런 어마어마한 일을 벌인 거군요."

"미국은 즉각 전쟁을 선언했어. 그런데 전쟁 대상이 좀 묘했지. 미국은 어떤 나라가 아니라, 죄 없는 민간인을 상대로 삼은 '테러 행위'를 지구상에서 뿌리 뽑겠다고 선언했거든. 다시 말해, '테러와의 전쟁'을 선언한 거야."

"그러니까 테러리스트를 모조리 잡아들이겠다, 이거죠? 와아."

장하다가 눈을 반짝였지만 용선생은 어깨를 으쓱해 보였다.

"말은 그럴싸하지? 하지만 세계인은 테러와의 전쟁이란 말에 고개를 갸웃했어."

"어라, 왜요?"

"잘 생각해 보렴. 전쟁을 통해 테러를 뿌리 뽑겠다는 생각부터 조금 이상해. 테러리스트를 다 잡아들인다고 테러가 사라질까? 새로운 사람이 테러를 벌이면 그건 어떻게 막을 건데? 이건 애초에 이룰 수가 없는 목표였어. 자칫하면 끝없는 전쟁의 수렁에 빠지게 될 수도

▲ 오사마 빈 라덴 (1957년~2011년) 이슬람 원리주의 무장 단체 '알카에다'를 이끌며 9.11테러를 계획한 인물이야. 테러를 저지른 이후 미군에 쫓기다가 2011년 사살됐어.

▲ 알카에다 잔당을 수색 중인 미군 2001년부터 아프가니스탄에서 시작된 미군의 군사 작전은 2014년에야 끝났어. 하지만 아프가니스탄의 안정을 위한 지원이 계속되고 있지.

있었지."

"흐음, 하긴 그것도 그렇네요."

"일단 미국은 '테러와의 전쟁'의 첫 본보기로 아프가니스탄을 공격했어. 아프가니스탄 정부가 알카에다를 숨겨 준다고 생각했거든. 군사력 차이가 어마어마했기 때문에, 전쟁 자체는 단 몇 달 만에 끝났어. 하지만 문제는 그다음이었어. 미군을 피해 아프가니스탄 곳곳으로 숨어들어 간 잔당이 끈질기게 저항한 거야. 미국은 10여 년이 지난 오늘날까지도 아프가니스탄 문제를 제대로 매듭짓지 못했고, 아프가니스탄의 혼란도 끝날 기미가 보이지 않지."

"맙소사. 정말 끝이 없는 전쟁이군요."

"그런데 미국은 아프가니스탄 전쟁을 끝내기도 전인 2003년에 새로이 전쟁을 시작했어. 이번 상대는 이라크였지."

"또 이라크예요? 이라크는 왜요?"

"미국은 이라크가 비밀리에 대량 살상 무기를 개발하고 있다고 주장했어. 이라크를 가만히 내버려 두었다가는 테러를 일으킬 게 분명하다고 생각했지. 이라크 정부는 전혀 사실이 아니라고 반박했어. 실제로 미국의 일방적인 주장 말고는 아무런 증거가 없었기 때문에 국제 연합에서도 전쟁에 반대했지. 하지만 미국은 이를 무시한 채 전쟁을 시작했어. 이번에도 전쟁 자체는 한 달이 채 되지 않아 끝났단다. 그런데 기막히게도, 전쟁이 끝난 후 이라크를 아무리 샅샅이 뒤져도

이라크가 대량 살상 무기를 만들고 있었다는 증거가 하나도 발견되지 않았어.”

“그럼 미국이 거짓말을 한 거예요?”

“미국이 일부러 거짓말을 했는지, 단순히 잘못된 정보에 속았는지는 정확하지 않아. 분명한 건 미국이 이라크를 공격해서 얻을 수 있는 이득이 꽤 많았다는 거지. 이라크에 풍부한 석유를 확보하고, 이웃한 이란이나 시리아처럼 미국에 고분고분하지 않은 나라를 겁줄 수도 있었어. 그래서 전 세계에서 미국을 향해 비난이 쏟아졌단다. 미국이 ‘테러와의 전쟁’이라는 핑계를 내세워 평소에 사이가 좋지 않았던 나라나, 미국이 이득을 볼 수 있는 지역을 공격하는 침략 전쟁을 벌이고 있다면서.”

“그럴 만도 하네요. 어휴! 힘세다고 완전 막 나간다, 이거죠?”

장하다가 씩씩대며 말했다.

“더구나 테러와의 전쟁 이후 테러 위험이 줄어들지도 않았어. 미국이 아프가니스탄과 이라크를 잇달아 공격하면서 서아시아에서 미국에 대한 반감은 더 커졌고, 서양 세력의 간섭을 중단할 것을 요구하는 테러 활동에 오히려 불이 붙고 말았거든. 더구나 전쟁으로 아프가니스탄과 이라크 정부가 무너진 이후 이 두 나라의 질서와

▲ 바그다드로 들어서는 미군 탱크 미군은 이라크 전쟁을 시작한 지 한 달이 채 지나지 않아 바그다드를 점령하며 전쟁을 마무리 지었어.

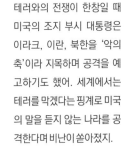

용선생의 세계사 돋보기

테러와의 전쟁이 한창일 때 미국의 조지 부시 대통령은 이라크, 이란, 북한을 ‘악의 축’이라 지목하며 공격을 예고하기도 했어. 세계에서는 테러를 막겠다는 핑계로 미국의 말을 듣지 않는 나라를 공격한다며 비난이 쏟아졌지.

▲ 법정에 선 사담 후세인 대통령 이라크의 후세인 대통령은 미군에 체포됐다가 민간인 학살 혐의로 재판을 받고 처형됐어. 하지만 법정에서 끝까지 자신의 무죄를 주장하며 미군의 침략을 비난했지.

▲ 폭격으로 파괴된 도시와 전쟁 난민 이라크는 미국의 공격 이후 10여 년에 걸쳐 혼란을 겪었어. 도시가 파괴되며 전쟁 난민도 숱하게 발생했지.

▲ 이라크 전쟁 반대 시위 2005년 런던에서 열린 시위야. 미국뿐 아니라 전 세계에서 이라크 전쟁에 반대하는 시위가 잇따랐지.

평화는 완전히 엉망이 되고 말았단다. 특히 이라크의 사정은 정말 심각했어."

"왜요? 무슨 문제가 있었는데요?"

"이라크는 원래 시아파와 수니파 사이의 갈등이 심한 나라였어. 독재자 후세인이 다스릴 때는 갈등이 그나마 잠잠했지만, 후세인이 처형당하고 정부가 무너지자 갈등이 폭발했지. 여기에 오랫동안 독립을 꿈꿔 온 쿠르드족도 혼란을 틈타 독립 운동에 나섰어. 미군은 꼬리에 꼬리를 잇는 갈등에 시달리다 못해 결국 2011년에 이라크에서 완전히 발을 뺐지. 그러자 이라크에서는 테러 단체 '이슬람 국가(IS)'가 세력을 넓히며 내전이 시작됐단다. 전쟁은 2017년까지 계속됐는데, 그동안 수많은 민간인이 목숨을 잃고 도시가 파괴됐어."

"미국이 어설프게 손을 대는 바람에 오히려 엉망이 되고 말았군요?"

"맞아. 미국의 패권은 바로 이 테러와의 전쟁 때문에 삐걱대기 시

잠깐! 쿠르드족에 대해서는 13권 2교시 세계사 카페에서 설명하고 있어!

작했어. 세계적으로 미국에 대한 반감은 물론, 미국이 주도하는 급속
한 세계화에 반대하는 목소리도 점점 커졌지. 전쟁에 많은 돈을 쓰고
군인들이 목숨을 잃는 바람에 미국 국내에서도 여론이 계속 나빠졌
단다."

"그래도 미국이 세계에서 제일 강한 나라인 건 변하지 않았잖
아요?"

"그건 사실인데, 미국이 테러와의 전쟁에 몰두하는 사이 무섭게 성
장한 나라가 있어. 바로 중국이야. 지난 시간에 얘기했다시피 중국은
2000년대 초반 들어 무서운 기세로 성장을 거듭했어. 그러자 중국과
가까운 아시아의 국가들이 경제적으로 미국보다 중국에 점점 크게
의존하게 됐지. 원래 미국, 일본과의 무역이 가장 활발했던 우리나라

도 2000년대 이후로는 중국과의 무역 비중이 훨씬 커졌어."

"결국 미국은 괜한 짓을 해서 이래저래 손해만 봤네요."

"응. 그리고 무엇보다 미국이 이렇게 테러와의 전쟁에서 허우적대며 2000년대 초를 보내는 동안, 미국 경제에도 큰 문제가 생겼어. 부동산 시장의 거품이 점점 커졌거든."

 용선생의 핵심 정리

미국은 9.11테러를 계기로 '테러와의 전쟁'을 선포함. 뒤이어 아프가니스탄과 이라크를 공격해 승리를 거두었으나 전쟁은 좀처럼 끝나지 않았고, 이라크 침공에는 세계의 비난이 잇따름. 결국 테러와의 전쟁에 발목이 잡힌 미국의 패권이 흔들림.

세계를 뒤집어 놓은 2008년 금융 위기

"부동산 거품요? 그럼 일본처럼 집값이 마구 오른 건가요?"

"음, 미국의 부동산 거품은 일본이랑은 좀 달라. 은행과 금융 회사의 욕심으로 부동산 거품이 금융 위기로 번져 세계를 위기에 빠트렸거든."

"그건 또 무슨 말씀이에요?"

"들어 보렴. 클린턴 정부는 1990년대 초반부터 '모든 미국인이 자기 집을 가지도록 하겠다.'며 부동산 정책을 야심차게 추진했어. 그리고 이 목표를 이루기 위해서 집을 살 때 집을 담보로 잡히고 은행에서 집값의 70에서 80퍼센트 정도는 쉽게 대출을 받을 수 있도록 했지. 그러니까 3만 달러만 있어도 10만 달러짜리 집을 살 수 있었던 거야. 대출한 돈은 대개 10년 이상 긴 기간을 두고 갚아 나가기 때문에 부담이 적었지. 정부가 책임지고 지원했으니 이자도 낮았어."

▲ 미국 집 담보 대출 광고 수입이 없고 신용이 나빠도 누구에게나 돈을 빌려주겠다고 장담하는 광고야. 2000년대 중반 미국에서는 이런 광고를 쉽게 찾아볼 수 있었어.

"으흠, 그럼 누구나 집을 쉽게 살 수 있었겠군요?"

"맞아. 그런데 문제가 있다면, 은행은 대출을 해 간 사람이 원금과 이자를 모두 갚을 때까지 10년 이상 기다려야 이득을 볼 수 있다는 거야. 그래서 은행이 꼼수를 썼어. 일단 돈을 빌려준 다음, '원금과 이자를 돌려받을 권리'를 증권으로 만들어 금융 회사에 판매했지."

"으엥? 그게 무슨 말이에요?"

의외의 말에 아이들이 고개를 갸웃거렸다.

"예를 들어 은행이 새로 집을 사려는 사람에게 10년 만기로 10만 달러를 빌려줬고, 이자는 5,000달러라고 하자. 그럼 이자까지 10만 5천 달러어치 증권을 만들어서 10만 3천 달러에 판매하는 거야. 이렇게 하면 은행은 10년 동안 기다리지 않아도 3,000 달러를 금방 벌 수 있어. 그리고 증권을 사 간 금융 회사가 은행 대신 10년 동안 원금과 나머지 이자 2,000 달러를 받게 되지."

"음, 그러면 금융 회사가 10년 동안 기다려야 하잖아요?"

"그래서 금융 회사도 똑같은 꼼수를 썼어. 은행에서 사 온 증권을

곽두기의 국어사전

만기 찰 만(滿) 기약할 기(期). 미리 정한 기간이 다 지나는 것을 의미해.

여럿 모아서 신용 등급이 높은 증권부터 낮은 증권까지 셋으로 구분한 다음, 이 증권을 담보 삼아서 또 다른 증권을 만들어 팔았지. 그러면 금융 회사도 마찬가지로 오래 기다리지 않고 돈을 벌 수 있어. 이때 가장 높은 신용 등급을 '프라임', 가장 낮은 등급을 '서브 프라임'이라고 불렀단다."

"신용 등급이 높다는 게 무슨 말이에요?"

"직장이 튼튼하고 수입도 확실해서 빌려 간 돈을 떼어먹지 않고 꾸준히 갚을 확률이 높다는 의미야. 당연히 신용 등급이 높은 프라임 증권이 잘 팔리겠지? 그래서 금융 회사는 프라임 증권에는 이자를 낮게, 서브 프라임에는 높게 쳐줬단다. 위험을 감수하는 만큼 많은 이익을 준 거지."

"와, 복잡해. 돈 한 번 빌려주면서 다들 머리를 엄청나게 썼네요."

"흐흐. 맞아. 집은 하나인데, 이 집을 기반으로 삼은 파생 상품이 엄청 많이 만들어진 거지."

"그렇게 어려운 증권을 누가 사기나 하나요?"

"구조가 복잡한 것처럼 들리지? 하지만 원리는 단순해. 집 담보 대출을 받은 사람들이 꾸준히 대출금을 갚아 나가는 한, 증권을 사 간 사람은 손해 보는 일 없이 안정적으로 돈을 벌 수 있는 거야. 집 담보 대출금을 꾸준히 갚지 않는 사람은 정말 드물었어. 다른 돈은 몰라도, 이 돈을 안 갚았다가는 담보로 잡힌 집을 빼앗기고 노숙자가 될 수도 있으니까 말이야."

"그런데 정말 갚고 싶어도 돈이 없어서 갚지 못할 수도 있잖아요."

"그것도 걱정이 없었어. 은행 대출로 누구나 집을 살 수 있게 되니

▲ 앨런 그린스펀 (1926년~) 1987년부터 2006년까지 미국 연방 준비 제도 이사장을 지냈어. 미국의 불황을 극복하기 위해 저금리 정책을 펼쳤지.

수요가 늘어나 집값이 계속 올랐거든. 누군가 돈을 갚지 못할 경우, 은행은 담보로 잡은 집을 팔아서 손해를 메꾸면 그만이었지. 결론적으로 집 담보 증권은 상당히 안정적으로 돈을 벌 수 있는 투자처였어. 언제 기업이 망할지, 가격이 떨어질지 가슴을 졸여야 하는 주식보다 훨씬 나았지."

"주식이 불안하면 그냥 은행에 맡기면 되지 않나요?"

"그야 그렇지. 그런데 투자자들은 은행에 돈을 맡겨 적은 이자를 챙기는 대신 집 담보 증권을 많이 구입했어."

"오호라, 그렇군요."

"집 담보 증권이 잘 팔리자 은행은 더욱 많은 고객을 끌어모아 돈을 빌려주고 증권을 발행했어. 처음에는 확실한 직장과 수입이 있는

▲ S&P 본사 S&P는 미국의 대표적인 신용 평가 회사야. 금융 상품과 기업뿐 아니라 국가의 신용 등급을 평가하기도 하지. 이런 회사의 신용 평가에 따라 각 국가의 경제 상황이 크게 흔들리기도 해.

 허영심의 상식 사전

신용 평가 회사 각종 금융 상품과 기업, 국가 등 여러 투자처의 신용 등급을 평가하는 기관이야. 미국의 S&P와 무디스, 피치가 3대 신용 평가 기관으로 꼽혀.

곽두기의 국어사전

매물 팔 매(賣) 물건 물(物). 팔려고 내놓은 물건을 말해.

'프라임' 등급에만 돈을 빌려줬지만, 서서히 '서브 프라임' 등급에도 그야말로 묻지도 따지지도 않고 빌려줬지. 나중에는 직업이 없는 사람은 물론이고, 심지어 서류만 보고 이미 죽은 사람에게도 돈을 빌려주는 경우까지 있었대."

"어머나, 암만 그래도 그건 문제가 생길 거 같은 걸요."

영심이가 눈살을 찌푸리며 말하자 용선생은 고개를 끄덕였다.

"그래서 신용 평가 회사가 나섰어. 이들은 금융 회사의 요청을 받고, 위험성이 높은 서브 프라임 등급의 증권에 '이상 없음' 판정을 내려 줬단다. 그리고 그 대가로 수수료를 챙겼지. 또 보험 회사도 나서서 '만일 집 담보 증권이 손해를 볼 경우 보상을 해 주겠다.'며 고객을 모집했어. 신용 평가 회사와 보험 회사를 믿은 투자자들은 아무 의심도 없이 서브 프라임 증권을 구매했어. 증권이 잘 팔리는 만큼 서브 프라임 대출은 더욱 늘어났지."

"그러다 결국 문제가 터진 거군요."

"응. 경제가 어느 정도 활성화되자 미국 정부는 다시 금리를 올렸어. 금리가 오르자 돈을 빌린 사람들의 부담이 증가했지. 그러자 서브 프라임 등급 고객 중에 끝내 파산해서 집을 빼앗긴 사람이 실제로 생겨났어. 처음에는 은행에서 집을 팔면 되니 큰 문제가 아니었어. 하지만 파산한 사람이 늘어날수록 은행에서 파는 집이 점점 늘어났고, 이렇게 매물이 쌓이자 2007년부터 집값이 떨어졌단다. 그런데

막상 집값이 떨어지자, 돈을 갚을 능력이 충분한 프라임 등급 고객이
일부러 빌린 돈을 갚지 않는 경우가 생겼어.”

“엥? 대체 왜요?”

“10만 달러 빚을 내서 산 집이 5만 달러로 뚝 떨어졌다고 해 보자.
굳이 10만 달러를 전부 아등바등 갚을 이유가 있을까? 어차피 담보로
잡힌 집만 내어주면 끝인데, 그냥 빚을 안 갚고 다른 집으로 이사를
가는 편이 낫잖니.”

“어머, 듣고 보니 그렇네요.”

“그래서 서브 프라임에서 시작된 위기는 급기야 집 담보 증권 전체
로 번졌단다. 원금과 이자를 갚는 사람이 점점 줄어들고 담보로 잡

은 집값이 폭락하자, 집 담보 증권과 각종 파생 상품은 모두 휴지 조각이 되어 버렸지. 증권을 발행한 은행, 그 증권을 구입한 금융 회사, 그 금융 회사에 투자한 투자자, 보상을 약속한 보험 회사까지 막대한 손해를 보았어. 이 사태를 '서브 프라임 사태', 혹은 '2008년 금융 위기'라고 해."

"왜 하필 2008년이에요?"

"2008년에 미국의 4대 투자 은행 중 하나였던 '리먼 브러더스'가 무너졌고, 뒤이어 미국 최대의 보험 회사였던 'AIG 보험'이 무너지면서 경제 위기가 절정에 이르렀거든. 불과 몇 달 사이 미국의 주가 지수는 반 토막이 났어. 세계를 주름잡았던 미국의 금융 회사들도 줄줄이 파산 위기에 놓였단다."

"아이고, 그럼 미국도 일본처럼 불황을 겪게 되겠네요."

"그 정도면 다행이게? 문제는 그동안 해외 투자자들도 미국에서 판매한 각종 파생 상품을 꽤 많이 구입했다는 거야."

"헐, 그럼 전 세계가 다 손해를 보는 건가요?"

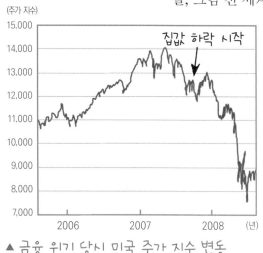

(주가 지수)
집값 하락 시작
▲ 금융 위기 당시 미국 주가 지수 변동

"맞아. 2008년 미국 금융 위기의 여파는 곧장 세계로 번졌어. 유럽과 일본, 중국, 우리나라에서도 많은 은행이 큰 손해를 입었고, 주가가 폭락했어. 나라 경제 대부분을 금융업에 의존하는 아이슬란드 같은 나라는 아예 망하기 직전까지 몰렸고, 그리스는 나라 빚이 급격히 늘어나서 국제 통화 기금과 유럽 연합의 도움을 받아야 했지. 10년이 넘게 지난 오늘날까지도 2008년 금

▲ 파티를 즐기는 기업인들 경제 위기와 시위가 한창인 시기에도 뉴욕의 기업인들은 고층 빌딩에서 한가롭게 술을 마시며 파티를 즐겼어. 이 모습을 목격한 수많은 시민이 분노했지.

▲ 2011년 월가 점령 시위 미국 시민들은 '우리는 99퍼센트다.'라는 푯말을 들고 나와 거리를 점거하고 시위를 벌였어. 일부 부자만 이득을 보는 신자유주의에 반대하는 시위였지.

융 위기의 영향은 여전히 남아 있단다."

"어휴, 미국 때문에 이게 무슨 꼴이람?"

왕수재가 투덜거리며 말했다.

"이것 역시 세계화의 영향이라고 할 수 있겠지. 물론 미국 정부도 위기를 극복하기 위해 온갖 방법을 다 썼단다. 금리를 사실상 0퍼센트까지 낮춰서 기업들이 돈을 쉽게 빌려 갈 수 있도록 했고, 이걸로 모자라서 정부가 돈을 마구 찍어서 기업을 직접 지원해 주기까지 했지. 그 덕에 미국 경제는 최악의 상황에 몰리진 않았어. 하지만 이 때문에 오히려 정부를 향한 비난이 쏟아졌단다."

"왜요? 일단 경제를 살리는 게 중요하잖아요."

"2008년 금융 위기는 애초에 은행과 금융 회사의 욕심 때문에 발생한 거야. 그런데 정부의 지원이 집중된 덕에 정작 원인을 제공한 은행과 금융 회사는 대부분 무사히 살아남았지. 기업이 망하는 바람에 수많은 사람이 실업자가 돼서 허덕이는데 말이야. 원인을 제공한 금

 용선생의 세계사 돋보기

금융 위기 이후 10년이 흐른 2018년 무렵에야 경기가 조금씩 회복되고 있어. 최근 미국은 금리를 조금씩 올리고 있지.

2011년 '아랍의 봄'이 불러온 나비 효과

경제 위기의 여파는 이슬람 세계에도 불어 닥쳤어. 이 무렵 이슬람 세계 각국의 독재 정권은 경제 위기에 제대로 대응하지 못해 시민의 지지를 잃었지. 결국 2010년, 튀니지에서 시민 혁명이 일어나 23년째 유지된 독재 정권이 무너지는 사태가 벌어졌어. 뒤이어 이집트, 리비아, 시리아, 요르단 등 서아시아 각국으로 시민 혁명이 들불처럼 번져나갔지. 이 사태를 '아랍의 봄'이라고 해. 초기만 해도 아랍의 봄은 이슬람 세계 민주

▲ 아랍의 봄의 영향을 받은 나라들

화를 이끌 새로운 움직임으로 많은 기대를 모았어. 실제로 대부분의 국가에서 독재자가 물러나고 시민에게 권력이 돌아가는 성과가 나타났단다. 하지만 혁명 이후의 결과는 예상 밖이었어. 독재자가 물러간 뒤에는 이슬람 원리주의 단체가 권력을 잡거나 시아파와 수니파의 종파 갈등이 고개를 드는 경우가 많았거든. 이집트에서는 군부 쿠데타가 일어났고, 예멘은 내전에 휩싸였지. 결과적으로 아랍의 봄 이후 안정적으로 민주 정부가 자리 잡은 나라는 거의 없어.

시리아에서는 내전의 혼란 끝에 'IS'라는 테러 단체가 고개를 들었어. IS는 미국의 침략으로 정부가 무너져 버린 이라크 내륙을 장악했고, 이후 2017년까지 미국이 지원하는 이라크 정부군과 끈질기게 내전을 벌였지.

▲ 튀니지 혁명 튀니지에서는 2010년 10월 혁명이 일어나 독재 정권이 무너졌어.

IS는 한편으로 세계 각지의 테러 활동을 지원했어. 이들은 인터넷을 통해 테러리스트를 모집해 무차별 테러 활동을 지원했지. 영국에서는 인기 가수의 콘서트 장에서 기관총을 난사했고, 프랑스에서는 대형 버스로 시민에게 돌진해 많은 희생자를 낳기도 했단다. IS의 테러 활동은 2017년 IS가 완전히 진압되며 어느 정도 잠잠해졌지만, 아직도 세계는 테러의 공포에서 벗어나지 못하고 있어.

▲ 2015년 파리 테러 추모 현장 2015년 11월에는 프랑스 파리에서 IS의 총기 난사와 폭탄 공격으로 130여 명이 사망했어. IS는 이외에도 세계 곳곳에서 테러를 벌여 많은 사람을 놀라게 했지.

▲ 2011년 그리스 파업 국가 부도 사태를 맞이한 그리스에서는 국민들이 파업을 벌이며 거리를 불태우는 등 험악한 분위기가 이어졌어.

융업계 고위층은 살아남고, 그들을 제외한 나머지 사람들만 고통을 겪은 셈이지.”

“쩝. 듣고 보니 화가 날 법도 하네요.”

“2011년에는 분노한 미국 시민들이 거리로 뛰쳐나왔어. 이들은 한 달 동안 뉴욕의 금융 중심지인 월 스트리트를 점령했지. 그리고 세계 경제를 주도하는 ‘1퍼센트 부자’들의 도덕적 해이가 도를 넘었다며 강하게 비판했어. 미국의 뒤를 이어 유럽의 주요 도시에서도 시위가 잇따랐어. 경제 위기가 특히 심각한 그리스에서는 거의 전쟁이나 다름없이 치열한 파업과 시위가 벌어졌단다.”

“2011년이면 정말 최근인데, 엄청난 일이 있었네요.”

 허영심의 상식 사전

도덕적 해이 기업들이 정부가 손해를 보전해 주니 절대 망하지 않을 거라는 생각으로 무책임한 행동을 일삼는 것을 가리켜.

 용선생의 핵심 정리

미국에선 집 담보 대출이 활발히 이뤄지며 집값이 오르고, 여기에 기초한 파생 상품이 수없이 등장하며 부동산 거품이 더욱 커짐. 결국 2008년 금융 위기가 닥쳤고, 세계적인 불황이 시작됨. 세계 곳곳에서 부자들의 횡포에 반대하는 시위가 벌어짐.

새로운 갈등과 대결이 이어지다

"2008년 경제 위기를 겪으며 세계의 모습은 적잖이 달라졌어. 일단 세계화가 장밋빛 미래를 가져다줄 것이라는 생각은 많이 사라졌어. 동시에 세계 무역 기구를 중심으로 전 세계의 자유 무역을 추진하는 움직임도 많이 약화됐지. 그 대신 세계 각국은 국가 대 국가의 자유 무역 협정을 좀 더 활발히 추진하게 됐단다."

"이름은 똑같이 자유 무역인데, 다른 건가요?"

"무턱대고 전 세계가 같은 규칙을 따르는 자유 무역을 추진하기보다는, 좀 더 확실하게 이득을 볼 수 있는 나라끼리 잘 따져 보고 협정을 맺게 된 거야. 우리나라도 2000년대 들어 미국, 중국, 유럽 등 세계 여러 나라와 연달아 자유 무역 협정을 맺었고, 지금도 계속 추가적인 협정을 추진하고 있어."

"그럼 예전처럼 세계화가 급격하게 이루어지진 않는다는 말씀이시죠?"

"그렇지. 1990년대 초반보다는 모두들 자기 나라의 이득을 더 꼼꼼히 따지게 됐다고 할 수 있어. 실제로 유럽 연합을 기반으로 꽤 오랫동안 통합을 추진해 온 유럽에서도 문제가 터졌지. 유럽 연합에 속해 있는 그리스나 이탈리아 같은 나라들이 경제 위기를 겪자 비교적 여유가 있는 영국이나 독일, 프랑스가 많은 돈을 지원해야 했는

용선생의 세계사 돋보기

우리나라는 유럽 연합 가입국뿐만이 아니라 '유럽 자유 무역 연합'에 속한 아이슬란드, 리히텐슈타인, 노르웨이, 스위스, 4개국과도 자유 무역협정을 맺었어.

우리나라는 이 외에도 멕시코, 일본 등 여러 나라와 협상을 진행하고 있어.

캐나다
미국
콜롬비아
페루
칠레
유럽 자유 무역 연합
유럽 연합
튀르키예
중국
인도
동남아시아 국가 연합
오스트레일리아
뉴질랜드

▲ 우리나라와 자유 무역 협정을 맺은 국가와 단체

데, 다들 이게 자기 나라에 이득이 되지 않는다고 생각한 거야. 급기
야 영국은 2016년 국민 투표를 통해 유럽 연합을 탈퇴하기로 결정했
지. 이 사건을 '브렉시트'라고 해."

"그렇다고 유럽 연합을 아예 나가는 건 더 손해 아닐까요?"

왕수재의 말에 용선생은 고개를 끄덕였다.

"물론 경제 문제 말고도 여러 가지 이슈가 있지. 영국은 유럽 연합
내부에서 독일과 프랑스의 영향력이 점점 커지는 것도 불만이고, 서
아시아의 전쟁 난민을 받아 주는 문제로도 갈등을 겪었어. 영국 내부
에서도 브렉시트를 두고 여전히 토론이 한창이지만, 어쨌든 영국 사
람들은 일단 더 이상의 통합을 멈추고 자신의 이익부터 챙기기로 결
정했지. 이런 움직임은 정도만 다를 뿐이지 세계 주요 국가에서 공통
적으로 나타난단다."

"전 세계에서요?"

"응. '내 나라부터' 챙기는 강력한 지도자가 국민의 지지를 등에 업

고 속속 등장한 거야. 러시아에서는 블
라디미르 푸틴 대통령이 벌써 18년 넘
게 정권을 이어 가지. 해외에서는 언론
을 통제하고 반대 여론을 짓누르는 독재
자라는 평가가 지배적이지만, 러시아 내
에서는 인기가 상당하단다. 푸틴이 권력
을 잡으며 러시아 경제가 살아나고 국
제적으로도 세력이 꽤 회복됐기 때문이
야. 러시아는 2014년에 러시아인이 많이

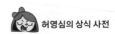

허영심의 상식 사전

브렉시트 영국의 유럽 연
합 탈퇴를 의미해. 영국을 뜻
하는 '브리튼(Britain)'과 '나
가다(Exit)'를 하나로 합친
말이야.

잠깐! 난민 문제에 대해선
용선생 세계사 카페에서
다루었어!

▲ 유럽 연합 탈퇴에 환호하는 시위대 2016년, 영국은 국
민 투표를 거쳐 유럽 연합에서 탈퇴를 결정했어. 하지만 정부가 아무런 준
비도 없이 연합 탈퇴를 결정했다는 비판의 목소리도 거세단다.

▲ 크림반도를 방문한 푸틴 대통령 푸틴 대통령은 크림반도 합병을 적극적으로 추진했어. 이 외에도 미국, 유럽과 대립각을 세우며 강대국으로서 입장을 분명히 하고 있지.

▲ 야스쿠니 신사에 참배하는 아베 총리 일본의 아베 총리는 제2차 세계 대전 당시 전범을 모신 야스쿠니 신사를 주기적으로 방문해. 과거사 반성을 요구하는 목소리는 점점 커지지만 무시하기 일쑤야.

사는 우크라이나의 크림반도를 러시아 영토로 합병했어. 크림반도에 사는 러시아인이 자발적으로 주민 투표를 거친 결과였지만 이에 반대하는 미국, 유럽과는 계속 갈등을 빚지."

"어휴! 그렇군요."

"여기에 일본도 만만치 않아. 일본은 '잃어버린 10년'을 겪으며 사회의 활력이 떨어지고 일본 제국 시절을 미화하는 정치인이 종종 등장하더니, 이제는 정도가 더 심해진단다. 2012년 아베 신조 총리가 취임한 이후로는 과거에 대한 반성은 아예 물 건너간 지 오래야. 오히려 교과서를 왜곡해 과거를 숨기고, '평화 헌법을 없애겠다.'는 말을 공공연히 하면서 동아시아 여러 나라를 불안하게 만들지. 그런데도 국내 인기는 좋아서 벌써 세 번이나 선거에서 승리했어. 이것도 아베 총리가 등장한 이후 일본 경제에 어느 정도 숨통이 트였기 때문이란다."

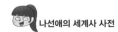 나선애의 세계사 사전

평화 헌법 일본은 군대를 가지지 않고, 전쟁을 벌이지 않는다고 규정한 헌법을 말해. 제2차 세계 대전 이후 만들어졌지. 평화 헌법의 제정 과정은 14권 3교시에 나와 있어.

"쩝. 결국 경제가 가장 중요한 문제인가 봐요."

"응. 그런 면에서 중국도 빼먹을 수 없어. 개혁 개방을 성공적으로 이끈 중국은 막강한 경제력을 바탕으로 영향력을 확대해 나가. 요즘 중국은 유럽과 아시아를 잇는 '비단길'을 다시 활성화하겠다며 아시아 곳곳의 여러 나라와 교류를 늘린단다. 여기에 아프리카에서는 각종 자원 개발에 과감히 투자해서 영향력을 넓혀 나가는 중이야. 하지만 이럴수록 미국과 대립할 일은 점점 늘어나지. 중국이 커질수록 미국의 영향력이 줄어들 텐데, 미국이 그걸 두고 보지만은 않을 테니까."

▲ 중국의 현대판 비단길 '일대일로' 계획

▲ 반둥 회의 60주년 기념식에 참석한 시진핑 중국은 미국을 대신할 세계의 리더가 되겠다며 이렇게 세계 곳곳에서 국제 모임을 주도한단다.

"그럼 미국에도 새로운 지도자가 등장했나요?"

"응. 2017년 미국의 새 대통령이 된 도널드 트럼프는 무엇보다 미국의 이익을 가장 중요시하겠다고 선언했어. 그리고 잇따라 충격적인 결정을 내려서 세계를 놀라게 했지. 예를 들어 테러를 방지하겠다며 이슬람 세계의 여러 국가에서 온 사람들의 입국을 금지했고, 밀입국을 막겠다며 멕시코와 맞닿은 국경에 거대한 장벽을 쌓겠다고 선언했어. 여기에 미국이 세계 곳곳에 군대를 보내 경찰 노릇을 할 필요도 없고, 굳이 해야 한다면 그만한 돈을 받아야 한다고 주장했단다. 그러니까 한국에 있는 미군은 한국이 유지비를 내야 하고, 유럽을 지키는 북대서양 조약 기구도 유럽 연합이 유지비를 내야 한다는 거야."

"와…… 정말 미국만 챙기네요."

▲ 입국 금지 명령에 서명한 트럼프 대통령 트럼프 대통령은 미국을 보호하겠다며 이슬람 세계 일곱 국가 시민의 미국 입국을 막는 명령을 내렸어. '이민자의 나라' 미국에 걸맞지 않은 조치라며 세계에서 비난이 쏟아졌지.

"여기에, 트럼프 정부는 미국의 산업을 보호하겠다며 무역 장벽을 쌓아 올리기 시작했어. 세계 그 어느 나라보다 자유 무역을 주장하던 미국의 태도가 180도 변한 거지."

"헐, 갑자기 왜 그러는데요?"

"트럼프 정부는 세계화가 진행되는 동안 경쟁력을 잃은 미국의 자동차 산업과 철강 산업을 보호하려면 무역 장벽이 꼭 필요하다고 생각한단다. 즉, 미국이 손해 보는 세계화는 안 하겠다는 거지. 미국은 최근 일본, 유럽에서 수입되는 물건에 잇따라 관세를 매겼고, 특히 중국산 물건에 엄청난 액수의 관세를 매겨서 무역 장벽을 쌓아 올렸지. 그러자 유럽과 중국에서도 질세라 미국산 물건에 높은 관세를 매기며 대결이 시작됐어. 이른바 '무역 전쟁'이 벌어진 거야."

▲ 멕시코와 미국의 국경 미국은 멕시코와의 국경에 설치된 울타리를 평균 높이 9미터의 콘크리트 장벽으로 확장해 밀입국자를 막으려 해. 완성될 경우, 총 길이는 3,000킬로미터가 넘을 거래.

"이젠 총을 들고 싸우는 게 아니라 경제적으로 전쟁을 벌이는군요."

"응. 무역 전쟁은 세계화와 완전히 반대되는 현상이란다. 이런 식으로 무역 전쟁이 지속된다면 국제 무역은 점점 위축될 거야. 그럼 국가 간의 갈등이 더 심해질 거고, 또 다른 전쟁이 날지도 모른다고 걱정하는 학자들도 있어. 실제로 유럽에서도 미국과의 우호 관계를 마무리하고 손을 끊어야 한다는 목소리가 커지고 있어."

"그럼 어떡해요? 진짜 전쟁이라도 나나요?"

▲ G20 회의 세계 주요 20개국이 모여 국제 협력을 논의하는 회의야. 원래 세계 경제를 이끄는 일곱 국가만 참여하는 'G7' 회의였지만, 1999년부터 20개국으로 확대돼 개최되지. 우리나라도 아시아의 주요국 중 하나로 참석한단다.

아이들이 초조한 얼굴로 용선생을 바라보았다.

"너무 걱정할 건 없어. 정치적으로는 갈등이 심해질지 몰라도, 통신 기술과 교통이 발달하면서 세계는 점점 하나가 되는 방향으로 향하고 있거든. 더 많은 사람이 국제 협력을 강화해 평화를 가져오기 위해 노력하는 중이고, 특히 날로 심각해지는 자원 문제와 환경 문제를 해결하기 위해 세계는 꾸준히 힘을 합치고 있단다. 남극 대륙과 북극해 등 어떤 나라의 영토에도 속하지 않는 곳에서는 세계의 과학자들이 협력해 인류의 미래를 위해 힘쓰지."

"그러니까 역시 전쟁은 나지 않을 거라는 말씀이시죠?"

"모를 일이지. 국가 간 대결이 더 심해져서 몇몇 정치인이 잘못된 결정을 할 수도 있어. 하지만 이제는 시민들이 가만히 있지 않을 거야. 평화와 인권, 환경 보전을 외치는 시민의

▲ 2018년 북미 정상 회담 2018년에는 한국 전쟁 이후 최초로 북미 정상 간 회담이 이루어졌어. 이로써 전쟁의 위험은 더욱 줄고, 남북 문제를 대화로 풀어 갈 실마리가 보이기 시작했지.

▲ 국제 엠네스티 세계 인권 향상을 위해 노력하는 시민 단체야. 세계 곳곳에서 성소수자, 여성과 아동 인권 보호 등 다양한 목적을 내세워 활동을 이어 나가지.

▲ 그린피스의 환경 감시선 '레인보우 워리어'
국제 환경 보호 단체 그린피스는 지구 전역에 걸쳐 환경 보호를 위한 메시지를 전해.

목소리가 점점 커져 세계 어떤 나라의 정부도 이걸 무시할 수는 없을 테니까. 그러니까 우리의 미래는 바로 우리의 손에 달려 있는 거지."

"역시 우리 모두가 힘을 합쳐야 한다는 말씀이시군요!"

장하다가 주먹을 불끈 쥐며 말하자 용선생은 고개를 끄덕였다.

"물론 쉬운 일은 아닐 거야. 누구 한 명이 해결할 수 있는 일도 아니겠지. 시간이 갈수록 더 새로운 문제가 등장할 테고, 정말 해결하기 어려운 갈등이 생길 수도 있어. 하지만 인류의 역사를 통해 우리가 얻을 수 있는 교훈이 있어. 언제나 대결보다는 대화가 낫고, 전쟁보다는 평화가 낫다는 거야. 아마도 그것만 잘 기억한다면 그 어떤 어려움도 헤쳐 나갈 수 있지 않을까?"

"정말 그랬으면 좋겠어요. 쓸데없이 싸우는 건 정말 지긋지긋해요."

"호호. 그래. 그럼 이제 세계사 공부는 이쯤에서 슬슬 마무리하도록 하자꾸나."

"앗! 그러면 오늘 수업이 마지막인가요?"

놀란 아이들이 눈을 동그랗게 뜨자 용선생은 싱글벙글 웃어 보였다.

"아직 아니야! 지금까지는 과거와 현재에 대해서 배웠으니, 다음 시간에는 아직 닥쳐오지 않은 미래에 대해 함께 이야기해 보는 시간을 가질 거란다."

"미래라고요?"

"흐흐, 그래. 맛있는 것도 시켜 놓을 테니까 모두들 기대하고 오렴. 그럼 안녕!"

 용선생의 핵심 정리

경제 위기 이후 세계화는 주춤하고, 세계 곳곳에는 자국의 이익부터 챙기는 강력한 지도자가 속속 등장함. 특히 미국은 자유 무역을 가로막는 무역 장벽을 세우며 세계 무역 전쟁을 주도하기도 함.

나선애의 정리노트

1. 냉전이 끝난 후 세계 경찰이 된 미국

- 미국은 국익을 위해 세계 경찰을 자처하며 국제 문제에 끼어듦.
  - → 걸프 전쟁에 개입하고, 해외 군대 파견과 핵 확산 금지에 적극적으로 나섬.
  - → 무역 적자와 전쟁 비용 때문에 경제가 나빠짐.

2. 세계 무역 기구의 등장과 세계화의 물결

- 미국은 경제 회복을 위해 자유 무역을 적극 추진함.
  - → 미국 주도로 세계 무역 기구가 생기고, 세계화 시대가 열림.
  - → 세계화로 다국적 기업이 등장하고 금융업 등 여러 산업이 성장함.
- 아시아 외환 위기가 터지고 국가 간 격차가 벌어지는 등 세계화의 문제점이 드러남.

3. 테러와의 전쟁으로 흔들리는 미국

- 미국은 2001년 9.11 테러를 당한 뒤 테러와의 전쟁을 선포함.
  - → 이라크 침공으로 세계의 반감을 사고, 중국이 무섭게 성장하며 패권이 흔들림.

4. 전 세계에 영향을 미친 2008년 금융 위기

- 금융 기업의 파생 상품 남발로 미국에 2008년 금융 위기가 닥침.
  - → 전 세계가 불황에 빠지고, 세계화에 대한 부정적인 시각이 커짐.
- 세계 각국은 자국의 이익을 최우선으로 여기기 시작함.
  - → 상호 이익이 확실한 국가 간 자유 무역 협정이 활발해짐.
  - → 미국은 무역 장벽을 높이고, 주요 국가 간 무역 전쟁이 벌어짐.

세계사 퀴즈 달인을 찾아라!

01 다음 전쟁에 대한 설명으로 옳지 않은 것은? (   )

① 이라크는 일주일 만에 미국에 무릎을 꿇었어.

② 이라크가 쿠웨이트를 공격하며 벌어진 전쟁이야.

③ 이라크는 서아시아 국가들과 다국적군을 꾸려 미국에 맞섰어.

④ 걸프전을 통해 미국의 강력한 힘이 전 세계에 확실히 알려졌어.

02 1990년대 세계 경제에 대해 올바르게 설명을 한 아이는? (   )

 ① 세계 무역 기구가 만들어지며 세계화의 물결이 거세졌어.

 ② 자유 무역이 시작되자 농업에 의존했던 나라들이 가장 크게 성장했어.

 ③ 국가 간 무역 장벽이 낮아지며 금융업은 쇠퇴하고 문화 산업은 발전했어.

 ④ 1997년 외환 위기를 겪은 아시아 국가들은 시장 개방 속도를 늦춰야만 했어.

03 사진의 사건과 관련된 설명으로 옳지 않은 것은? (   )

① 미국은 이 사건 이후 테러와의 전쟁을 선언했어.

② '알카에다'가 뉴욕에서 벌인 9.11 테러를 찍은 사진이야.

③ 이 사건 이후 아프가니스탄과 이라크는 미국의 공격을 받았어.

④ 이 사건 이후 미국이 테러를 막기 위해 벌인 여러 전쟁은 미국의 패권을 강화시켰어.

04 다음 삽화를 통해 알 수 있는 사실로 옳은 것은? ( )

① 부동산 가격의 폭락이 금융 위기의 한 원인이야.
② 미국 시민들의 월가 점령 시위가 2008년 금융 위기를 불러왔어.
③ 금융 기관의 도덕적 행동이 2008년 금융 위기의 주요 원인이야.
④ 집 담보 대출 파생 상품이 증가하며 미국의 부동산 거품이 사라졌어.

05 다음 빈칸에 들어갈 알맞은 용어를 써 보자.

2008년 금융 위기로 시작된 세계 불황은 이슬람 국가에도 영향을 미쳤어. 이슬람 각국 독재 정권이 경제 위기를 제대로 해결하지 못하자, 시민들의 불만은 커져 갔지. 2010년 튀니지 시민 혁명을 시작으로 서아시아와 북아프리카에 시민 혁명이 번져 나갔어. 이 사태를 'OOO O'(이)라고 불러.

( )

06 사진 속 인물에 대한 설명으로 옳은 것은? ( )

① 일자리 부족을 해결하려고 이민의 문턱을 대폭 낮췄어.
② 크림반도를 미국 영토로 합병하고 평화 헌법을 없앴어.
③ 전 세계에 영향력을 넓히겠다는 일대일로 계획을 세웠어.
④ 국내 철강·자동차 산업을 보호하려고 무역 장벽을 높였어.

07 다음 빈칸에 들어갈 알맞은 용어를 써 보자.

2000년대 이후 자국의 이익을 최우선하는 움직임이 커지며 유럽 연합도 흔들리기 시작했어. 영국은 유럽 연합이 국익에 도움이 되지 않는다고 판단했지. 그래서 2016년 국민 투표를 통해 유럽 연합을 탈퇴하기로 결정했어. 이 사건을 'OOOO'(이)라고 불러.

( )

• 정답은 298쪽에서 확인하세요!

전 세계가 100년 넘게 쓸 수 있는 에너지를 찾았다고?

오늘날 인류 문명은 상당 부분 석유에 의존하지만 지구에 매장된 석유의 양에는 한계가 있어. 불과 10여 년 전까지만 해도 지구에 매장된 석유는 30년에서 40년 안에 바닥날 것이라는 예측이 지배적이었지. 하지만 최근 들어 이 예측은 완전히 뒤집혔어. 인류가 100년 넘게 사용할 수 있는 새로운 에너지원인 '셰일 가스'가 개발되었거든.

셰일 가스가 뭘까?

'셰일'은 진흙이 쌓여 만들어진 퇴적암을 말해. 지구상의 암석 중 약 70퍼센트를 차지할 정도로 매우 흔하지. 그런데 셰일로 이루어진 지층에는 석유와 천연가스가 상당량 포함되어 있단다. 이렇게 셰일층에 포함된 천연가스를 '셰일 가스'라고 해.

셰일 가스는 석유와 달리 대체로 전 세계에 골고루 퍼져 있단다. 문제는 채굴이 어렵다는 점이야. 셰일 가스는 보통 지층의 한 지점에 모이는 게 아니라 지층 전체에 고르게 퍼져 있거든. 땅속의 어느 한 지점에 모여 있어야 파이프를 넣어 쉽게 뽑아낼 수 있는데, 셰일 가스는 그게 사실상 불가능했지.

1990년대 말에 이르러 고압의 물과 화학 작용제를 이용해 셰일 가스를 채굴하는 기술이 개발됐어. 그러나 이 기술은 물을 너무 많이 써야 한다는 단점이 있었고, 채취 비용도 많이 들었어. 땅을 조금만 파도 석유가 쏟아져 나오는 서아시아의 유전에 비하면 아직 경쟁력이 턱없이 떨어졌지.

천연가스와 석유는 보통 함께 발견돼. 그래서 셰일 가스는 큰 의미에서 석유를 포함한단다.

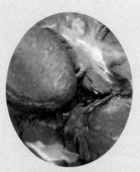

▲ 불타는 셰일 가스를 함유하고 있어서 불타는 셰일의 모습이야. 이런 암석을 파괴하고 가스만 수집하면 셰일 가스가 되는 거지.

셰일 가스 개발이 가져온 후폭풍

2010년대 들어 세계 최고의 자본과 기술력을 갖추고 있는 미국이 앞장서며 셰일 가스 개발은 급물살을 탔어. 게다가 미국에는 어마어마한 양의 셰일 가스가 매장돼 있었지. 2018년, 미국은 셰일 가스 개발에 힘입어 세계 최고의 산유국이 되었단다.

셰일 가스 개발이 본격화되며 미국은 거칠 것이 없어졌어. 세계 최고의 기술력과 군사력, 자본까지 갖춘 미국이 이제는 세계 최고의 산유국 자리까지 꿰차게 됐으니, 그야말로 세상에 무서울 게 없게 된 거지. 미국이 최근 '강한 미국'을 내세우며 세계 여러 나라와 충돌하는 배경에는 셰일 가스 개발에서 비롯된 자신감이 깔려 있다는 이야기도 있어.

사실 중국에도 미국의 1.5배가 넘는 셰일 가스가 매장돼 있다고는 해. 하지만 대부분 서부의 사막 지대에 집중된 탓에 채굴에 필요한 물이 턱없이 부족해서 개발은 엄두도 못 내는 형편이야.

▲ 펜실베이니아의 셰일 가스 유전
최근 미국 전역에서 이런 셰일 가스 유전이 점점 늘어나고 있어.

셰일 가스는 인류의 에너지 문제를 해결할까?

전 세계에 매장된 셰일 가스는 앞으로 적어도 100년, 길게는 200년 이상 사용할 수 있는 양이야. 석유 고갈을 걱정하던 인류에게는 다행스러운 소식이지. 하지만 셰일 가스 개발에 따른 문제점도 만만치 않아.

가장 큰 문제는 환경 오염이야. 셰일 가스를 개발하는 과정에서 지하수가 오염되고, 지층이 파괴되며 그 여파로 지진이 발생할 우려도 있지.

날로 심각해지는 지구 온난화에도 악영향을 끼칠 것이 분명해. 셰일 가스 때문에 석유 가격이 내려가면, 그만큼 석유 사용량이 많아져 온실가스인 이산화 탄소 배출량도 증가할 게 분명하니까 말이야. 게다가 셰일 가스를 개발하는 과정 중에 셰일층에서 막대한 양의 메탄가스가 배출되는 것도 문제야. 메탄가스는 이산화 탄소의 몇 배나 되는 온실 효과를 가진 기체거든. 이런 문제 때문에 최근 들어 셰일 가스 개발을 금지하거나 엄격히 규제하는 나라가 세계적으로 점점 늘어나는 추세야.

'하나 된 세계'를 위해 달리는 국제 연합의 이모저모

국제 연합은 단순한 평화 유지를 넘어 전 인류의 인권을 보장하고 문화 유산을 보존, 계승하며 환경을 보호하는 등 다양한 역할을 수행해. 앞으로 세계화가 빠른 속도로 진행될수록 국제 연합의 역할도 더욱 커질 전망이야. 국제 연합이 어떻게 이루어져 있는지 자세히 살펴보도록 하자.

총회

국제 연합에서 가장 중요한 기구야. 국제 연합의 모든 회원국이 모여 의견을 나눈 뒤 표결을 통해 의사를 결정하지. 모든 회원국은 동등하게 한 표씩만 행사할 수 있고, 참석한 국가의 3분의 2 이상이 찬성해야 결의안을 통과시킬 수 있어.

하지만 총회를 거쳐 결의안이 통과된다 하더라도 '권고'에 그칠 뿐 실제 결의안을 강제할 수는 없다는 한계가 있어. 실제 환경 보호와 지구

> 표결에 붙이기 위해 회의에 내어 놓는 안건을 말해.

▲ 유엔 총회에서 연설하는 문재인 대통령 2018년 9월에 열린 유엔 총회에 참석한 문재인 대통령이 연설을 하고 있어.

온난화 방지를 위한 결의안이 수차례 통과됐지만 실천하지 않아서 문제이지.

안전 보장 이사회

세계 평화 수호를 담당하는 국제 연합의 핵심 기구야. 안전 보장 이사회의 결의안은 총회의 결의안과는 달리 국제법적인 강제력을 가진단다. 분쟁 지역에 평화 유지군을 파견하는 등 군사 행동과 관련된 사안은 반드시 안전 보장 이사회를 거쳐야만 해.

안전 보장 이사회는 15개 나라로 구성되어 있어. 15개 나라 가운데 5개 나라는 미국, 중국, 러시아, 영국, 프랑스야. 이들을 '상임 이사국'이라고 해. 상임 이사국의 임기 제한은 없고, 안전 보장 이사회에서 결의안을 통과시키기 위해서는 이 다섯 나라가 모두 찬성해야만 해. 그야말로 국제 연합의 핵심 권력을 쥔 나라인 셈이야.

> 이 나라들은 제2차 세계 대전의 주요 승전국이며, 국제적으로 인정된 핵무기 보유국이기도 하지.

나머지 10개 나라는 '비상임 이사국'이라고 해. 2년의 임기를 두고 대륙별로 돌아가면서 선출하지. 보통 각 대륙에서도 국력이 강한 나라가 비상임 이사국으로 선출되는데, 아시아에서는 일본, 남아메리카에서는 브라질과 아르헨티나가 선출되는 경우가 많아.

▲ 안전 보장 이사회 회의

▲ 안전 보장 이사회 구성 국가

▲ 반기문 (1944년~) 우리나라의 외교관으로 2007년부터 2016년까지 국제 연합의 사무총장으로 활동했어.

사무국

국제 연합의 다양한 행정 업무를 수행하는 기관이야. 세계 각국에서 파견된 최고의 외교관이 근무하기 때문에 외교관을 꿈꾸는 사람들에게는 꿈의 직장과 같은 곳이지.

사무국의 총 지도자를 사무총장이라고 해. 사무총장은 국제 연합의 대표자로서 세계 어디를 가든 국가 지도자급으로 대우받지. 그래서 안전 보장 이사회 회의와 총회를 모두 거쳐 선출된단다.

경제 사회 이사회

국제적인 경제 협력과 사회 문제에 관련한 일을 논의하는 기구야. 총회에서 선출된 54개국이 모여서 구성하지. '국제 농업 기구'나 '세계 보건 기구', '유네스코' 등 국제 연합 내부에 설치된 다양한 전문 기구의 보고를 정기적으로 받는단다.

국제 사법 재판소

국가 간 분쟁을 국제법에 따라 재판하는 기관이야. 세계 각국에서 선출된 15명의 재판관이 재판을 맡지. 공정한 재판을 위해 이 15명은 반드시 서로 다른 나라와 대륙에서 균형 있게 선출하도록 되어 있어.

하지만 국제 사법 재판소의 판결을 받으려면 일단 분쟁을 겪는 두 나라가 모두 다 재판을 받겠다고 합의를 해야 해. 또 한 가지 문제는 판결을 강제할 방법이 없다는 거야. 실제로 일본은 환경 보호를 위해 '고래잡이를 중단하라'는 판결을 받았지만, 이 판결을 무시하고 있지. 일본뿐 아니라 여러 강대국이 국제 사법 재판소의 판결을 무시하는 경우가 많단다.

▼ 국제 사법 재판소
네덜란드 헤이그에 있어.

전문 기구

국제 연합에는 다양한 연구와 활동을 진행하는 전문 기구가 설치돼 있어. 그중에서 특히 유명한 기구 몇 가지만 짚어 보도록 하자.

United Nations
Educational, Scientific and
Cultural Organization

- 유네스코(UNESCO)

세계의 대중 교육과 문화 보급, 인류적으로 가치가 있는 문화유산과 자연 유산의 보호를 목적으로 하는 전문 기구야. 우리에게는 '세계 유산'을 선정하는 기구로 잘 알려져 있지.

▲ 경주의 불국사 1995년 유네스코 세계 문화유산으로 지정됐어.

- 유니세프(UNICEF)

제2차 세계 대전 이후 전쟁 피해 아동, 청소년 보호를 위해 설립된 전문 기구야. 세계 곳곳의 분쟁 지역에서 활동하며 다양한 구호 활동을 펼치지.

- 세계 보건 기구(WHO)

인류의 건강 상태를 끌어올리기 위해 만들어진 전문 기구야. 세계 곳곳에서 발생하는 전염병을 감시하며 필요할 경우 국제 협력에 나서기도 하지. 급격한 세계화와 함께 국제적 전염병 발생을 막기 위해 중요성이 점점 커지고 있어.

▲ 유니세프의 구호 활동 아프리카에서 활동 중인 유니세프의 모습이야.

- 국제 원자력 기구(IAEA)

원자력이 군사적인 목적으로 사용되는 것을 막는 기구야. 핵 확산 방지 조약(NPT)과 더불어 핵무기 확산 방지에 앞장서는 대표적인 전문 기구란다.

용선생 세계사 카페

갈 곳 잃은 사람들,
난민 문제 들여다보기

최근 인터넷에 공개된 한 장의 사진을 두고 전 세계가 슬픔에 잠겼어. 파도에 떠밀려 온 세 살짜리 어린아이의 시신이 바닷가에 쓸쓸하게 놓인 모습이었지. 이 어린아이는 내전이 일어난 시리아를 탈출하려다가 목숨을 잃은 난민이었단다. 과연 난민은 어떤 사람이고, 이 아이는 왜 이렇게 비참한 최후를 맞이한 걸까?

난민이란?

'난민'은 불가피한 이유로 자기가 살던 나라를 떠나 다른 나라로 이주한 사람을 말해. 난민은 인류 역사가 시작되고 국가가 만들어진 이후부터 늘 존재했지만 제2차 세계 대전 이후 국제적 문제로 떠올랐지. 제2차 세계 대전의 여파로 살던 곳에서 추방된 사람이 많아졌거든. 특히 동유럽에 살던 독일계 주민 수십만 명이 추방당했고, 이 외에도 국경이 조정되며 많은 난민이 발생했어.

▲ 시리아 난민 어린아이를 위한 추모비 어린아이의 시신이 있던 곳에 놓인 추모비야.

258

▲ 국제 난민 기구 국제 난민 기구는 1947년 결성돼 난민 보호에 나서고 있어.

▲ 제2차 세계 대전 직후 독일 난민 폴란드에서 추방당한 독일계 난민의 모습이야. 제2차 세계 대전 이후 세계의 난민은 5천만 명에 이르렀다고 해.

국제 연합에서는 '국제 난민 기구'를 설치해 난민 보호에 나섰고, 1951년에는 '난민 협약'을 맺었어. 난민 협약은 '인종, 종교, 민족, 그리고 그 외 특정 사회 집단에 속해 있거나 정치적 의견을 이유로 사회적인 탄압을 받을 수 있는 사람'을 국제법상 난민으로 규정해 보호하도록 하지. 오늘날 난민 협약에는 세계 126개 나라가 가입해 있단다.

> 난민 협약에는 제외되어 있지만 요즘엔 '전쟁과 자연재해에 의한 피난민'도 함께 난민으로 받아들이는 추세야.

냉전 시기 동안 난민은 대부분 정치적 이유로 발생했어. 그러나 최근에는 전쟁과 경제적인 이유로 인한 난민이 점점 늘어나는 추세란다. 특히 2011년 '아랍의 봄'의 여파로 이슬람 세계 곳곳이 혼란에 빠지자, 이로 인한 난민이 늘어났지. 이들은 무리하게 국경을 넘다가 사망하고, 조각배에 의지한 채 바다를 건너다가 목숨을 잃는 경우도 부지기수래.

나라	난민 수
시리아	630만 명
아프가니스탄	260만 명
남수단	240만 명
미얀마	120만 명
소말리아	99만 명

▲ 주요 난민 발생국

▲ 유럽으로 향하는 시리아와 이라크 난민 오랜 내전으로 신음하는 시리아와 이라크에서 난민 발생이 날로 늘어나고 있어.

▲ 영국의 반 난민 시위 최근 유럽 각국으로 난민 수용을 반대하는 시위가 점점 번져 나가고 있어.

난민을 둘러싼 갈등

난민들은 대부분 생활 환경이 좋은 유럽이나 미국에 정착하고 싶어 해. 하지만 유럽과 미국에 유입되는 난민이 워낙 많아지다 보니 사회적인 갈등이 나날이 커지고 있지. 일단 최근 발생한 난민은 대부분 이슬람교도라 유럽이나 미국인에게는 문화적인 거부감이 커. 또 난민이 유입되면 이슬람 원리주의 단체에 의한 테러가 발생할 수 있다는 걱정을 하는 사람도 많단다. 여기에 2008년 금융 위기 이후로는 유럽 각국과 미국의 경제 사정이 많이 나빠진 탓에, '난민을 먹여 살리느라 경제가 죽는다'는 주장도 힘을 얻고 있어. 실제로 영국 국민이 유럽 연합 탈퇴를 결정한 배경에는 난민 문제도 크게 작용했단다.

미국도 마찬가지야. 미국의 도널드 트럼프 대통령은 난민이 몰래 입국해 범죄를 일으키고, 마약을 거래하는 등 사회적인 문제를 일으키기 때문에 모조리 추방해야 한다고 주장해. 그래서 밀입국을 막기 위해 멕시코와 맞닿은 국경에 거대한 장벽을 쌓고 있단다. 여기에 테러를 막겠다면서 이슬람 세계 주요 7개 나라 국민의 입국을 막는 결정을 내렸어.

우리나라의 난민 문제

우리나라에는 최근 제주도로 예멘 출신의 난민 500명이 한꺼번에 들어왔어. 이후, 난민 수용에 찬성하는 사람과 반대하는 사람이 팽팽하게 논쟁을 펼치고 있지.

난민 수용에 찬성하는 사람들은 우리나라도 이제는 난민 문제를 비롯한 국제적인 인권 문제에 적극적으로 나서야 할 의무가 있다고 주장해. 특히 우리나라는 전쟁을 겪으며 숱한 난민이 해외로 이주했던 역사를 가진 나라이니만큼, 이제 와서 난민 문제를 모른 척하는 건 무책임하다는 거야.

반면 난민 수용에 반대하는 사람들은 유럽이나 미국 사람들과 비슷한 걱정을 해. 문화적으로 이질감이 큰 이슬람교도가 유입되면 사회적인 문제가 발생할 것이며, 범죄나 테러를 저지를 우려도 크다는 거지. 또 우리나라는 이미 난민이나 다름없는 탈북민 수만 명을 받아들였기 때문에 난민을 수용해야 할 의무도 없다고 말한단다.

평행선을 달리는 것 같은 논의이지만 결국 문제는 꼼꼼한 조사를 통해 진짜 난민을 가려내는 과정일 거야. 실제로 어떤 사람은 단순히 잘사는 나라에 정착하는 수단으로 난민 신청을 이용하기도 하거든. 또 범죄를 저지를 가능성이 크거나 테러 조직과 연결된 사람을 난민으로 받아들이는 일도 당연히 없어야겠지.

하지만 최근에는 '이슬람교도는 모두 범죄자'라든가, '난민이 대량으로 유입돼 우리나라를 이슬람 왕국으로 만들려고 한다'는 등 근거 없는 괴소문이 떠돌며 난민에 대한 거부감을 키우고 있어. 이런 괴소문에 넘어가 정말 오갈 곳 없는 난민마저 내쫓는 일 역시 없어야 할 거야.

▲ 난민 반대 시위 예멘 난민의 입국에 반대하는 목소리는 점점 커지고 있어. 시위도 여러 차례 열렸지.

세계사 수업을 끝내며

우리가 만들어 갈 세상은 어떤 모습일까?

지금까지 우리는 길고도 우여곡절 많은 인류의 역사를 살펴봤어. 세계 다양한 곳에서 서로 다른 모습을 가진 사람들이 수천 년 동안 저마다 개성 있는 문명을 건설했고, 이후 수많은 갈등을 겪으며 다채로운 색깔로 역사를 장식했지.

한때 인류는 수천만 명의 목숨을 앗아 간 끔찍한 전쟁을 겪었어. 또 지구를 통째로 멸망시킬 수 있는 핵전쟁의 위협 앞에서 공포에 떨기도 했지. 하지만 지금 우리는 전쟁의 공포에서 한 걸음 물러나 새로운 미래를 준비한단다.

물론 세계에는 여전히 수많은 문제가 남아 있어. 서로 다른 나라와 민족 간의 갈등이 벌어지고, 종교를 두고 편을 갈라 싸움을 벌이는 경우도 많아. 또 날로 심각해지는 환경 문제와 부족한 자원 문제가 발목을 붙잡기도 해.

하지만 인류는 지금껏 그 어떤 어려움 앞에서도 늘 머리를 맞대고 새로운 길을 찾았어. 앞으로 인류가 어떤 미래를 만들어 나갈지, 우리가 어떤 세상을 만들어 나갈지는 모두 우리에게 달려 있어.

세계사 수업 마지막 시간! 오늘은 세계의 앞날에 놓여 있는 여러 문제에 대해 알아보고, 우리가 앞으로 만들어 나갈 세상은 어떤 모습일지 함께 생각해 보도록 하자.

여전히 계속되는 갈등

"그래도 전쟁 걱정은 많이 줄었다니까 천만다행인 거 같아요."

"맞아요. 전쟁이 일어나면 이렇게 좋아하는 걸 먹지 못할 거잖아요? 히히."

용선생이 시켜 놓은 치킨 한 조각을 뜯으며 장하다가 신이 난 듯 말했다. 다른 아이들도 치킨과 피자 한 조각씩을 들고는 연신 고개를 끄덕였다.

"흐흐. 하다 말이 맞아. 하지만 세계 곳곳에서는 여전히 해결되지 않은 갈등 때문에 많은 사람이 죽거나 다치고 있단다. 뉴스만 꼼꼼히 봐도 얼마나 많은 갈등이 세계 곳곳에서 계속되는지 잘 알 수 있지."

"대체 무슨 일 때문에 아직까지도 그렇게 싸우나요?"

"이유야 무척 다양하지. 경제적인 문제도 있고, 종교적인 문제도 있어. 또 민족 간의 갈등이 문제인 경우도 있어. 한 예로 미얀마에서는 미얀마인이 소수 민족인 로힝야족을 계속 탄압해서 국제적 문제가 되고 있단다. 이미 수십만에 이르는 난민이 발생했고, 수많은 사람이 목숨을 잃었어."

"어휴, 여전히 그런 문제가 있군요."

"아프리카의 남수단도 최근 민족 분쟁과 정치 문제가 얽혀서 큰 내전을 겪었단

▲ 로힝야족 난민 캠프 로힝야족은 영국의 식민 통치 때 인도에서 미얀마로 이주한 소수 민족이야. 미얀마가 독립할 때 영국 편을 들며 식민 통치에 협력했는데, 그 이유로 지금까지 탄압을 받고 있지. 최근 탄압이 심해지며 70만 명 가까운 난민이 발생했어.

미얀마

다. 2년 동안 수만 명이 죽고 약 220만 명이 난민이 되어 굶주림에 시달렸지. 남수단의 이웃 나라인 소말리아와 예멘도 꽤 오랫동안 정치적 혼란에서 벗어나지 못하고 있어. 지구상에는 이처럼 정치적 혼란에 시달리며 가난과 식량 부족으로 늘 굶주림에 시달리는 나라가 제법 많아. 세계에서 열 살 미만의 어린이가 5초에 한 명꼴로 굶어 죽는다는 통계가 있을 정도야."

▲ 식수 문제로 고통받는 남수단 난민 지금까지 남수단에서는 100만 명이 넘는 난민이 국경을 넘어 우간다 등 이웃 나라로 피신했어. 이 중 약 80만 명은 열여덟 살이 채 되지 않은 아이라는구나.

"어머나. 우리가 평화롭다고 전 세계 사람들이 평화롭게 사는 건 아니네요."

"비교적 평화롭고 풍요로운 유럽 같은 곳에도 갈등의 불씨는 여전히 남아 있어. 지금은 같은 나라에 살고 있지만 뿌리가 다른 민족들이 꾸준히 독립을 요구하는 중이거든. 에스파냐의 카탈루냐 지방 같은 곳이 대표적이야."

"카탈루냐요?"

"응. 에스파냐 동부의 카탈루냐는 옛 아라곤 왕국의 중심지였어. 1492년까지는 지금의 에스파냐와 다른 나라였고, 한 나라가 된 이후로도 고유의 언어와 문화를 간직한 채 자치 정부를 꾸려 왔지. 근데 카탈루냐는 관광업을 비롯한 각종 산업이 발달해서 에스파냐에서 제일 잘사는 지역이야. 하지만 중앙 정부로부터 차별이 계속되자 독립을 원하는 목소리가 커졌단다. 우리끼리도 잘 살 수 있는데, 굳이 손

▲ 카탈루냐 독립을 주장하는 바르셀로나 시민들
카탈루냐는 2017년 주민 투표를 거쳐 독립을 공식 선언하고 시민 수만
명이 시위를 벌였어. 하지만 결국 중앙 정부에 의해 독립은 무산됐지.

▲ 남중국해가 중국 영토라고 홍보하는 대형 광고
중국은 난사 군도가 자기 영토라는 주장을 굳히기 위해 암초 위에 인공
섬을 조성하고 자국 내에서도 활발히 홍보하지.

해를 보면서 에스파냐에 세금을 낼 필요가 있느냐는 거지.”

“쩝. 그렇군요.”

“이 외에 에스파냐의 바스크 지방, 영국의 스코틀랜드, 이탈리아 북부 지방에도 독립을 원하는 사람이 많아. 이런 갈등은 여전히 언제 터질지 알 수 없는 유럽의 시한폭탄으로 남아 있단다.”

“그래도 정말 힘센 나라끼리 으르렁대며 붙을 일은 이젠 없는 거죠?”

“그것도 모를 일이야. 미국이나 중국, 러시아나 일본 같은 강대국 간에도 영토 문제를 두고 힘겨루기가 계속되는 중이거든. 중국은 동남아시아의 외딴섬 무리인 ‘난사 군도’가 자기들 영토라고 주장하며 동남아시아 여러 나라와 갈등을 빚어. 여기에 중국의 세력 확장을 경계하는 미국이 끼어들어서, 얼마 전에는 두 나라의 해군이 서로 접근하는 위험천만한 일까지 벌어졌어. 또, 북인도의 카슈미르 지역에서는 인도, 파키스탄과 중국이 벌써 수십 년째 영토 분쟁 중이란다. 일본은 뭐, 말할 것도 없겠지?”

“독도! 일본은 독도가 자기들 땅이라고 우기잖아요.”

곽두기가 재빠르게 피자를 먹던 손을 들며 말하자 용선생은 고개를 끄덕였다.

"맞아. 독도만이 아니란다. 일본은 남쪽 오키나와 인근의 '센카쿠 열도'를 두고는 중국과, 북쪽의 '쿠릴 열도'를 두고는 러시아와 영토 분쟁 중이야. 물론 이런 문제로 강대국 간에 당장 전쟁이 터지거나 무역이 중단되는 건 아닐지 몰라도, 외교적으로는 서로 늘 껄끄러운 문제가 되곤 하지."

"역시, 아직 해결해야 할 문제가 많군요."

쿠릴 열도
러시아, 일본

카슈미르
인도, 파키스탄, 중국

시사 군도
중국, 베트남

센카쿠 열도
중국, 일본

난사 군도
중국, 필리핀, 싱가포르, 말레이시아, 타이완, 브루나이

▲ 아시아 주요 영토 분쟁 지역

더 다채로운 모습의 세계를 위하여

"지금까지 이야기한 문제는 대부분 과거의 갈등이 아직 해결되지 못한 채 이어진 것에 가까워. 하지만 최근 들어 새롭게 생겨나는 문제들도 많단다."

"엥? 어떤 게 있는데요?"

"다문화와 관련된 문제가 대표적이야. 너희들 '다문화 가정'이란 얘기 들어 봤지?"

"아, 네! 저희 반에도 어머니가 베트남 사람인 친구가 있어요."

영심이가 재빨리 말하자 용선생은 고개를 끄덕였다.

"그래. 최근 들어 우리 주변에는 동남아시아나 중국, 일본, 유럽에서 온 사람이 부쩍 늘어났어. 세계화와 함께 우리나라뿐 아니라 세계 어디에서나 출신지가 다양한 사람을 쉽게 찾아볼 수 있게 되었지."

"그게 문제가 된다는 말씀이신가요?"

▲ 다문화 이해 교육 최근 우리나라에서도 이처럼 다양한 나라의 문화를 이해하고 소개하기 위한 교육이 점점 늘어나고 있어.

"응. 외국인이 많아지다 보니 무턱대고 거부감부터 갖는 사람이 늘어난 거야. 특히 자기 나라보다 생활 수준이 낮은 나라에서 온 사람, 피부색이 가무잡잡한 사람, 낯선 종교를 믿는 사람을 색안경을 낀 채 바라보며 악담과 차별을 일삼는 경우가 적지 않아. 이를테면 외국인 노동자는 다들 범죄자다, 우리 일자리를 빼앗는다는 가짜 뉴스도 퍼뜨리고 말이야. 우리나라에도 동남아시아에서 온 사람을 보면 '너희 나라로 돌아가라'라며 벌컥 화부터 내는 사람이 있잖니. 이런 사람들이 유럽이나 미국에서 온 백인을 보면 그렇게 친절하게 군다지 아마?"

"그냥 똑같은 사람일 뿐인데 왜 그러는지 모르겠어요. 어휴!"

나선애가 답답한 듯 가슴을 치며 말했다.

▲ 외국인 혐오에 반대하는 미국인들 이슬람교를 믿는다는 이유로 범죄자로 취급하는 미국 이민 정책에 항의하고 있어.

"이런 편견과 차별이 점점 심해지다 보면 결국 지난날 인류가 저질렀던 잘못을 똑같이 되풀이할 수도 있어. 민족이 다르다, 종교가 다르다는 이유로 전쟁을 벌이고 사람을 죽인 잘못 말이야. 나치 독일의 유대인 학살도 결국 이런 편견에서 출발했거든."

▼ 이탈리아에서 열린 제4차 '세계 평화를 위한 기도의 날' 1986년부터 계속되고 있어. 여러 나라의 종교 지도자들이 한자리에 모여 서로 다른 종교 사이에 대화를 나누고 세계 평화를 위해 함께 노력하는 행사지.

"헉, 그러고 보니 맞는 말씀 같아요."

"그래서 최근 세계적으로 많은 노력이 이어지고 있어. 서로 다른 종교와 문화에 대한 편견을 줄이고, 다른 뿌리를 가진 사람들이 함께 어우러져서 살아갈 수 있는 토대를 마련하는 거지. 정부가 정책적으로 이주민의 사회 적응을 돕거나, 종교 단체나 시민 단체가 나서서 서로 다른 문화의 이해를 돕는 활동을 벌이기도 해. 한편으로는 대중문화의 변화도 점차 커지고 있어."

"대중문화요?"

"그동안은 영화나 음악, 텔레비전 프로그램이 다른 인종이나 문화에 대한 편견을 알게 모르게 부추겨 왔어. 예를 들어 할리우드 영화에서 주인공은 늘 잘생긴 백인이고, 황인이나 흑인은 욕심 많은 악당, 좀도둑으로 등장하는 경우가 많았지. 우리나라에서도 흑인을 비하하는 '깜둥이' 같은 표현을 서슴없이 사용하곤 했어. 하지만 요즘은 다들 이런 편견에서 벗어나려고 노력한단다. 그 덕에 최근에는 할리우드 영화나 미국 드라마에서도 흑인 주인공, 아시아계 주인공을 심심찮게 찾아볼 수 있지."

▲ 영화 <메이즈 러너>의 배우들 이 영화는 한국계 미국인인 이기홍이 주요 배역을 맡아서 화제가 됐어.

"그러고 보니 얼마 전에 한국계 배우가 주인공으로 나온 영화가 있었던 것 같아요."

"그래. 사소한 변화처럼 보일지 모르지만, 이런 변화 하나하나가 쌓여서 서로 다른 사람들이 어우러져 살아가는 다채로운 세상을 만들어 가는 거야. 물론 앞으로도 더 고민하고 실천에 옮겨야 할 일이 많겠지만 말이야."

지속 가능한 발전을 위하여

"근데 선생님, 그냥 종이컵 쓰면 안 돼요? 나중에 설거지하기 귀찮은데."

"그러게 다 같이 하자니까, 가위바위보 해서 설거지 몰아 주자고 할 땐 언제고."

유리잔에 콜라를 따라 마시던 장하다가 칭얼대듯 말하자 왕수재가 픽 쏘아붙였다.

"흐흐. 선생님도 같이 도와줄게. 우리 지구를 생각해서 종이컵은 쓰지 말자꾸나."

"맞아. 요새는 카페에서 일회용 컵도 쓰지 말자고 하던걸요?"

"오, 그래. 선애도 들은 적 있구나? 그럼 말 나온 김에 환경 문제도 이야기해 볼까? 지구의 미래를 이야기할 때 환경 문제만큼 심각한 것

▲ 2015년 국제 연합 기후 변화 회의 2015년 파리에서 열린 회의 모습이야. 이 회의에서 국제 연합 195개국은 온실가스 배출을 줄이기로 합의했어.

도 드무니까 말이야. 사실 인류는 이미 1950년대부터 환경 문제에 관심을 기울여 왔어. 세계 곳곳에서 급격한 산업 발전과 함께 생태계가 파괴되거나, 인간에게 치명적인 질병이 발생하는 일이 있었거든. 1968년에는 '로마 클럽'이라는 연구 단체가 이런 경고를 남겼단다. '만일 인류가 이대로 환경을 계속 파괴해 나간다면, 자원이 고갈되고 환경이 오염돼 100년 안에 경제 성장과 산업 발전이 멈추게 될 것이다.'"

"무시무시한 경고네요."

"그래. 그래서 국제 연합의 주도 아래 최악의 미래를 피하기 위한 연구가 시작됐어. 그 결과 1987년에는 '지속 가능한 발전'이라는 개념이 등장했단다."

"지속 가능한 발전요?"

"응. 환경을 파괴하지 않고 자원을 고갈시키지 않으면서, 우리뿐 아니라 우리 다음 세대도 지속적으로 경제 발전을 이뤄 나갈 수 있는 성장을 추구하는 거야. 이후 국제 사회는 '지속 가능한 발전'을 목표

▲ 《성장의 한계》 로마 클럽이 1968년 제출한 보고서야. '지속 가능한 발전'이라는 개념이 최초로 등장했지.

로 삼고 환경 문제를 관리한단다. 신재생 에너지 개발을 적극 지원하고, 나날이 심각해지는 지구 온난화를 막기 위해 회의를 통해 온실가스 배출을 줄이기로 합의했지."

"그런데 지속 가능한 발전이 성공한 건가요? 1987년이면 벌써 30년 넘게 흘렀잖아요."

왕수재가 의아한 듯 묻자 용선생은 고개를 끄덕였다.

"물론 요즘의 사정을 보면 긍정적으로 이야기하기는 어려워. 지구 온난화는 점점 심해져서 극지방의 빙하와 세계 곳곳의 만년설이 하루가 다르게 녹고, 세계적으로 폭염이나 폭풍, 가뭄 같은 이상 기후가 나날이 늘어나는 중이지. 또 대기 오염도 심각한 문제야. 요즘 우리나라는 점점 심해지는 미세 먼지 때문에 몸살을 앓고 있잖니? 게다가 쓰레기 문제도 여전해. 태평양에 우리나라의 몇 배 크기나 되는 '쓰레기 섬'이 만들어졌다는 이야기는 이미 너무나 유명하지."

"우리나라의 몇 배 크기나 된다고요? 세상에."

"갈수록 심해지는 기후 변화와 인간의 환경 파괴 때문에 인간 이외에 다른 생물들이 겪는 피해는 훨씬 심각해. 지구상의 생물들은 너무나 빠른 속도로 사라지는 중이란다. 이대로 50년만 더 가면 지구상의 생물 중 절반이 멸종할 거라는 예상까지 있을 정도야. 그래서 최근에는 인간에게 '인권'이 있다면 동물에게는 '동물권'이 있다며 동물을 함부로 대해선 안 된다는 목소리도 커지고 있어. 한번 멸종된 생물은 무슨 수를 써도 되살릴 수 없고, 또 멸종 때문에 생태계가 파괴되면 결국 인

▲ 쓰레기 투기장과 쓰레기로 고통받는 동물들 인간이 무심코 버린 쓰레기는 이처럼 수많은 생물을 위험에 빠트리지.

▲ 녹아내리는 북극의 빙하 북극의 빙하는 2030년 무렵이면 모두 녹아내릴 거라고 해. 지구 기후에 큰 변화가 닥치는 건 물론이고, 얼음 위에서 생활하는 북극곰 등 여러 생물도 큰 피해를 볼 거야.

류의 생존까지 위태로울 수 있거든."

"생물이 멸종되면 인류의 생존까지 위태로울 수 있다고요?"

"응. 사실 인류는 지구상의 다양한 생물을 이용해 많은 자원을 얻거든. 간단하게는 우유나 동물 가죽, 털 같은 것이 있겠지? 그리고 항생제나 백신 등 인류가 사용하는 여러 약품 중에도 생물을 이용해 만드는 게 정말 많아. 그러니 생물의 멸종은 곧 인류 문명의 생존과도 연결되어 있는 거야. 그래서 1992년에는 세계 158개국이 국제 연합에 모여 '생물 다양성 협약'이란 걸 맺었어. 지구의 다양한 생물종을 최대한 보전하고, 또 생물을 자원으로 이용해 얻는 이익을 일부 선진국이 독점하지 못하도록 하는 약속이지. 우리나라도 1994년 이 협약에 정식으로 가입했단다."

"다행이다! 알고 보니 환경을 지키기 위해서 정말 여러 노력을 하는군요."

"앞으로는 더욱 많은 사람이 동참해야 해. 이렇게 일회용품 사용을

자제하는 것이 중요한 출발이라고 할 수 있겠지. 또 정부나 기업이 친환경 정책을 실시할 수 있도록 꾸준히 목소리를 높이는 것도 환경 오염을 막기 위해 우리가 할 수 있는 일이란다."

우리는 어떤 세상에서 살아가게 될까?

"휴, 선생님 말씀을 듣고 보니 우리가 해야 할 일이 정말 많은 거 같아요."

"그런데 우리가 노력한다고 해서 정말 미래를 바꿀 수 있을까요? 인구는 점점 늘어나고 자원은 점점 부족해질 텐데……."

곽두기가 초조한 듯 말하자 용선생은 고개를 끄덕였다.

"물론 바꿀 수 있어. 이미 인류의 미래를 바꾸기 위한 노력을 차근차근 해 가는 중이거든. 특히 석유나 석탄처럼 언젠가 고갈될 수밖에 없는 자원 대신 '재생 가능한' 대체 에너지를 사용하려는 시도가 점점 늘어나는 중이란다. 태양열, 태양광이나 풍력 같은 에너지가 대표적이지. 독일은 이미 전체 전력의 35퍼센트를 재생 에너지로 공급하는 중이래. 요새는 우리나라에서도 고층 빌딩

▲ 고층 아파트에 설치된 태양광 발전 시설 최근 우리나라에도 재생 에너지를 사용하는 비중이 늘어나는 추세야. 이렇게 아파트 옥상에서 태양 에너지를 이용해 전기를 생산하기도 하지.

에 설치된 태양광 발전기를 쉽게 찾을 수 있지."

"맞다. 우리 동네 아파트에도 태양광 발전기가 설치된 걸 본 적이 있어요."

"그래. 또 휘발유 대신 수소, 전기를 사용하는 친환경 자동차도 꾸준히 개발되고 있어. 세계 각국 정부에서도 지원을 아끼지 않으니, 곧 전기 자동차가 길거리를 달리는 모습을 볼 수 있을 거야. 그럼 지구 온난화나 자원 고갈에 대한 걱정도 한시름 덜게 되겠지."

"헤헤. 그럼 정말 다행이겠네요."

"여기에 인류에게 아직 미지의 영역으로 남아 있는 세계를 탐사해 해법을 찾으려는 노력도 계속 시도되는 중이야.

▲ 전기 자동차 택시 충전 모습 전기 자동차 기술은 이미 실용 단계에 이르렀어. 머지않은 미래에 휘발유 대신 이렇게 전기를 충전해 달리는 자동차를 쉽게 볼 수 있을 거야.

국제 우주 정거장의 이모저모

미국과 러시아를 비롯한 세계 각국이 참여해 2010년 완성한 다국적 우주 정거장이야. 우주 정거장은 시속 2만 7740킬로미터의 속도로 약 90분에 걸쳐 지구를 한 바퀴 돌기 때문에 하루에 약 16회 지구를 공전하지.

우주 정거장 안은 무중력 상태에 가까워. 그래서 우주 비행사들은 음식이 놓인 쟁반을 탁자에 끼워 놓고 식사하지.

우주 왕복선을 우주 정거장과
결합시키는 연결 장치야.

우주 왕복선 밖으로 나와 선체를 수리하거나, 우주
환경에서 가능한 여러 가지 실험과 연구를 하지.

새로운 우주 기술을 개발하고 무중력 상태
에서의 물리학과 생명과학을 연구해.

그래서 인류는 하나로 힘을 합쳐서 남극과 북극, 아주 깊은 바닷속 그리고 지구를 벗어나 우주까지 진출했단다."

"우주에도요?"

"응. 2010년에는 지구에서 400킬로미터 떨어져 있는 궤도상에 '국제 우주 정거장'이 건설됐어. 미국과 러시아를 비롯해 세계 16개국이 건설에 참여했고, 지금도 세계 각국의 과학자가 파견돼서 여러 가지 연구를 진행하지. 아마 우주 개발에 본격적으로 시동이 걸리면 지구의 자원이나 에너지 문제에도 또 하나의 돌파구가 생길 거야."

"그럼 우주여행을 갈 수 있을지도 모르겠네요? 헤헤."

장하다가 신이 난 듯 어깨를 들썩거렸다.

"흐흐. 그래. 아마 언젠가는 가능할지도 모르지. 그리고 미래에 대해 이야기하자면 또 하나 빼먹을 수 없는 주제가 바로 바로 컴퓨터와 인공 지능 기술의 발달이란다. 특히 머지않은 미래에 인공 지능이 놀

▲ 자율 주행 자동차 세계 각국은 자율 주행 자동차 개발에 심혈을 기울이고 있어. 미국의 구글은 2012년부터 개발을 시작해 벌써 100만 킬로미터 넘게 주행에 성공했지.

▲ DHL의 무인 배송 드론 독일의 국제 배송 회사인 DHL에서는 사람 대신 드론을 이용해 물품을 배송하려 하고 있어.

랍게 발달해서 인간이 할 일을 대신 하면, 그 여파로 세계의 모습이 급격히 변할 거라고 예측하는 사람이 많아."

"그럼 이제는 사람이 할 일을 로봇이 대신 할 거라는 말씀인가요?"

"물론 인간의 역할을 완전히 대신 하려면 지금보다 기술이 훨씬 발달해야 할 거야. 하지만 인공 지능은 이미 생각보다 우리의 삶에 깊숙이 들어와 있단다. 예를 들어 자동차의 내비게이션도 일종의 인공 지능이야. 내

▲ 미국 시애틀에 있는 무인 상점 아마존고 세계 최초의 무인 매장으로 미국 전자 상거래 기업 아마존이 운영해. 소비자가 스마트폰에 앱을 설치하고 매장에 들어가 상품을 고르기만 하면 연결된 신용 카드로 바로 비용이 청구되지.

비게이션이 나오기 전에는 사람이 지도를 보고 빠른 길을 일일이 생각해야 했으니, 이것도 사람이 할 일을 기계가 대신 하는 예라고 할 수 있겠지."

"어머, 듣고 보니 정말 그렇네요."

"몇몇 분야에서는 이미 놀라운 변화가 나타나고 있단다. 인간 대신 컴퓨터가 운전을 하는 '자율 주행 자동차'는 이미 완성 단계에 이르렀고, 하늘을 나는 무인 로봇이 물건을 배송하는 인터넷 쇼핑몰도 등장했지. 이런 변화가 하나하나 쌓이다 보면, 아마 미래는 우리의 예측을 훨씬 뛰어넘는 모습이 될지도 몰라. 그래서 이런 현상을 '제4차 산업 혁명'이라고 부르기도 한단다."

"그런데 인간이 할 일을 기계가 다 대신 해 버리면 인간은 뭘 해요? 실업자가 되는 거 아닌가요?"

"맞아요. 그리고 기계가 막 인간을 지배하려고 하면 어떡해요?"

> 1차는 영국에서 시작된 산업 혁명, 2차는 전기의 등장으로 시작된 공업의 눈부신 발전, 3차는 컴퓨터와 인터넷의 발명으로 시작된 '정보통신혁명'을 의미해.

▲ 국제연합(UN)이 정한 지속 가능 개발 목표 국제 연합은 인류가 해결할 17가지 목표를 세워 국제 사회와 공동 협력하기로 했어.

아이들이 심각한 표정으로 번갈아 가며 말하자 용선생은 고개를 끄덕였다.

"지금으로서는 어떤 문제가 생길지 상상조차 하기 어렵지만, 분명 별의별 문제가 다 생길 거야. 강대국끼리 다시 충돌하는 일이 벌어질 수도 있을 테고. 하지만 문제가 생기느냐 안 생기느냐는 중요하지 않아. 중요한 건 폭력적인 방법을 쓰지 않고 평화로운 방법으로 문제를 풀어 나가려는 태도라고 할 수 있지."

"그게 말처럼 쉬울까요?"

"물론 세상에 저절로 해결되는 일은 없어. 많은 사람이 노력해야 하겠지. 하지만 분명한 건 인류는 수많은 시행착오 속에서도 지금까지 서로 힘을 합쳐 숱한 문제를 해결해 왔다는 사실이야. 최초의 문명이 탄생했을 때 인류의 가장 큰 고민은 언제 닥칠지 알 수 없는 홍수와 가뭄과 굶주림이었지만, 지금은 이런 문제에서 상당히 자유로워졌잖니? 그러니 앞으로의 문제를 어떻게 해결할지도 우리 모두의 손에 달려 있단다. 그게 바로 수천 년 계속된 세계사를 배우면서 우리가 가질 수 있는 교훈이 아닐까?"

용선생의 말에 나선애가 고개를 끄덕였다.

"선생님, 마지막 날이라 그런지 오늘 좀 멋져 보이시는데요?"

"네, 그러니까 이제 어려운 얘기 그만하고 맘 편히

먹으면 안 될까요?"

장하다가 배시시 웃으며 말하자 용선생도 고개를 끄덕였다.

"호호. 그래. 선생님이 마지막 날까지 가르쳐 주고 싶은 게 너무 많아서 좀 흥분했나 보다. 흠흠. 지금까지 어려운 수업 듣느라 너무 고생 많았다. 오늘은 신나게 먹고, 다음에 또 다른 이야기로 만나자꾸나. 그럼 이제 진짜로 잔치를 시작해 볼까?"

"네~ 잘먹겠습니다!"

세계사

1955년 4월	반둥 회의 개최
1955년 5월	바르샤바 조약 기구 결성
1956년 7월	이집트, 수에즈 운하 국유화
1957년 10월	소련, 세계 최초의 인공위성 발사
1958년	중국, 대약진 운동 시작
1960년	아프리카 17개국 독립(아프리카 독립의 해)
1962년 10월	쿠바 미사일 위기
1964년 8월	미국, 베트남 전쟁에 본격 참전
1966년 5월	중국, 문화 대혁명 시작
1967년 7월	유럽 공동체(EC) 탄생
1968년	68운동
1968년 1월	체코슬로바키아 민주화 운동(프라하의 봄)
1968년 7월	아폴로 11호, 달 착륙 성공
1969년 3월	소련과 중국, 국경 분쟁
1970년 1월	닉슨, 아시아 분쟁에 개입하지 않겠다고 발표
1971년 5월	미국과 소련, 전략 무기 제한 협상 체결
1972년 2월	닉슨, 중국 방문
1973년 10월	제4차 중동 전쟁 / 제1차 석유 파동 시작
1975년 4월	베트남 전쟁 종전
1978년 12월	중국, 개혁 개방 선언
1979년 4월	이란 혁명 / 제2차 석유 파동
1979년 5월	영국, 대처 수상 취임
1979년 12월	소련, 아프가니스탄 침공
1981년 1월	미국, 레이건 대통령 취임
1985년 4월	고르바초프, 소련의 개혁, 개방 선언
1985년 9월	플라자 합의
1989년 11월	베를린 장벽 붕괴
1989년 4월	톈안먼 광장 저항 시위
1990년 8월	걸프 전쟁
1991년	일본 거품 경제 붕괴
1991년 12월	소련 해체
1994년	세계 무역 기구 창설
1997년 7월	홍콩, 중국에 반환됨
1997년 7월	아시아 외환 위기
2001년 9월	9.11 테러
2003년 3월	미국, 이라크 침공
2008년 9월	세계 금융 위기
2010년 12월	이슬람 세계 민주화 운동(아랍의 봄)
2016년 6월	영국, 유럽 연합 탈퇴 결정
2018년 6월	북미 정상 회담

반둥 회의

닉슨의 중국 방문

베를린 장벽 붕괴

9.11 테러

2008년 세계 금융 위기

한국사

1953년 7월	휴전 협정이 맺어지다
1954년 11월	사사오입 개헌을 하다
1960년 3월	대통령 선거에서 많은 부정이 일어나다(3.15 부정 선거)
1960년 4월	전국적으로 이승만 정부의 독재를 비판하는 시위가 일어나다(4.19 혁명)
1961년 5월	박정희를 중심으로 군인들이 정변을 일으키다(5.16 군사 정변)
1962년 1월	제1차 경제 개발 5개년 계획이 발표되다
1964년 6월	한일 협정에 반대하는 6.3 시위가 일어나다
1964년 9월	베트남에 군대를 보내다
1965년 6월	한일 협정이 맺어지다
1970년 7월	경부 고속 도로가 개통되다

5. 16 군사 정변

1970년 11월	전태일이 근로 기준법 준수를 요구하며 스스로 몸에 불을 붙여 사망하다
1972년 7월	남북이 7.4 남북 공동 성명을 발표하다
1972년 10월	비상 계엄령이 선포되고 유신 체제가 시작되다
1973년 12월	장준하가 개헌을 요구하는 백만인 서명 운동을 벌이다
1974년 1월	긴급 조치 제1호가 발동되다
1979년 10월	박정희 대통령이 총에 맞아 사망하다(10.26 사태)
1979년 12월	전두환을 비롯한 신군부가 군사 정변을 일으키다(12.12 사태)
1980년 5월	광주에서 5.18 민주화 운동이 일어나다
1987년 6월	전국적으로 6월 민주 항쟁이 일어나다
1988년 9월	서울 올림픽 대회가 열리다
1990년 9월	소련과 국교를 맺다
1991년 9월	남북한이 국제 연합에 동시 가입하다

전태일 동상

1991년 12월	남북이 남북 기본 합의서를 채택하다
1997년 12월	외환 위기로 IMF의 긴급 구제 금융을 받다
2000년 6월	김대중 대통령이 김정일 국방 위원장을 만나 6.15 남북 공동 선언을 발표하다
2002년 5월	한일 월드컵 축구 대회가 열리다
2005년 3월	호주제가 폐지되다
2007년 10월	제2차 남북 정상 회담이 열리다
2017년 3월	헌법과 법률을 위반한 이유로 박근혜 대통령이 파면되다
2018년 2월	평창 동계 올림픽 대회가 열리다
2018년 4월	판문점에서 남북 정상 회담이 열리다

PyeongChang 2018

평창 동계 올림픽

찾아보기

참고문헌

국내 도서

2009 개정 교육과정에 따른 중학교, 고등학교 사회교과군 교과서.

21세기연구회 저/전경아 역, 《지도로 보는 세계민족의 역사》,
이다미디어, 2012.

E.H. 곰브리치 저/백승길, 이종숭 역, 《서양미술사》, 2012.

R.K. 나라얀 편저/김석희 역, 《라마야나》, 아시아, 2012.

R.K. 나라얀 편저/김석희 역, 《마하바라타》, 아시아, 2014.

가와카쓰 요시오 저/임대희 역, 《중국의 역사》, 혜안, 2004.

강선주 등저, 《마주보는 세계사 교실》, 1~8권, 웅진주니어, 2011.

강희숙, 공수진, 박미선, 이동규, 정기문 저, 《세계사 뛰어넘기 1》, 열다,
2012.

강창훈, 남종국, 윤은주, 이옥순, 이은정, 최재인 저, 《세계사 뛰어넘기 2》,
열다, 2012.

거지엔슝 편/정근희 외역, 《천추흥망》1~8권, 따뜻한손, 2010.

고려대 중국학연구소 저, 《중국지리의 즐거움》, 차이나하우스, 2012.

고처, 캔디스&월튼, 린다 저/황보영조 역, 《세계사 특강》, 삼천리, 2010.

교육공동체 나다 저, 《피터 히스토리아》1~2권, 북인더갭, 2011.

권동희 저, 《지리이야기》, 한울, 2005.

금현진 등저, 《용선생의 시끌벅적 한국사》1~10권, 사회평론, 2016.

기노 쓰라유키 외 편/구정호 역, 《고킨와카슈(상/하)》, 소명출판, 2010.

기노 쓰라유키 외 편/최충희 역, 《고금와카집》, 지만지, 2011.

기쿠치 요시오 저/이경덕 역,《결코 사라지지 않는 로마, 신성 로마 제국》,
다른세상, 2010.

김경묵 저, 《이야기 러시아사》, 청아, 2012.

김기협 저, 《냉전 이후》, 서해문집, 2016.

김대륜, 김윤태, 안효상, 이은정, 최재인 글, 《세계사 뛰어넘기 3》, 열다,
2013.

김대호 저, 《장건, 실크로드를 개척하다》, 아카넷주니어, 2012.

김덕진 저, 《세상을 바꾼 기후》, 다른, 2013.

김명호 저, 《중국인 이야기 1~5권》, 한길사, 2016.

김상훈 저, 《통세계사 1, 2》, 다산에듀, 2015.

김성환 저, 《교실 밖 세계사여행》, 사계절, 2010.

김수행 저, 《세계대공황》, 돌베개, 2011.

김영한, 임지현 편저, 《서양의 지적 운동》, 1~2권, 지식산업사,
1994/1998.

김영호 저, 《세계사 연표사전》, 문예마당, 2012.

김원중 저, 《대항해 시대의 마지막 승자는 누구인가?》, 민음인, 2011.

김종현 저, 《영국 산업혁명의 재조명》, 서울대학교출판문화원, 2013.

김진섭 편, 《한 권으로 읽는 인도사》, 지경사, 2007.

김진호 저, 《근대 유럽의 역사: 종교개혁부터 신자유주의까지》,
한양대학교출판부, 2016.

김창성 저, 《세계사 산책》, 솔, 2003

김태권 저, 《르네상스 미술이야기》, 한겨레출판, 2012.

김현수 저, 《이야기 영국사》, 청아출판사, 2006.

김형진 저, 《이야기 인도사》, 청아출판사, 2013.

김호동 역, 《마르코 폴로의 동방견문록》, 사계절, 2005.

김호동 저, 《아틀라스 중앙유라시아사》, 사계절, 2016.

김호동 저, 《황하에서 천산까지》, 사계절, 2011.

남경태 저, 《종횡무진 동양사》, 그린비, 2013.

남경태 저, 《종횡무진 서양사(상/하)》, 그린비, 2013.

남문희 저, 《전쟁의 역사 1, 2, 3》, 휴머니스트, 2011.

남종국 저, 《지중해 교역은 유럽을 어떻게 바꾸었을까?》, 민음인, 2011.

노명식 저, 《프랑스 혁명에서 파리 코뮌까지 1789~1871》, 책과함께,
2011.

누노메 조후 등저/임대희 역, 《중국의 역사: 수당오대》, 혜안, 2001.

닐 포크너 저/이윤정 역, 《좌파 세계사》, 엑스오북스, 2016.

데라다 다카노부 저/서인범, 송정수 공역, 《중국의 역사: 대명제국》,
혜안, 2006.

데이비드 O. 모건 저/권용철 역, 《몽골족의 역사》, 모노그래프, 2012.

데이비드 아불라피아 저/이순호 역, 《위대한 바다: 지중해 2만년의
문명사》, 책과함께, 2013.

데이비드 프리스틀랜드 저, 이유영 역, 《왜 상인이 지배하는가》,
원더박스, 2016.

도널드 쿼터트 저/이은정 역, 《오스만 제국사》, 사계절, 2008.

두보, 이백 등저/최병국 편, 《두보와 이백 시선》, 한솜미디어, 2015.

라시드 앗 딘 저/김호동 역, 《부족지: 몽골 제국이 남긴 최초의 세계사》,
사계절, 2002,

라시드 앗 딘 저/김호동 역, 《칭기스칸기》, 사계절, 2003.

라시드 앗 딘 저/김호동 역, 《칸의 후예들》, 사계절, 2005.

라이프사이언스 저, 노경아 역, 《지도로 읽는다 세계5대 종교 역사도감》,
이다미디어, 2016.

라인하르트 쉬메켈 저/한국 게르만어 학회 역, 《인도유럽인, 세상을 바꾼
쿠르간 유목민》, 푸른역사 2013.

러셀 쇼토 저, 허형은 역, 《세상에서 가장 자유로운 도시, 암스테르담》,
책세상, 2016.

러셀 프리드먼 저/강미경 역, 《1차 세계대전: 모든 전쟁을 끝내기 위한
전쟁》, 두레아이들, 2013.

로버트 M. 카멕 편저/강정원 역, 《메소아메리카의 유산》, 그린비, 2014.

로버트 템플 저/과학세대 역, 《그림으로 보는 중국의 과학과 문명》, 까치,
2009.

로스 킹 저/신영화 역, 《미켈란젤로와 교황의 천장》, 다다북스, 2007.

로스 킹 저/이희재 역, 《브루넬레스키의 돔》, 세미콜론, 2007.

로저 크롤리 저/이순호 역, 《바다의 제국들》, 책과함께, 2010.

루츠 판다이크 저/안인희 역, 《처음 읽는 아프리카의 역사》, 웅진씽크빅,
2014.

류시화, 《백만 광년의 고독 속에서 한 줄의 시를 읽다》, 연금술사, 2014.

르네 그루세 저/김호동, 유원수, 정재훈 공역, 《유라시아 유목제국사》, 사계절, 1998.

르몽드 디플로마티크 기획/권지현 등 역, 《르몽드 세계사 1, 2, 3》, 휴머니스트 2008/2010/2013.

리처드 번스타인 저/정동현 역, 《뉴욕타임스 기자의 대당서역기》, 꿈꾸는돌, 2003.

린 화이트 주니어 저/강일휴 역, 《중세의 기술과 사회변화: 등자와 쟁기가 바꾼 유럽 역사》, 지식의 풍경, 2005.

마르크 블로크 저/한정숙 역, 《봉건사회 1, 2》, 한길사, 1986.

마리우스 B. 잰슨 저/김우영 등역, 《현대일본을 찾아서》, 이산, 2010.

마이클 우드 저/김승욱 역, 《인도 이야기》, 웅진지식하우스, 2009.

마이클 파이 저/김지선 역, 《북유럽세계사 1, 2》, 소와당, 2016.

마크 마조워 저/이순호 역, 《발칸의 역사》, 을유문화사, 2014.

마틴 버넬 저/오홍식 역, 《블랙 아테나 1》, 소나무, 2006.

마틴 자크 저/안세민 역, 《중국이 세계를 지배하면》, 부키, 2010.

마틴 키친 편저/유정희 역, 《사진과 그림으로 보는 케임브리지 독일사》, 시공아크로총서, 2001.

매리 하이듀즈 저/박장식, 김동역 역, 《동남아의 역사와 문화》, 솔과학, 2012.

모방푸 저, 전경아 역, 《지도로 읽는다! 중국도감》, 이다미디어, 2016.

문수인 저, 《아세안 영웅들 – 우리가 몰랐던 세계사 속 작은 거인》, 매일경제신문사, 2015.

문을식 저, 《인도의 사상과 문화》, 도서출판 여래, 2007.

미르치아 엘리아데 저/이용주 등 역, 《세계종교사상사 1, 2, 3》, 이학사, 2005.

미셸 파루티 저/ 권은미 역, 《모차르트: 신의 사랑을 받은 악동》, 시공디스커버리총서 011, 시공사, 1999.

미야자키 마사카쓰 저/노은주 역, 《지도로 보는 세계사》, 이다미디어, 2005.

미야자키 이치사다 저, 조병한 역, 《중국통사》, 서커스, 2016.

미조구치 유조 저/정태섭, 김용천 역, 《중국의 공과 사》, 신서원, 2006.

박금표 저, 《인도사 108장면》, 민족사, 2007.

박노자 저, 《거꾸로 보는 고대사》, 한겨레, 2010.

박노자 저, 《러시아는 우리에게 무엇인가》, 신인문사, 2011.

박래식 저, 《이야기 독일사》, 청아출판사, 2006.

박노자 저, 《러시아 혁명사 강의》, 나무연필, 2017.

박수철 저, 《오다 도요토미 정권의 사사지배와 천황》, 서울대학교출판문화원, 2012.

박용진 저, 《중세 유럽은 암흑시대였는가?》, 민음인, 2011.

박윤덕 등저, 《서양사강좌》, 아카넷, 2016.

박종현 저, 《희랍사상의 이해》, 종로서적, 1990.

박지향 저, 《클래식영국사》, 김영사, 2012.

박찬영, 엄정훈 등저, 《세계지리를 보다 1, 2, 3》, 리베르스쿨, 2012.

박한제, 김형종, 김병준, 이근명, 이준갑 공저, 《아틀라스 중국사》, 사계절, 2015.

배병우 등저, 《신들의 정원, 앙코르와트》, 글씨미디어, 2004.

배영수 편, 《서양사 강의》, 한울아카데미, 2000.

배재호 저, 《세계의 석굴》, 사회평론, 2015.

버나드 루이스 편/김호동 역, 《이슬람 1400년》, 까치, 2001.

베른트 슈퇴버 저/최승완 역, 《냉전이란 무엇인가》, 역사비평사, 2008.

베빈 알렉산더 저/김형배 역, 《위대한 장군들은 어떻게 승리하였는가》, 홍익출판사, 2000.

벤자민 킨, 키스 헤인즈 공저/김원중, 이성훈 공역, 《라틴아메리카의 역사 상/하》, 그린비, 2014.

볼프람 폰 에셴바흐 저/허창운 역, 《파르치팔》, 한길사, 2009.

브라이언 타이어니, 시드니 페인터 공저/이연규 역, 《서양 중세사》, 집문당, 2012.

브라이언 페이건 저/이희준 역, 《세계 선사 문화의 이해》, 사회평론아카데미, 2015.

브라이언 페이건 저/최파일 역, 《인류의 대항해》, 미지북스, 2012.

브라이언 페이건, 크리스토퍼 스카레 등저/이청규 역, 《고대 문명의 이해》, 사회평론아카데미, 2015.

비토리오 주디치 저/남경태 역, 《20세기 세계 역사》, 사계절, 2005.

사마천 저/김원중 역 《사기 본기》, 민음사, 2015.

사마천 저/김원중 역 《사기 서》, 민음사, 2015.

사마천 저/김원중 역 《사기 세가》, 민음사, 2015.

사마천 저/김원중 역 《사기 열전 1, 2》, 민음사, 2015.

사와다 아사오 저/김숙경 역, 《흉노: 지금은 사라진 고대 유목국가 이야기》, 아이필드, 2007.

새뮤얼 노아 크레이머 저/박성식 역, 《역사는 수메르에서 시작되었다》, 가람기획, 2000.

새뮤얼 헌팅턴 저/강문구, 이재영 역, 《제3의 물결: 20세기 후반의 민주화》, 인간사랑, 2011.

서영교 저, 《고대 동아시아 세계대전》, 글항아리, 2015.

서울대학교 독일학연구소 저, 《독일이야기 1, 2》, 거름, 2003.

서진영 저, 《21세기 중국정치》, 폴리테이아, 2008.

서희석, 호세 안토니오 팔마 공저, 《유럽의 첫 번째 태양, 스페인》, 을유문화사, 2015.

설혜심 저, 《소비의 역사 : 지금껏 아무도 주목하지 않은 '소비하는 인간'의 역사》, 휴머니스트, 2017.

송영배 저, 《동서 철학의 교섭과 동서양 사유 방식의 차이》, 논형, 2004.

수잔 와이즈 바우어 저/꼬마이실 역, 《교양 있는 우리 아이를 위한 세계역사이야기》, 1-5권, 꼬마이실, 2005.

스테파니아 스타푸티, 페데리카 로마뇰리 등저/박혜원 역, 《고대 문명의 역사와 보물: 그리스/로마/아스텍/이슬람/이집트/인도/켈트/크메르/페르시아》, 생각의나무, 2008.

시바료타로 저/양억관 역, 《항우와 유방 1, 2, 3》, 달궁, 2003.

시오노 나나미 저/김석희 역, 《로마 멸망 이후의 지중해 세계(상/하)》, 한길사, 2009.

시오노 나나미 저/김석희 역, 《로마인 이야기》, 1~15권, 한길사 2007.

신성곤, 윤혜영 저, 《한국인을 위한 중국사》, 서해문집, 2013.

신승하 저, 《중국사(상/하)》, 미래엔, 2005.

신준형 저, 《뒤러와 미켈란젤로》, 사회평론, 2013.

아사다 미노루 저/이하준 역, 《동인도회사》, 피피에, 2004.

아사오 나오히로 편저/이계황, 서각수, 연민수, 임성모 역, 《새로 쓴 일본사》, 창비, 2013.

아서 코트렐 저/까치 편집부역, 《그림으로 보는 세계신화사전》, 까치, 1997.

아일린 파워 저/이종인 역, 《중세의 사람들》, 즐거운상상, 2010.

안 베르텔로트 저/체계병 역, 《아서왕》, 시공사, 2003.

안병철 저, 《이스라엘 역사》, 기쁜소식, 2012.

안효상 저, 《미국은 어떻게 만들어졌을까》, 민음인, 2013.

알렉산드라 미네르비 저/조행복 역, 《사진으로 읽는 세계사 2: 나치즘》, 플래닛, 2008.

알렉산드라 미지엘린스카 외 저, 《MAPS 색칠하고 그리며 지구촌 여행하기》, 그린북, 2017.

알렉산드라 미지엘린스카 외 저, 이지원 역, 《MAPS》, 그린북, 2017.

앙투안 갈랑/임호경 역, 《천일야화 1~6》, 열린책들, 2010.

애덤 하트 데이비스 편/윤은주, 정범진, 최재인 역, 《히스토리》, 북하우스, 2009.

양은영 저, 《빅히스토리: 제국은 어떻게 나타나고 사라지는가?》, 와이스쿨 2015.

양정무 저, 《난생 처음 한번 공부하는 미술 이야기 1~4》, 사회평론, 2016.

양정무 저, 《상인과 미술》, 사회평론, 2011.

에드워드 기번 저/윤수인, 김희용 공역, 《로마제국 쇠망사 1~6》, 민음사, 2008.

에르빈 파노프스키 저/김율 역, 《고딕건축과 스콜라철학》, 한길사, 2015.

에릭 홉스봄 저/김동택 역, 《제국의 시대》, 한길사, 1998,

에릭 홉스봄 저/정도역, 차명수 공역, 《혁명의 시대》, 한길사, 1998.

에릭 홉스봄 저/정도영 역, 《자본의 시대》, 한길사, 1998.

에이브러햄 애서 저/김하은, 신상돈 역, 《처음 읽는 러시아 역사》, 아이비북스, 2013.

엔리케 두셀 저/박병규 역, 《1492년, 타자의 은폐》, 그린비, 2011.

역사미스터리클럽 저, 안혜은 역, 《한눈에 꿰뚫는 세계사 명장면》, 이다미디어, 2017.

오토 단 저/오인석 역, 《독일 국민과 민족주의의 역사》, 한울아카데미, 1996.

윌리엄 로 저, 기세찬 역, 《하버드 중국사 청 : 중국 최후의 제국》, 너머북스, 2014.

웨난 저/이익희 역, 《마왕퇴의 귀부인 1, 2》, 일빛, 2005.

유라쿠 천황 외 저/고용환, 강용자 역, 《만엽집》, 지만지, 2009.

유세희 편, 《현대중국정치론》, 박영사, 2009.

유용태, 박진우, 박태균 공저, 《함께 읽는 동아시아 근현대사 1, 2》, 창비, 2011.

유인선 등저, 《사료로 보는 아시아사》, 종이비행기, 2014.

이강무 저, 《청소년을 위한 세계사. 서양편》, 두리미디어, 2009.

이경덕 저, 《함께 사는 세상을 보여주는 일본 신화》, 현문미디어, 2005.

이기영 저, 《고대에서 봉건사회로의 이행》, 사회평론, 2017.

이노우에 고이치 저/이경덕 역, 《살아남은 로마, 비잔틴 제국》, 다른세상, 2010.

이명현 저, 《빅히스토리: 세상은 어떻게 시작되었을까?》, 와이스쿨, 2013.

이병욱 저, 《한권으로 만나는 인도》, 너울북, 2013.

이영림, 주경철, 최갑수 공저, 《근대 유럽의 형성: 16~18세기》, 까치글방, 2011.

이영목 등저, 《검은, 그러나 어둡지 않은 아프리카》, 사회평론, 2014.

이옥순 등저, 《세계사 교과서 바로잡기》, 삼인, 2011.

이익선 저, 《만화 로마사 1, 2》, 알프레드, 2017.

이희수 저, 《이슬람의 모든 것》, 주니어김영사, 2009.

일본사학회 저, 《아틀라스 일본사》, 사계절, 2011.

임태승 저, 《중국 서예의 역사》, 미술문화, 2006.

임승희 저, 《유럽의 절대 군주는 어떻게 살았을까?》, 민음인, 2011.

임한순, 최윤영, 김길웅 공역, 《에다. 북유럽신화》, 서울대학교출판문화원, 2015.

임홍배, 송태수, 장병기 등저, 《독일 통일 20년》, 서울대학교출판문화원, 2011.

자닉 뒤랑 저/조성애 역, 《중세미술》, 생각의 나무, 2004.

장문석 저, 《근대정신은 어떻게 탄생했을까?》, 민음인, 2011.

장 콩비 저/노성기 외 역, 《세계교회사여행: 고대·중세 편》, 가톨릭출판사, 2013.

장진퀘이 저/남은숙 역, 《흉노제국 이야기》, 아이필드, 2010.

장 카르팡티에, 프랑수아 르브룅 편저/강민정, 나선희 공역, 《지중해의 역사》, 한길사, 2009.

재레드 다이어몬드 저/김진준 역, 《총, 균, 쇠》, 문학사상, 2013.

전국역사교사모임 저, 《살아있는 세계사 교과서 1, 2》, 휴머니스트, 2013.

전국역사교사모임 저, 《처음 읽는 미국사》, 휴머니스트, 2013.

전국역사교사모임 저, 《처음 읽는 인도사》, 휴머니스트, 2013.

전국역사교사모임 저, 《처음 읽는 일본사》, 휴머니스트, 2013.

전국역사교사모임 저, 《처음 읽는 중국사》, 휴머니스트, 2013.

전국역사교사모임 저, 《처음 읽는 터키사》, 휴머니스트, 2013.

전국지리교사모임 저, 《지리쌤과 함께하는 80일간의 세계여행 : 아시아·유럽 편》, 폭스코너, 2017.

전종한 등저, 《세계지리: 경계에서 권역을 보다》, 사회평론아카데미, 2017.

정기문 저, 《그리스도교의 탄생: 역사학의 눈으로 본 원시 그리스도교의 역사》, 길, 2016.

정기문 저, 《역사보다 재미있는 것은 없다》, 신서원, 2004.

정수일 편저, 《해상 실크로드 사전》, 창비, 2014.

정재서 저, 《이야기 동양신화 중국편》, 김영사, 2010.

정재훈 저, 《돌궐 유목제국사 552~745》, 사계절, 2016.

제니퍼 올드스톤무어 저/이연승 역, 《처음 만나는 도쿄》, SBI, 2009.

제임스 포사이스 저/정재겸 역, 《시베리아 원주민의 역사》, 솔, 2009

조관희, 《중국사 강의》, 궁리, 2011.

조길태 저, 《인도사》, 민음사, 2012.

조르주 루 저/김유기 역, 《메소포타미아의 역사 1, 2》, 한국문화사, 2013.

조성권 저, 《마약의 역사》, 인간사랑, 2012.

조성일 저, 《미국학교에서 가르치는 미국역사》, 소이연, 2014.

조셉 린치 저/심창섭 등역, 《중세교회사》, 솔로몬, 2005.

조셉 폰타나 저/김원중 역, 《거울에 비친 유럽》, 새물결, 2005.

조지무쇼 저, 안정미 역, 《지도로 읽는다 한눈에 꿰뚫는 전쟁사도감》, 이다미디어, 2017.

조지 바이런 저, 윤명옥 역, 《바이런 시선》, 지만지, 2015.

조지프 니덤 저/김주식 역, 《조지프 니덤의 동양항해선박사》, 문현,

2016.

조지형 등저, 《지구화 시대의 새로운 세계사》, 혜안, 2008.

조지형 저, 《빅히스토리: 세계는 어떻게 연결되었을까?》, 와이스쿨,
2013.

조흥국 등저, 《제3세계의 역사와 문화》, 한국방송통신대학교출판부,
2012.

존 루이스 개디스 저/박건영 역, 《새로 쓰는 냉전의 역사》, 사회평론,
2003.

존 리더 저/남경태 역, 《아프리카 대륙의 일대기》, 휴머니스트, 2013.

존 맥닐, 윌리엄 맥닐 공저/ 유정희, 김우역 역, 《휴먼 웹. 세계화의
세계사》, 이산, 2010.

존 줄리어스 노리치 편/남경태 역, 《위대한 역사도시70》, 위즈덤하우스,
2010.

존 후퍼 저, 노시내 역, 《이탈리아 사람들이라서 : 지나치게 매력적이고
엄청나게 혼란스러운》, 마티, 2017.

주경철 저, 《대항해시대: 해상 팽창과 근대 세계의 형성》,
서울대학교출판부, 2008.

주경철 저, 《히스토리아》, 산처럼, 2012.

주디스 코핀, 로버트 스테이시 등저/박상익 역, 《새로운 서양 문명의
역사. 상》, 소나무, 2014.

주디스 코핀, 로버트 스테이시 등저/손세호 역, 《새로운 서양 문명의
역사. 하》, 소나무, 2014.

중앙일보 중국연구소 외, 《공자는 귀신을 말하지 않았다》, 중앙북스,
2010.

지리교육연구회 지평 저, 《지리 교사들, 남미와 만나다》, 푸른길, 2011.

지오프리 파커 편/김성환 역, 《아틀라스 세계사》, 사계절, 2009.

찰스 다윈 저, 장순근 역, 《찰스 다윈의 비글호 항해기》, 리젬, 2013.

찰스 스콰이어 저/나영균, 전수용 공역, 《켈트 신화와 전설》, 황소자리,
2009.

최병욱 저, 《동남아시아사 −민족주의 시대》, 산인, 2016.

최병욱 저, 《동남아시아사 −전통시대》, 산인, 2015.

최재호 등저, 《한국이 보이는 세계사》, 창비, 2011.

최충희 등역, 《햐쿠닌잇슈의 작품세계》, 제이앤씨, 2011.

카렌 암스트롱 저/장병옥 역, 《이슬람》, 을유문화사, 2012.

콘수엘로 바렐라, 로베르토 마자라 등저/신윤경 역, 《크리스토퍼
콜럼버스》, 21세기북스, 2010.

콘스탄스 브리텐 부셔 저/강일휴 역, 《중세 프랑스의 귀족과 기사도》,
신서원, 2005.

크리스 브래지어 저/추선영 역, 《세계사, 누구를 위한 기록인가?》, 이후,
2007.

클린 존스 저/방문숙, 이호영 공역, 《사진과 그림으로 보는 케임브리지
프랑스사》, 시공아크로총서, 2001.

타밈 안사리 저/류한월 역, 《이슬람의 눈으로 본 세계사》, 뿌리와이파리,
2011.

타키투스 저/천병희 역, 《게르마니아》, 숲, 2012.

토마스 말로리 저/이현주 역, 《아서왕의 죽음 1, 2》, 나남, 2009.

파멜라 카일 크로슬리 저/강선주 역, 《글로벌 히스토리란 무엇인가》,
휴머니스트, 2010.

패트리샤 버클리 에브리 저 /이동진, 윤미경 공역, 《사진과 그림으로 보는

케임브리지 중국사》, 시공아크로총서 2010.

퍼트리샤 리프 애너월트 저/한국복식학회 역, 《세계 복식 문화사》, 예담,
2009.

페리클레스, 뤼시아스, 이소크라테스, 데모스테네스 저/김헌, 장시은,
김기훈 역, 《그리스의 위대한 연설》, 민음사, 2012.

페르낭 브로델 저/강주헌 역, 《지중해의 기억》, 한길사, 2012.

페르낭 브로델 저/김홍식 역, 《물질문명과 자본주의 읽기》, 갈라파고스,
2014.

페르디난트 자입트 저/차용구 역, 《중세의 빛과 그림자》, 까치글방,
2002.

폴 콜리어 등저/강민수 역, 《제2차 세계대전》, 플래닛미디어, 2008.

프레드 차라 저/강경이 역, 《향신료의 지구사》, 휴머니스트, 2014.

플라노 드 카르피니, 윌리엄 루브룩 등저/김호동 역, 《몽골 제국 기행:
마르코 폴로의 선구자들》, 까치, 2015.

피터 심킨스 등저/강민수 역, 《제1차 세계대전》, 플래닛미디어 2008.

피터 안드레아스 저/정태영 역, 《밀수꾼의 나라 미국》, 글항아리, 2013.

피터 홉커크 저/정영목 역, 《그레이트 게임: 중앙아시아를 둘러싼 숨겨진
전쟁》, 사계절, 2014.

필립 M.H. 벨 저/황의방 역, 《12전환점으로 읽는 제2차 세계대전》,
까치, 2012.

하네다 마사시 저/이수열, 구지영 역, 《동인도회사와 아시아의 바다》,
선인, 2012.

하름 데 블레이 저/유나영 역, 《왜 지금 지리학인가》, 사회평론, 2015.

하야미 이타루 저/양승영 역, 《진화 고생물학》, 서울대학교출판문화원,
2012.

하우마즈 데쓰오 저/김성동 역, 《대영제국은 인도를 어떻게
통치하였는가》, 심산, 2004.

하인리히 뵐플린 저/안인희 역, 《르네상스의 미술》, 휴머니스트, 2002.

하타케야마 소 저, 김경원 역, 《대논쟁! 철학배틀》, 다산초당, 2017.

한국교부학연구회 저, 《교부학 인명·지명 용례집》, 분도출판사, 2008.

한종수 저, 굽시니스트 그림, 《2차 대전의 마이너리그》, 길찾기, 2015.

해양문화연구원 편집위원회 저, 《해양문화 02. 바다와 제국》, 해양문화,
2015.

허청웨이 편/남광철 등역, 《중국을 말한다》 1~9권, 신원문화사, 2008.

헤수스 알바레스 고메스 저/강운자 편역, 《수도생활: 역사 II》, 성바오로,
2002.

호르스트 푸어만 저/안인희 역, 《중세로의 초대》, 이마고, 2005.

홍익희 저, 《세 종교 이야기》, 행성B잎새, 2014.

황대현 저, 《서양 기독교 세계는 왜 분열되었을까?》, 민음인, 2011.

황패강 저, 《일본신화의 연구》, 지식산업사, 1996.

후지이 조지 등저/박진한, 이계황, 박수철 공역, 《쇼군 천황 국민》,
서해문집, 2012.

외국 도서

クリステル·ヨルゲンセン 等著/竹内喜, 德永優子 譯,《戦闘技術の歴史
3: 近世編》, 創元社, 2012.

サイモン·アングリム 等著/天野淑子 譯,《戦闘技術の歴史 1: 古代編》,
創元社, 2011.

ジェフリー·リ·ガン,《ウィジュアル版〈決戦〉の世界史》, 原書房,

2008.

ブライアン・レイヴァリ，《航海の歴史》，創元社，2015.

マーティン・J・ドアティ，《図説 中世ヨーロッパ 武器・防具・戦術百科》，原書房，2013.

マシュー・ベネット 等著/野下祥子 譯，《戦闘技術の歴史 2: 中世編》，創元社，2014.

リュシアン・ルスロ 等著/辻よしふみ，辻元玲子 譯，《華麗なるナポレオン軍の軍服》，マール社，2014.

ロバーと・B・ブルース 等著/野下祥子 譯，《戦闘技術の歴史 4: ナポレオンの時代編》，創元社，2013.

菊地陽太，《知識ゼロからの世界史入門 1部 近現代史》，幻冬舎，2010.

気賀澤保規，《絢爛たる世界帝国 隋唐時代》，講談社，2005.

金七紀男，《図説 ブラジルの-歴史》，河出書房新社，2014.

木下康彦，木村靖二，吉田寅 編，《詳説世界史研究 改訂版》，山川出版社，2013.

山内昌之，《世界の歴史 20：近代イスラームの挑戦》，中央公論社，1996.

山川ビジュアル版日本史図録編集委員会，《山川 ビジュアル版日本史図録》，山川出版社，2014.

西ヶ谷恭弘 監修，《衣食住になる日本人の歴史 1》，あすなろ書房，2005.

西ヶ谷恭弘 監修，《衣食住になる日本人の歴史 2》，あすなろ書房，2007.

小池徹朗 卲，《新・歴史群像シリーズ 15: 大淸帝國》，学習研究社，2008.

水野大樹，《図解 古代兵器》，新紀元社，2012.

神野正史，《世界史劇場イスラーム三国志》，ベレ出版，2014.

神野正史，《世界史劇場イスラーム世界の起源》，ベレ出版，2013.

五十嵐武士，福井憲彦，《世界の歴史 21: アメリカとフランスの革命》，中央公論社，1998.

宇山卓栄，《世界一おもしろい 世界史の授業》，KADOKAWA，2014.

伊藤賀一，《世界一おもしろい 日本史の授業》，中経出版，2012.

日下部公昭 等編，《山川 詳説世界史図録》，山川出版社，2014.

井野瀬久美恵，《興亡の世界史 16: 大英帝国という経験》，講談社，2007.

佐藤信 等編，《詳説日本史研究 改訂版》，山川出版社，2013.

池上良太，《図解 装飾品》，新紀元社，2012.

後藤武士，《読むだけですっきりわかる世界史 近代編》，玉島社，2011.

後藤武士，《読むだけですっきりわかる現代編》，玉島社，2013.

後河大貴 外，《戦国海賊伝》，笠倉出版社，2015.

Acquaro, Enrico: 《The Phoenicians: History and Treasures of An Ancient Civilization》, White Star, 2010.

Albert, Mechthild: 《Das französische Mittelalter》, Klett, 2005.

Bagley, Robert: 《Ancient Sichuan: Treasures from a Lost Civilization》, Princeton University Press, 2001.

Beck, B. Roger&Black, Linda: 《World History: Patterns of Interaction》, Holt McDougal, 2010.

Beck, Rainer(hrsg.): 《Das Mittelalter》, C.H.Beck, 1997.

Bernlochner, Ludwig(hrsg.): 《Geschichten und Geschehen》, Bd. 1-6. Klett, 2004.

Bonavia, Judy: 《The Silk Road》, Odyssey, 2008.

Borst, Otto: 《Alltagsleben im Mittelalter》, Insel, 1983.

Bosl, Karl: 《Bayerische Geschichte》, Ludwig, 1990.

Brown, Peter: 《Die Entstehung des christlichen Europa》, C.H.Beck, 1999.

Bumke, Joachim: 《Höfische Kultur》, Bd. 1-2. Dtv, 1986.

Celli, Nicoletta: 《Ancient Thailand: History and Treasures of An Ancient Civilization》, White Star, 2010.

Cornell, Jim&Tim: 《Atlas of the Roman World》, Checkmark Books, 1982.

Davidson, James West&Stoff, Michael B.: 《America: History of Our Nation》, Pearson Prentice Hall, 2006.

de Vries, Jan: 《Die Geistige Welt der Germanen》, WBG, 1964.

Dinzelbach, P. (hrsg.): 《Sachwörterbuch der Mediävistik》, Kröner, 1992.

Dominici, David: 《The Maya: History and Treasures of An Ancient Civilization》, VMB Publishers, 2010.

Duby, Georges: 《The Chivalrous Society》, translated by Cynthia Postan, University of California Press, 1980.

Eco, Umberto: 《Kunst und Schönheit im Mittelalter》, Dtv, 2000.

Ellis, G. Elisabeth&Esler, Anthony: 《World History Survey》, Prentice Hall, 2007.

Fromm, Hermann: 《Basiswissen Schule: Geschichte》, Duden, 2011.

Funcken, Liliane&Fred: 《Rüstungen und Kriegsgerät im Mittelalter》, Mosaik 1979.

Gibbon, Eduard: 《Die Germanen im Römischen Weltreich,》, Phaidon, 2002.

Goody, Jack: 《The development of the family and marriage in Europe》, Cambridge University Press, 1988.

Grant, Michael: 《Ancient History Atlas》, Macmillan, 1972.

Großbongardt, Anette&Klußmann, Uwe, 《Spiegel Geschichte 5/2013: Der Erste Weltkrieg》, Spiegel, 2013.

Heiber, Beatrice(hrsg.): 《Erlebte Antike》, Dtv 1996.

Hinckeldey, Ch.(hrsg.): 《Justiz in alter Zeit》, Mittelalterliches Kriminalmuseum, 1989

Holt McDougal: 《World History》, Holt McDougal, 2010.

Horst, Fuhrmann: 《Überall ist Mittelalter》, C.H.Beck, 2003.

Horst, Uwe(hrsg.): 《Lernbuch Geschichte: Mittelalter》, Klett, 2010.

Huschenbett, Dietrich&Margetts, John(hrsg.): 《Reisen und Welterfahrung in der deutschen Literatur des Mittelalters》, Würzburger Beiträge zur deutschen Philologie. Bd. VII, Königshausen&Neumann, 1991.

Karpeil, Frank&Krull, Kathleen: 《My World History》, Pearson Education, 2012.

Kircher, Bertram(hrsg.): 《König Aruts und die Tafelrunde》, Albatros, 2007.

Klußmann, Uwe&Mohr, Joachim: 《Spiegel Geschichte 5/2014: Die Weimarer Republik》, Spiegel 2014.

Klußmann, Uwe: 《Spiegel Geschichte 6/2016: Russland》, Spiegel 2016.

Kölzer, Theo&Schieffer, Rudolf(hrsg.): 《Von der Spätantike zum frühen Mittelalter: Kontinuitäten und Brüche, Konzeptionen und Befunde》, Jan Thorbecke, 2009.

Langosch, Karl: 《Profile des lateinischen Mittelalters》, WBG, 1965.

Lesky, Albin: 《Vom Eros der Hellenen》, Vandenhoeck&Ruprecht, 1976.

Levi, Peter: 《Atlas of the Greek World》, Checkmark Books, 1983.

Märtle, Claudia: 《Die 101 wichtgisten Fragen: Mittelalter》 C.H.Beck, 2013.

McGraw-Hill Education: 《World History: Journey Across Time》, McGraw-Hill Education, 2006.

Mohr, Joachim&Pieper, Dietmar: 《Spiegel Geschichte 6/2010: Die Wikinger》, Spiegel, 2010.

Murphey, Rhoads: 《Ottoman warfare, 1500-1700》, Rutgers University Press, 2001

Orsini, Carolina: 《The Incas: History and Treasures of An Ancient Civilization》, White Star, 2010.

Pieper, Dietmar&Mohr, Joachim: 《Spiegel Geschichte 3/2013: Das deutsche Kaiserreich》, Spiegel 2013.

Pieper, Dietmar&Saltzwedel, Johannes: 《Spiegel Geschichte 4/2011: Der Dreißigjährige Krieg》, Spiegel 2011.

Pieper, Dietmar&Saltzwedel, Johannes: 《Spiegel Geschichte 6/2012: Karl der Große》, Spiegel 2012.

Pötzl, Nobert F.&Traub, Rainer: 《Spiegel Geschichte 1/2013: Das Britische Empire》, Spiegel, 2013.

Pötzl, Nobert F.&Saltzwedel: 《Spiegel Geschichte 4/2012: Die Päpste》, Spiegel, 2012.

Prentice Hall: 《History of Our World》, Pearson/Prentice Hall, 2006.

Rizza, Alfredo: 《The Assyrians and the Babylonians: History and Treasures of An Ancient Civilization》White Star, 2007.

Rösener, Werner: 《Die Bauern in der europäischen Geschichte》, C.H.Beck, 1993.

Schmidt-Wiegand: 《Deutsche Rechtsregeln und Rechtssprichwörter》, C.H.Beck, 2002.

Seibt, Ferdinand: 《Die Begründung Europas》, Fischer, 2004.

Seibt, Ferdinand: 《Glanz und Elend des Mittelalters》, Siedler, 1992.

Simek, Rudolf: 《Erde und Kosmos im Mittelalter》, Bechtermünz, 2000.

Speivogel, J. Jackson: 《Glecoe World History》, McGraw-Hill Education, 2004.

Talbert, Richard: 《Atlas of Classical History》, Routledge, 2002.

Tarling, Nicholas(ed.): 《The Cambridge of History of Southeast Asia》, Vol. 1-4. Cambridge University Press 1999.

Todd, Malcolm: 《Die Germanen》Theiss, 2003.

van Royen, René&van der Vegt, Sunnyva: 《Asterix – Die ganze Wahrheit》, übersetzt von Gudrun Penndorf, C.H.Beck, 2004.

Wehrli, Max: 《Geschichte der deutschen Literatur im Mittelalter》, Reclam, 1997.

Zimmermann, Martin: 《Allgemeine Bildung: Große Persönlichkeiten》, Arena, 2004.

논문

기민석, 〈고대 '의회'와 셈어 mlk〉, 《구약논단》 17, 한국구약학회, 2005, 140-160쪽.

김병준, 〈진한제국의 이민족 지배: 부도위 및 속국도위에 대한 재검토〉, 역사학보 제217집, 2013, 107-153쪽.

김인화, 〈아케메네스조 다리우스 1세의 왕권 이념 형성과 그 표상에 대한 분석〉, 서양고대사연구 38, 2014, 37-72쪽.

남종국, 〈12~3세기 이자 대부를 둘러싼 논쟁: 자본주의의 서막인가?〉, 서양사연구 제52집, 2015, 5-38쪽.

박병규, 〈스페인어권 카리브 해의 인종 혼종성과 인종민주주의〉, 이베로아메리카 제8권, 제1호. 93-114쪽.

박병규, 〈카리브 해 지역의 문화담론과 문화모델에 관한 연구〉, 스페인어문학 제42호, 2007, 261-278쪽.

박수철, 〈직전정권의 '무가신격화'와 천황〉, 역사교육 제121집, 2012. 221-252쪽.

손태창, 〈신 아시리아 제국 후기에 있어 대 바빌로니아 정책과 그 문제점: 기원전 745-627〉, 서양고대사연구 38, 2014, 7-35

우석균, 〈《포폴 부》와 옥수수〉, 이베로아메리카연구 제8권, 1997, 65-89쪽.

유성환, 〈아마르나 시대 예술에 투영된 시간관〉, 인문과학논총, 제73권 4호, 2016, 403-472쪽.

유성환, 〈외국인에 대한 이집트인들의 두 시선: 고왕국 시대에서 신왕국 시대까지 창작된 이집트 문학작품 속의 외국과 외국인에 대한 묘사를 중심으로〉, 서양고대사연구 제34집, 2013, 33-77쪽.

윤은주, 〈18세기 초 프랑스의 재정위기와 로 체제〉, 프랑스사연구 제16호, 2007, 5-41쪽.

이근명, 〈왕안석 신법의 시행과 대간관〉, 중앙사론 제40집, 2014, 75-103쪽.

이삼현, 〈하무라비法典 小考〉, 《법학논총》 2, 국민대학교 법학연구소, 1990, 5-49쪽.

이은정, 〈'다종교, 다민족, 다문화'적인 오스만제국의 통치 전략〉, 역사학보 제217집, 2013, 155-184쪽.

이은정, 〈오스만제국 근대 개혁기 군주의 역할: 셀림3세에서 압뒬하미드 2세에 이르기까지〉, 역사학보 제 208집, 2010, 103-133쪽.

이종근, 〈고대 메소포타미아의 수메르 우르-남무 법의 도덕성에 관한 연구〉, 《법학연구》 32, 한국법학회, 2008, 1-21쪽.

이종근, 〈메소포타미아 법사상 연구: 받는 소(Goring Ox)를 중심으로〉, 《신학지평》 16, 안양대학교 신학연구소, 2003, 297-314쪽.

이종근, 〈생명 존중을 위한 메소포타미아 법들이 정의: 우르 남무와 리피트이쉬타르 법들을 중심으로〉, 《구약논단》 15, 한국구약학회, 2003, 261-297쪽.

이종득, 〈멕시코-테노츠티틀란의 성장 과정과 한계: 삼각동맹〉, 라틴아메리카연구 제23권, 3호. 111-160쪽.

이지은, 〈"인도 센서스"와 식민 지식의 구축: 19세기 인도 사회와

정립되지 않은 카스트〉, 역사문화연구 제59집, 2016, 165-196쪽.

정기문, 〈**로마 제국 초기 디아스포라 유대인의 팽창원인**〉, 전북사학 제48호, 2016, 279-302쪽.

정기문, 〈**음식 문화를 통해서 본 세계사**〉, 역사교육 제138집, 2016, 225-250쪽.

정재훈, 〈**북아시아 유목 군주권의 이념적 기초: 건국 신화의 계통적 분석을 중심으로**〉, 동양사학연구 제122집, 2013, 87-133쪽.

정재훈, 〈**북아시아 유목민족의 이동과 정착**〉, 동양사학연구 제103집, 2008, 87-116쪽.

정혜주, 〈**태초에 빛이 있었다: 마야의 천지 창조 신화**〉, 이베로아메리카 제7권 2호, 2005, 31-62쪽.

조주연, 〈**미학과 역사가 미술사를 만났을 때**〉, 《**미학**》 52, 한국미학회, 2007. 373-425쪽.

최재인, 〈**미국 역사교육의 쟁점과 전망: 아프리카계 미국인 역사교육을 중심으로**〉, 역사비평 제110호, 2015, 232-257쪽.

인터넷 사이트

네이버 지식백과: terms.naver.com

미국 자율학습 사이트: www.khanacademy.org

미국 필라델피아 독립기념관 역사교육 사이트: www.ushistory.org

영국 브리태니커 백과사전: www.britannica.com

영국 대영도서관 아시아, 아프리카 연구 사이트: britishlibrary.typepad.co.uk/asian-and-african

영국 BBC방송 청소년 역사교육 사이트: www.bbc.co.ukschools/primaryhistory

독일 브록하우스 백과사전: www.brockhaus.de

독일 WDR방송 청소년 지식교양 사이트: www.planet-wissen.de

독일 역사박물관 www.dhm.de

독일 청소년 역사교육 사이트: www.kinderzeitmschine.de

독일 연방기록원 www.bundesarchiv.de

위키피디아: www.wikipedia.org

사진 제공

수록된 사진 중 일부는 노력에도 불구하고 저작권자를 확인하지 못하고 출간하였습니다. 확인되는 대로 최선을 다해 협의하겠습니다. 퍼블릭 도메인은 따로 표기하지 않았습니다.

표지 Alamy

1교시

유럽 의회 회의장 Diliff
브뤼셀 유럽 연합 본부 Shutterstock
우드스톡 페스티벌 Getty Images/게티이미지코리아
반전 운동 시위대 André Cros
모스크바를 방문한 닉슨 AKG Images
몸싸움을 벌이는 중국군과 소련군 Getty Images/게티이미지코리아
반둥 회의 AKG Images
이란 시민의 환호를 받는 호메이니 Getty Images/게티이미지코리아
리우데자네이루 Shutterstock
브라질리아 Governo do Brasil
그리스도상 Pedrohiroshi
엠브라에르 Agência Brasil
커피 플랜테이션 농장 Jonathan Wilkins
목재의 보고 아마존 Alamy
상파울루 Shutterstock
리우 카니발 Wigder Frota
브라질리언 주짓수 John Lamonica
브라질의 축구 팬들 Danilo Borges
2018년 브라질 축구팀 유니폼 BrokenSphere
부에노스아이레스 Shutterstock
국회 의사당 Shutterstock
콜론 극장 HalloweenHJB
반도네온 Jorge Royan
부에노스아이레스 탱고 페스티벌 Gobierno de la Ciudad Autónoma de Buenos Aires
이구아수 폭포 Shutterstock
로스 글라시아레스 국립 공원 Shutterstock
팜파스의 소 떼 Shutterstock
엠파나다 Shutterstock
페이조아다 Shutterstock
아시아 아프리카 회의 박물관 sbamueller
제16회 비동맹국 회의 Sara Rajaee
로베르 쉬망 Bundesarchiv, Bild 183-19000-2453 / CC-BY-SA 3.0
로마 회담 60주년 기념행사 Nemo bis
서독 총리를 만난 장 모네 Bundesarchiv, B 145 Bild-F001192-0003 / Unterberg, Rolf / CC-BY-SA 3.0
프랑스의 첫 번째 핵무기 User Tzar on en.wikipedia
프랑스 서독 정상 회담 Bundesarchiv, B 145 Bild-F015916-0028 / Müller, Simon / CC-BY-SA 3.0
프랑스 서독 정상 회담 50주년 기념주화 Nicholas Gemini
프랑스와 독일 사이의 국경 표지판 BlueBreezeWiki
리베라시옹 Marie_Park
단식 시위를 하는 독일 대학생 G.Friedrich
연설하는 마틴 루서 킹 목사 Minnesota Historical Society
강연하는 베티 프리단 Alamy
아무르강 지류의 전바오섬 TowerCard
링링과 싱싱 Smithsonian Institute

동독 수상과 만난 빌리 브란트 Bundesarchiv, B 145 Bild-F031406-0017 / CC-BY-SA 3.0
빌리 브란트의 노벨 평화상 수상 증서 Detlef - - Emmridet - -
바르샤바 광장의 기념비 Adrian Grycuk
아랍 석유 수출국 기구 모임 로고 Wikipedia
이탈리아 석유 쿠폰 CEphoto, Uwe Aranas
말을 타고 도로를 달리는 사람들 Getty Images/게티이미지코리아
이란의 이슬람 혁명 기념 행사 Mostafameraji
여성의 복장을 단속하는 경찰 Satyar Emami
무자헤딘 Erwin Franzen
제2차 석유 파동 당시 서울 경향신문
러시아의 유전 풍경 Artur1917
영화 스카이폴 AGE fotostock
KGB 본부가 있던 루반카 청사 A.Savin
영화 뮌헨 Album
유럽 연합 회원국 입국 심사 풍경 김선빈
유럽 중앙은행 Norbert Nagel / Christoph F. Siekermann
맥도널드에 길게 줄을 선 소련 사람들 Getty Images/게티이미지코리아
1940년대 코카콜라 광고 Billy Hathorn
마이클 조던 Steve Lipofsky www.Basketballphoto.com

2교시

디트로이트 버려진 공장 풍경 Shutterstock
베를린 장벽 위 사람들 Lear 21 at English Wikipedia
미하일 고르바초프 RIA Novosti archive, image # / CC-BY-SA 3.0
거리로 쏟아져 나온 프라하 시민들 AGE fotostock
미사일을 들고 있는 이슬람 반란군 '무자헤딘' Alamy
탈린 Shutterstock
탈린의 신시가지 Shutterstock
리가의 검은 머리 전당 Diliff
리가 항구 Shutterstock
리가 국제공항 Avio2016
리가 David Holt
빌뉴스 Shutterstock
트라카이성 Shutterstock
성 오나 성당 Shutterstock
리투아니아 노래 축제 Gytis Aučinikas
라트비아 노래와 춤 축제 Saeima
에스토니아 노래 축제 ToBreatheAsOne
베리보르스트 Shutterstock
슐란카 Shutterstock
흑빵 Shutterstock
스페치스 Kagor
샬티바르스치에 Shutterstock
물가 인상에 항의하는 뉴욕 시민들 Getty Images/게티이미지코리아
해외로 수출되는 일본 자동차 Getty Images/게티이미지코리아
런던에서 시위를 벌이는 석탄 산업 노동자 Alamy
파업으로 멈춰 선 영국 Getty Images/게티이미지코리아
경찰의 진압에 맞서 싸우는 탄광 노동자 Getty Images/게티이미지코리아
버려진 영국 철강 회사 공장 Shutterstock
롤스로이스 Norbert Aepli, Switzerland
시티 오브 런던 0x010C
런던으로 돌아오는 영국 해군 Royal Navy

쉐브론 주유소 Buhler013
빌 게이츠 Getty Images/게티이미지코리아
아프가니스탄에 파견된 소련군 AKG Images
아프가니스탄을 떠나는 소련군 RIA Novosti archive, image #58833 / A. Solomonov / CC-BY-SA 3.0
붕괴된 베를린 장벽 Alamy
범유럽 피크닉 Wik1966total
헬무트 콜 CDU
시위를 벌이는 소련 시민 Getty Images/게티이미지코리아
보리스 옐친 Kremlin.ru
탱크 위에 올라선 옐친 Kremlin.ru
벨라베자 조약 체결식 RIA Novosti archive, image #848095 / U. Ivanov / CC-BY-SA 3.0
체첸군의 공격으로 불시착한 러시아 헬기 Михаил Евстафьев
로만 아브라모비치 Marina Lystseva
루크 오일 Vladimir Menkov
슬로베니아를 공격하는 세르비아군 Peter Božič
공격을 받은 보스니아의 국회 의사당 User:Evstafiev, Mikhail Evstafiev
보스니아의 전쟁 난민 Михаил Евстафьев
사고 현장 수습을 위해 파견된 헬기와 사람들 IAEA Imagebank
수습 대원에게 주어진 훈장 User Lamiot on fr.wikipedia
마을의 장례식 Viktar Smataŭ
프리피야트 Shutterstock
붉은 숲 Timm Suess
탈원전을 주장하는 일본 시민들 연합뉴스
라트코 블라디치 Evstafiev
즐라타의 일기 http://www.globaldimension.org.uk/ResourceDetails.aspx?id=845
스레브레니차 대학살로 희생된 자의 묘지 Michael Büker
라이프치히 월요 시위 Bundesarchiv, Bild 183-1989-1211-027 / CC-BY-SA 3.0
독일 라이프치히 빛의 축제 연합뉴스
기자 회견 중인 당 대변인 Bundesarchiv, Bild 183-1989-1109-030 / Lehmann, Thomas / CC-BY-SA 3.0
장벽을 무너트리는 서독 주민들 Reuters
청계천에 전시된 베를린 장벽 Wrightbus

3교시

상하이 Shutterstock
달라이 라마 Christopher Michel
톈안먼 광장 시위 Getty Images/게티이미지코리아
일본 Kazuhiro Tsugita
대한민국 Shutterstock
상하이 야경 JesseW900
타이베이 Shutterstock
홍콩 야경 Diego Delso
중정 기념당 AngMoKio
국립 고궁 박물원 Shutterstock
가오슝 항구 Shutterstock
폭스콘 본사 Padai
타이완 등불 축제 總統府
아미족 풍년제 Bernard Gagnon
하카인 박물관 lienyuan lee
평창 올림픽에 참여한 중화 타이베이 연합뉴스
타이완 독립 시위 MiNe (sfmine79)
머라이언 Bjørn Christian Tørrissen
싱가포르 Shutterstock
싱가포르 항구 Shutterstock
주롱 산업 단지 William Cho
칭게이 퍼레이드 연합뉴스
4개 국어로 쓰인 국회 의사당 안내문 Smuconlaw.
캄퐁 글램 Shutterstock

힌두교 사원 Shutterstock
테마섹 홀딩스 연합뉴스
신칸센 개통식 Getty Images/게티이미지코리아
일본 경제 발전의 심장부 대장성 Rs1421
일본의 조선소 jkyZjdjNjN
게이힌 공업 지역 Nanashinodensyaku
우리나라 가발 공장 풍경 중앙일보
서울 Shutterstock
줄을 서서 석유를 사는 사람들 뉴스뱅크
선전 시 Shutterstock
화웨이 Olaf Kosinsky
홍콩 Shutterstock
하이얼 본사 Haier Group
베이징으로 들어오는 탱크 부대 AKG Images
상하이 Shutterstock
중국에서 생산된 옷 Jiyoon Jung
중국 폭스콘 공장 Steve Jurvetson from Menlo Park, USA
접는 스마트폰 연합뉴스
샤오미 레이쥔 회장 연합뉴스
구이저우성의 마을 ogwen
중국의 빈부 격차 Imagine China
재판을 받고 있는 공산당 고위 관리 연합뉴스
수질 오염 현장 연합뉴스
미세 먼지로 뿌연 도시 Shutterstock
레이건과 폴 볼커 Getty Images/게티이미지코리아
긴자 거리의 백화점 Lover of Romance
뉴욕 록펠러 센터 David Shankbone
일본의 빈집 Shutterstock
연설하는 시진핑 주석 연합뉴스
인민대회당 Thomas.fanghaenel
공산주의를 학습하는 학생들 연합뉴스
공산당 행사에 참여한 공산당원 연합뉴스
도시바 T1100 Johann H. Addicks
국제 가전제품 박람회에 소개된 소니 텔레비전 Alan Light
소니가 출시한 워크맨 Binarysequence
1960년대 도요타 자동차 광고 Wikipedia
도요타에서 출시한 코롤라 Mr.choppers
슈퍼 마리오 분장을 한 일본 총리 연합뉴스
슈퍼 마리오 시리즈 Nintendo/Wikipedia
철완 아톰 Alamy

4교시

9.11 테러 추모 행사 Shutterstock
세계 무역 기구 본부 연합뉴스
1997 여름 타이의 주식 시장 연합뉴스
9.11 테러 Robert on Flickr
2011년 월가 점령 시위 Paul Stein
2011년 그리스 파업 연합뉴스
유럽 연합 탈퇴에 환호하는 시위대 Getty Images/게티이미지코리아
트롬쇠 Fjellheisen at German Wikipedia.
다산 과학 기지 극지연구소
한스섬 Toubletap
북극해 자원 개발 반대 시위 연합뉴스
북극 사람들의 소중한 보물 순록 Shutterstock
수아삿 Wikipedia
이누이트 Ansgar Walk
머딱 Lisa Risager
남극점의 풍경 Alamy
황제 펭귄 Shutterstock
아문센 스콧 남극 기지 Daniel Leussler

남극에서 온천을 즐기는 관광객 Murray Foubister
쿠웨이트 Shutterstock
북한 열병식에 등장한 장거리 미사일 AP Images
사우디아라비아 미군의 환영을 받는 오바마 대통령 연합뉴스
북미 자유 무역 협정 상징 깃발 Nicoguaro
신제품을 발표하는 스티브 잡스 Blake Patterson
빌보드 인기상을 수상한 방탄소년단 Alamy
국가 정상 간 국제 화상 회의 Prime Minister's Office, Government of India
쌀 개방 반대 시위 연합뉴스
과테말라의 바나나 운반 기차 Shutterstock
금 모으기 운동 방송 장면 IM Film
오사마 빈 라덴 Hamid Mir
법정에 선 사담 후세인 대통령 Getty Images/게티이미지코리아
폭격으로 파괴된 도시와 전쟁 난민 연합뉴스
S&P 본사 B64 at English Wikipedia
2015년 파리 테러 추모 현장 Mstyslav Chernov
크림반도를 방문한 푸틴 대통령 연합뉴스
야스쿠니 신사에 참배하는 아베 총리 연합뉴스
반둥 회의 60주년 기념식에 참석한 시진핑 연합뉴스
멕시코와 미국의 국경 Scott Thompson
G20 회의 Kremlin.ru
국제 엠네스티 Thelmadatter
그린피스 환경 감시선 레인보우 워리어 Salvatore Barbera from Amsterdam, The Netherlands
펜실베이니아의 셰일 가스 유전 Laurie Barr
유엔 총회에서 연설하는 문재인 대통령 연합뉴스
반기문 사무총장 Dutch Ministry of Foreign Affairs
유니세프 Norwegian
불국사 Shutterstock
시리아 난민 어린이를 위한 추모비 Defend International
국제 난민 기구 UNHCR
유럽으로 향하는 시리아와 이라크 난민 Ggia
영국의 반 난민 시위 Alamy
난민 반대 시위 연합뉴스

세계사 수업을 끝내며
우주 정거장 AGE fotostock
로힝야족 난민 캠프 DFID – UK Department for International Development
남수단 난민 Oxfam East Africa
카탈루냐 독립을 주장하는 바르셀로나 시민들 ca:User:amadalvarez
남중국해가 중국 영토라고 홍보하는 대형 광고 연합뉴스
외국인 혐오에 반대하는 미국인들 tedeytan
다문화 이해 교육 연합뉴스
이탈리아에서 열린 제4차 세계 평화를 위한 기도의 날 Stephan Kölliker
영화 메이즈 러너의 배우들 Getty Images/게티이미지코리아
성장의 한계 Jiyoon Jung
2015년 국제 연합 기후 변화 회의 Presidencia de la República Mexicana
녹아내리는 북극 빙하 Shutterstock
쓰레기 투기장과 쓰레기로 고통받는 동물들 Shutterstock
고층 아파트에 설치된 태양광 발전 시설 Shutterstock
전기 자동차 택시 충전 모습 Mariordo (Mario Roberto Duran Ortiz)
자율 주행 자동차 Getty Images/게티이미지코리아
DHL의 무인 배송 드론 Frankhöffner
아마존고 SounderBruce / Sikander Iqbal
국제 연합이 정한 지속 가능 개발 목표 지속가능발전포털

연표
전태일 동상 dalgial

퀴즈 정답

1교시

01 반둥
02 ②
03 ③
04 ①
05 ②
06 ④

2교시

01 ②
02 ③
03 ④
04 ④
05 고르바초프
06 ③

3교시

01 ①
02 덩샤오핑
03 ①
04 ②
05 ④
06 ③

4교시

01 ③
02 ①
03 ④
04 ①
05 아랍의 봄
06 ④
07 브렉시트

일러두기

• 맞춤법과 띄어쓰기는 국립국어원에서 펴낸 《표준국어대사전》을 따랐습니다.

• 역사 용어와 띄어쓰기는 《교과서 편수자료》의 표기 원칙을 따랐습니다. 단, 학계의 일반적인 표기와 다른 경우 감수자의 자문을 거쳐 학계의 표기를 따랐습니다.

• 중국의 지명은 현재까지 남아 있는 지명은 중국어 발음, 남아 있지 않은 지명은 한자음을 따랐습니다.

• 중국의 인명은 변법자강 운동을 기준으로 그 이전은 한자음, 그 이후는 중국어 발음을 따라 적는 것을 원칙으로 했습니다.

• 일본의 지명과 인명은 일본어 발음을 따랐습니다.

• 이 책에 실린 사진은 북앤포토를 통해 저작권자로부터 사용허가를 받았습니다.

• 일부 사진은 wikipedia commons public domain에 게재되어 있습니다.

• 저작권자와 접촉이 되지 않는 등 불가피한 사정으로 사용 허가를 받지 못한 사진에 대해서는 저작권자의 허락을 구하는 대로 게재 허락을 받고 사용료를 지불하겠습니다.

• 이 책에 실려 있는 지도와 그림의 저작권은 별도의 표기가 없는 한 ㈜사회평론에 있습니다.

교양으로 읽는 용선생 세계사 ⑮ 현대 세계 질서의 수립 — 데탕트, 사회주의의 몰락, 아시아의 부상, 세계화 시대

1쇄 발행 2018년 12월 10일
9쇄 발행 2024년 7월 26일

글 차윤석, 김선빈, 김선혜
그림 이우일, 박기종
지도 김경진 구성 장유영, 정지윤
자문 및 감수 박상수, 박수철, 최재인
어린이사업본부 이승필
편집 송용운, 김언진
마케팅 윤영채
경영지원본부 나연희, 주광근, 오민정, 정민희, 김수아
디자인 씨디자인 조혁준, 기경란, 하민우, 양란희
사진 북앤포토

펴낸이 윤철호
펴낸곳 ㈜사회평론
전화 02-2191-1182(마케팅)
팩스 02-326-1626
주소 03993 서울시 마포구 월드컵북로6길 56 사평빌딩
용선생 클래스 yongclass.com
출판등록 1993년 10월 6일 제 10-876호

ⓒ 사회평론, 2018

ISBN 979-11-6273-023-2 64900

종이에 손을 베지 않도록 주의하세요.
책 모서리에 다칠 수 있으니 책을 던지지 마세요.

이 책을 만드는 데 강의, 자문, 감수하신 분

강영순(한국외국어대학교 강사)

아세아연합신학대학교 아세아학과를 졸업하고 한국외국어대학교 대학원 아시아학과에서 석사 학위를, 국립 인도네시아대학교에서 박사 학위를 받았습니다. 현재 한국외국어대학교 말레이·인도네시아어통번역 학과에서 강의를 하고 있습니다. 〈인도네시아 환경정치에 대한 연구: 열대림을 중심으로〉, 〈수까르노와 이승만: 제2차 세계 대전 후 건국 지도자 비교〉, 〈인도네시아 서 파푸아 특별자치제에 관한 연구〉 등의 논문을 지었습니다.

김광수(한국외국어대학교 HK교수)

한국외국어대학교를 졸업하고 남아프리카 공화국 노스-웨스트대학교 역사학과에서 석사·박사 학위를 받았습니다. 현재 한국외국어대학교 아프리카연구소 HK교수로 재직 중입니다. 지은 책으로 《스와힐리어 연구》, 《에티오피아 악숨 문명》 등이 있고, 함께 지은 책으로 《7인 7색 아프리카》, 《남아프리카사》 등이 있으며 《현대 아프리카의 이해》를 우리말로 옮겼습니다.

김병준(서울대학교 교수)

서울대학교 동양사학과를 졸업하고 같은 학교 대학원에서 석사·박사 학위를 받았습니다. 현재 서울대학교 동양사학과 교수로 재직 중입니다. 《순간과 영원: 중국고대의 미술과 건축》, 《고사변 자서》 등을 우리말로 옮겼고, 《중국고대 지역문화와 군현지배》 등을 지었습니다. 함께 지은 책으로 《사료로 보는 아시아사》, 《역사학의 성과와 역사교육의 방향》, 《동아시아의 문화교류와 소통》 등이 있습니다.

남종국(이화여자대학교 교수)

서울대학교 서양사학과를 졸업하고 같은 학교 대학원에서 석사 학위를, 프랑스 파리1대학에서 박사 학위를 받았습니다. 현재 이화여대 사학과 교수로 재직하고 있습니다. 지은 책으로 《이탈리아 상인의 위대한 도전》, 《지중해 교역은 유럽을 어떻게 바꾸었을까?》, 《세계사 뛰어넘기》 등이 있으며 《프라토의 중세 상인》을 우리말로 옮겼습니다.

박병규(서울대학교 HK교수)

고려대학교 서어서문학과를 졸업하고 멕시코 국립대학(UNAM)에서 문학 박사 학위를 받았습니다. 현재는 서울대 라틴아메리카연구소 HK교수로 재직 중입니다. 《불의 기억》, 《파블로 네루다 자서전 - 사랑하고 노래하고 투쟁하다》, 《1492년, 타자의 은폐》 등을 우리 말로 옮겼습니다.

박상수(고려대학교 교수)

고려대학교 사학과를 졸업하고 같은 학교 대학원에서 석사학위와 박사과정 수료를, 프랑스 국립 사회과학고등연구원에서 박사 학위를 받았습니다. 현재 고려대학교 사학과 교수로 재직하고 있습니다. 지은 책으로 《중국혁명과 비밀결사》 등이 있고, 함께 지은 책으로는 《동아시아, 인식과 역사적 실재: 전시기(戰時期)에 대한 조명》 등이 있습니다. 《중국현대사 - 공산당, 국가, 사회의 격동》을 우리말로 옮겼습니다.

박수철(서울대학교 교수)

서울대학교 역사교육과를 졸업하고 같은 대학 대학원 동양사학과에서 석사를, 일본 교토대에서 박사 학위를 받았습니다. 현재는 서울대학교 동양사학과 교수로 재직 중입니다. 지은 책으로는 《오다도요토미 정권의 사사지배와 천황》이 있으며, 함께 지은 책으로는 《아틀라스 일본사》, 《사료로 보는 아시아사》, 《일본사의 변혁기를 본다》 등이 있습니다.

성춘택(경희대학교 교수)

서울대학교 고고미술사학과와 대학원에서 고고학을 전공했으며, 워싱턴 대학교 인류학과에서 고고학으로 석사와 박사 학위를 받았습니다. 현재 경희대학교 사학과 교수로 재직 중입니다. 《석기고고학》이란 책을 쓰고, 《고고학사》, 《다윈 진화고고학》, 《인류학과 고고학》 등을 우리말로 옮겼습니다.

유성환(서울대학교 강사)

부산대학교 영문학과를 졸업하고 미국 브라운대학교에서 박사 학위를 받았습니다. 현재 서울대 아시아언어문명학부에서 강의를 하고 있습니다. 〈이히, 시스트럼 연주자 - 이히를 통해 본 어린이 신 패턴〉과 〈외국인에 대한 이집트인들의 두 시선〉 등의 논문을 지었습니다.

윤은주(국민대학교 강의 전담 교수)

서울대학교 서양사학과를 졸업하고 프랑스 사회과학고등연구원에서 박사 학위를 받았습니다. 현재 국민대학교 교양대학 강의 전담 교원으로 일하고 있습니다. 《넬슨 만델라 평전》을 우리말로 옮겼으며 《히스토리》의 4~5장과 유럽 국가들의 연표를 우리말로 옮겼습니다.

이근명(한국외국어대학교 교수)

서울대학교 동양사학과를 졸업하고 같은 학교 대학원에서 석사·박사 학위를 받았습니다. 현재 한국외국어대학교 사학과 교수로 재직하고 있습니다. 지은 책으로는 《남송 시대 복건 사회의 변화와 식량 수급》, 《아틀라스 중국사(공저)》, 《동북아 중세의 한족과 북방민족》 등이 있고, 《중국역사》, 《중국의 시험지옥 - 과거》, 《송사 외국전 역주》 등을 우리말로 옮겼습니다.

이은정(서울대학교 강사)

한국외국어대학교 터키어과를 졸업하고 터키 국립 앙카라 대학교 역사학과에서 석사 학위를, 서울대학교 서양사학과에서 박사 학위를 받았습니다. 현재는 서울대학교 등에서 강의를 하고 있습니다. 〈16 - 17세기 오스만 황실 여성의 사회적 위상과 공적 역할 - 오스만 황태후의 역할을 중심으로〉와 〈'다종교·다민족·다문화'적인 오스만 제국의 통치전략〉 - 등의 논문을 지었습니다.

이지은(한국외국어대학교 HK연구교수)

이화여대 사학과를 졸업하고 한국외국어대학교와 인도 델리대학교, 네루대학교에서 석사·박사 학위를 받았습니다. 현재 한국외국어대학교 인도연구소 HK연구교수로 일하고 있습니다. 함께 지은 책으로는 《탈서구중심주의는 가능한가》가 있으며 〈인도 식민지 시기와 국가형성기 하층카스트 엘리트의 저항 담론 형성과 역사인식〉, 〈반서구중심주의에서 원리주의까지〉 등의 논문을 지었습니다.

정기문(군산대학교 교수)

서울대학교 역사교육과를 졸업하고 같은 학교 대학원에서 석사·박사 학위를 받았습니다. 현재 군산대학교 사학과 교수로 재직하고 있습니다. 지은 책으로는 《한국인을 위한 서양사》, 《내 딸을 위한 여성사》, 《역사란 무엇인가》 등이 있고, 《역사, 시민이 묻고 역사가 답하고 저널리스트가 논하다》, 《고대 로마인의 생각과 힘》, 《지식의 재발견》 등을 우리말로 옮겼습니다.

정재훈(경상대학교 교수)

서울대학교 동양사학과를 졸업하고 같은 학교 대학원에서 석사·박사 학위를 받았습니다. 현재 경상대학교 사학과 교수로 재직 중입니다. 지은 책으로는 《돌궐 유목제국사》, 《위구르 유목 제국사(744~840)》 등이 있고 《유라시아 유목제국사》, 《사료로 보는 아시아사》 등을 우리말로 옮겼습니다.

최재인(서울대학교 강사)

서울대학교 서양사학과를 졸업하고 같은 학교 대학원에서 석사·박사 학위를 받았습니다. 현재 서울대학교 강사로 일하고 있습니다. 함께 지은 책으로 《서양여성들 근대를 달리다》, 《여성의 삶과 문화》, 《다민족 다인종 국가의 역사인식》, 《동서양 역사 속의 다문화적 전개양상》 등이 있고, 《가부장제와 자본주의》, 《유럽의 자본주의》, 《세계사 공부의 기초》 등을 우리말로 옮겼습니다.